Annegret Bolte, Judith Neumer (Hrsg.)

Lernen in der Arbeit

Erfahrungswissen und lernförderliche Arbeitsgestaltung bei wissensintensiven Berufen

Rainer Hampp Verlag Augsburg, München 2021

Die diesem Buch zugrundeliegenden Verbundvorhaben „Arbeit oberhalb der ‚mentalen Dauerbelastungsgrenze' – Leistungsregulierung bei qualifizierter digital vernetzter Arbeit (LedivA)" sowie „Erfahrungsgeleitetes Lernen durch Arbeit – Lernförderliche Arbeitsgestaltung bei qualifizierter, selbstverantwortlicher Arbeit (LerndA) werden mit Mitteln des Bundesministeriums für Bildung und Forschung (BMBF) in den Programmen „Gesund – ein Leben lang" bzw. „ Arbeiten – Lernen – Kompetenzen entwickeln. Innovationen für die Produktion, Dienstleistung und Arbeit von morgen" gefördert und vom Projektträger Karlsruhe (PTKA) betreut. Die Verantwortung für den Inhalt dieser Veröffentlichung liegt bei den Autorinnen und Autoren.

Förderkennzeichen: 02L16D000, 02L12A210, 02L12A211, 02L12A213

GEFÖRDERT VOM

Bibliografische Information der Deutschen Nationalbibliothek

Die Deutsche Nationalbibliothek verzeichnet diese Publikation in der Deutschen Nationalbibliografie; detaillierte bibliografische Daten sind im Internet über http://dnb.d-nb.de abrufbar.

ISBN 978-3-95710-284-3 (print)
ISBN 978-3-95710-384-0 (e-book)
ISBN-A/DOI 10.978.395710/3840
1. Auflage, 2021

Inhalt

Vorwort

Annegret Bolte, Judith Neumer

Lernförderliche Arbeitsgestaltung bei wissensintensiver Arbeit als Thema für ein Forschungs- und Gestaltungsprojekt? Ist das denn wirklich nötig und nicht eher überflüssig? Qualifizierte technische Fachkräfte und Ingenieur*innen entwickeln technische und organisatorische Prozesse und Systeme in Unternehmen in vergleichsweise selbstverantwortlichen Arbeitsstrukturen, bringen dabei ein Höchstmaß an ingenieurwissenschaftlichem, betriebswirtschaftlichem und arbeitswissenschaftlichem Fachwissen ein und setzen sich dabei immer wieder mit neuen inhaltlichen Herausforderungen auseinander. Was müssen sie hierfür jenseits von Qualifizierung und Weiterbildung in Kursen und Seminaren lernen? Warum müssen (oder sollten) ihre Arbeitsprozesse dann auch noch lernförderlich gestaltet sein, sind sie das nicht per se? Und wie kann lernförderliche Gestaltung wissensintensiver Arbeit dann aussehen? Auf diese und weitere Fragen geben die Autorinnen und Autoren dieses Buches Antworten.

Im ersten der beiden Beiträge zur *Einführung* werden zunächst die Anstöße dargestellt, die zu den in diesem Buch dargestellten Untersuchungen und Gestaltungsmodellen geführt haben. Im Anschluss wird der besondere methodische Ansatz des vorliegenden Forschungs- und Gestaltungsprojektes, eine Zusammenarbeit von Unternehmensleitungen, Beschäftigten und Forscher*innen vorgestellt.

Im nächsten Abschnitt liegt der Fokus auf der Wissensarbeit. Diese wird üblicherweise vorwiegend als ein Umgang mit wissenschaftlich begründetem systematischem Wissen definiert. Unsere Forschungsergebnisse verdeutlichen jedoch anhand von Untersuchungen bei Projektarbeit, in der technischen Planung und Entwicklung sowie bei digital vernetzter Arbeit: Beschäftigte benötigen zur Bewältigung der an sie gestellten Anforderungen über das formal vermittelte systematische Wissen hinaus ein *Kontextwissen als eine besondere Form von Erfahrungswissen*. Der Erwerb dieses Erfahrungswissens ist nur mit einem „Lernen durch Arbeit" möglich.

Unsere Untersuchungen im darauffolgenden Abschnitt zeigen, dass – im Gegensatz zu vorherrschenden Annahmen – *Lernhemmnisse auch bei wissensintensiver Arbeit* bestehen, insbesondere bezüglich des Erwerbs von Kontextwissen. Um diesen Lernhemmnissen aktiv zu begegnen, werden die bekannten Kriterien für eine *lernförderliche Gestaltung* von Arbeit kritisch betrachtet und erweitert und dazu notwendige Handlungsfelder sowie Akteure bestimmt.

Auf dieser Basis werden im nächsten Abschnitt entsprechende *Modelle lernförderlicher Arbeitsgestaltung* vorgestellt, bevor abschließend resultierende *Perspektiven für die Bildungs- und Arbeitspolitik* entwickelt werden.

Die hier vorgestellten Untersuchungen sind überwiegend Resultate aus dem Forschungs- und Gestaltungsprojekt „LerndA – Erfahrungsgeleitetes Lernen durch Arbeit. Lernförderliche Arbeitsgestaltung bei qualifizierter, selbstverantwortlicher Arbeit“, gefördert mit Mitteln des Bundesministeriums für Bildung und Forschung (BMBF) im Programm „Innovationen für die Produktion, Dienstleistung und Arbeit von morgen“ und betreut vom Projektträger Karlsruhe (PTKA). Die Koordination für dieses Projekt lag beim Institut für Sozialwissenschaftliche Forschung – ISF München. Außerdem waren zwei Konzerne aus dem Automobilbau und der Elektroindustrie als Unternehmenspartner, der Verein der GAB München als Wissenschaftspartner sowie eo ipso Strategie & Entwicklung GmbH als Transferpartner beteiligt.

Des Weiteren sind Ergebnisse aus dem noch laufenden Projekt „LedivA – Arbeit oberhalb der ‚mentalen Dauerbelastungsgrenze‘. Leistungsregulierung bei qualifizierter digital vernetzter Arbeit“ in dieses Buch eingeflossen. Das Projekt wird im Rahmen der Förderinitiative „Gesund – ein Leben lang“ des Bundesministeriums für Bildung und Forschung (BMBF) gefördert. Betreut wird das Projekt vom Projektträger Karlsruhe (PTKA). Hier sind neben dem koordinierenden ISF München drei mittelständische Unternehmenspartner beteiligt, ein Dienstleister sowie zwei produzierende Unternehmen aus der Metallverarbeitung bzw. dem Baunebengewerbe. Wissenschaftspartner sind die Forschungseinheit Sozioökonomie der Universität Augsburg sowie das Institut für Arbeits-, Sozial- und Umweltmedizin der Ludwig- Maximilians-Universität München.

Wir bedanken uns bei den Vertreter*innen des Projektträgers Karlsruhe – insbesondere Ursula Reuther, Jennifer Dopslaff, Christina Merz und Ann-Catrin Ehnes – für die kooperative Unterstützung unserer Forschungsvorhaben.

Arbeitsforschung ist nur dann möglich, wenn Unternehmen sich bereit erklären, daran aktiv teilzunehmen. Wir bedanken uns bei allen Unternehmen, die willens waren und weiterhin sind, sich auf Neues einzulassen und uns einen Blick hinter die Kulissen zu gewähren. Insbesondere bedanken wir uns bei allen Mitarbeiterinnen und Mitarbeitern: Ohne ihre Bereitwilligkeit, uns in – überwiegend mehrstündigen – Interviews und Gruppendiskussionen sowie Workshops im Rahmen der verschiedenen Projektaktivitäten Einblick in ihr alltägliches Arbeitshandeln und -leben zu gewähren, wäre die Durchführung unserer Forschung nicht möglich und ein solches Buch nicht zu schreiben.

Und schließlich bedanken wir uns bei unseren Kolleginnen und Kollegen vom ISF München. Besonders hervorzuheben ist hier Fritz Böhle, ohne dessen unschätzbare Expertise und immerwährendes Engagement die Projekte LerndA und LedivA nicht zustande gekommen und in dieser Form durchgeführt worden wären. Er hat uns darüber hinaus wertvolle Hinweise bei der Konzeption dieses Buches gegeben. Wir bedanken uns bei Lisa Ruedel für die Unterstützung bei der Bewältigung aller im Laufe solcher Projekte auftretenden Unwägbarkeiten und organisatorischen Herausforderungen sowie bei Karla Kempgens für die graphischen Arbeiten und Frank Seiß für die Lektoratsarbeit an diesem Band.

München, im November 2020 Annegret Bolte, Judith Neumer

Zur Einführung

I. Von der Humanisierung der Arbeit bis heute – Neue Anforderungen an die lernförderliche Gestaltung von Arbeit

Fritz Böhle

II. Interventionsorientierte Fallstudienforschung – Überlegungen zu Methoden und Realisierung

Stefan Sauer, Annegret Bolte

I Von der Humanisierung der Arbeit bis heute – Neue Anforderungen an die lernförderliche Gestaltung von Arbeit

Fritz Böhle

Das Lernen im Arbeitsprozess ist kein neues Thema. In der arbeits- und bildungspolitischen Diskussion hat es eine mehr als fünfzigjährige Geschichte. Seine Betrachtung und Beurteilung unterliegen allerdings einem Wandel. Ausgangspunkt dieses Buches ist die These, dass Grundlagen für eine lernförderliche Gestaltung von Arbeit zwar in den Forschungen und Diskussionen zu einer Humanisierung der Arbeit schon entwickelt, aber seitdem nicht systematisch weitergeführt wurden. Damals stand die kritische Auseinandersetzung mit den Folgen der tayloristischen Arbeitsorganisation im Mittelpunkt. Qualifizierte selbstverantwortliche Arbeit, wie sie bei wissensintensiven Tätigkeiten und bei neuen Formen der Arbeitsorganisation und Technisierung vorliegt, galt in dieser Sichtweise als lernförderlich. Doch dies ist ein Irrtum: Auch bei qualifizierter selbstverantwortlicher Arbeit bestehen weitreichende Hemmnisse für das Lernen beim Arbeiten und durch Arbeit. Diese Hemmnisse geraten bei der Diskussion beruflicher Bildung und des Lernens im Arbeitsprozess jedoch nicht in den Blick: Obwohl das Lernen im Arbeitsprozess bei der Diskussion von Kompetenzen in besonderer Weise beachtet und wertgeschätzt wird, spielen dabei das unmittelbare Lernen durch Arbeit und die hierauf bezogene lernförderliche Gestaltung von Arbeit – also die Arbeitsorganisation und die Technik – kaum (mehr) eine Rolle. Ein wesentlicher Grund hierfür – so die These – liegt darin, dass nicht ausreichend geklärt ist, *was* nur beim und durch das unmittelbare Arbeiten gelernt werden kann. Daran schließen sich die Fragen an, *warum* und *wie* durch Arbeit gelernt werden muss. Damit gerät die Ergänzung des systematischen Fachwissens durch ein fachbezogenes Erfahrungswissen in den Blick.

In der folgenden Einführung werden diese Anstöße zu den in diesem Buch dargestellten Untersuchungen näher erläutert.

1. Von der Einarbeitung und Anlernung zur Persönlichkeitsförderung und Kompetenzentwicklung

Systematisches Wissen statt Learning by Doing

Bereits in den 1970er Jahren wurde das Lernen im Arbeitsprozess ein arbeits- und bildungspolitisches Thema – zunächst allerdings eher in einer kritischen Perspektive. Für eine Vielzahl von Tätigkeiten in der industriellen Produktion gab es keine berufliche Bildung, so wie sie beispielsweise im Handwerk und in der industriellen Facharbeit im Maschinenbau existierte. In der Prozessindustrie, etwa der Stahlindustrie oder der Chemieindustrie, war anstelle der beruflichen Bildung die Anlernung üblich. Hier erlernten die Beschäftigten schrittweise das erforderliche praktische Wissen und Können durch den Wechsel von einfachen zu qualifizierteren Tätigkeiten. Das Lernen im Arbeitsprozess war ein Learning by doing, das in der Praxis nicht in besonderer Weise als ein Lernen beachtet oder gar gestaltet wurde.

Mit der fortschreitenden Technisierung und Verwissenschaftlichung der Produktion in der Stahl-, Chemie- oder Ernährungsindustrie wurde die dort vorherrschende Anlernung als unzureichend kritisiert. Praktisches Wissen und Können sollte durch eine berufliche Bildung sowie durch systematisches Wissen ergänzt bzw. auch ersetzt werden (vgl. Drexel/Nuber 1979). Das Lernen im Arbeitsprozess entfiel damit nicht, es sollte nun aber systematisiert und mit schulischer Ausbildung nach dem Konzept der dualen beruflichen Bildung verbunden werden. Gleichzeitig wurde der bereits bestehenden beruflichen Bildung ein Theoriedefizit attestiert und in der Folge ein Ausbau der schulischen Bildung sowie die Systematisierung des praktischen Lernens im Rahmen von Ausbildungswerkstätten u.Ä. gefordert. Die Vorteile eines Lernens in der Praxis und die lernförderliche Gestaltung von Arbeit spielten in dieser Zeit bei der wissenschaftlichen Diskussion beruflicher Bildung kaum eine besondere Rolle. Lernen in der Praxis wurde eher als defizitär gegenüber der schulischen Bildung denn als eine besondere Form des Lernens wahrgenommen (vgl. Böhle/Schneller 1976).

Humanisierung der Arbeit und lernförderliche Arbeitsgestaltung

Im Unterschied zu den noch in den 1960er Jahren gestellten Prognosen, dass mit der fortschreitenden Technisierung und Verwissenschaftlichung industrieller Produktion insgesamt die Anforderungen an die Qualifikation der Beschäftigten steigen würden, wurde in den 1970er Jahren erkennbar, dass dies nur in einzelnen Tätigkeitsbereichen und -segmenten industrieller Produktion erfolgte (vgl. Kern/Schumann 1970). In weiten Bereichen der industriellen Massenfertigung waren keine steigenden Anforderungen an die Qualifikation feststellbar; eher war das Gegenteil der Fall: Dequalifizierung durch die tayloristische Rationalisierung. Dabei zeigte sich, dass durch eine fortschreitende Arbeitsteilung und Standardisierung nicht nur industrielle Arbeit *dequalifiziert* wird, sondern auch bei den Beschäftigten eine *Entqualifizierung* eintritt. Es bestehen nicht nur geringere Qualifikationsanforderungen, sondern durch die fortschreitende Arbeitszergliederung werden bei den Beschäftigten zudem bereits erworbene berufliche Fähigkeiten und Kenntnisse gefährdet oder sogar zerstört (vgl. Böhle/Altmann 1972). Der entscheidende Impuls für eine kritische Auseinandersetzung hiermit entstand im Rahmen der Forderung nach einer Humanisierung der Arbeit in den 1970er Jahren und der hierauf bezogenen politischen Initiativen (siehe Matthöfer 1977; Oehlke 2004).

Vor allem die Arbeitspsychologie und -soziologie brachten neben der Gesundheitsförderlichkeit von Arbeit auch die Lernförderlichkeit der Arbeit als ein wesentliches Kriterium für eine humane Arbeit ein. Doch ebenso wie bei der Gesundheit lag auch beim Lernen weniger der Akzent auf der *Förderung* durch Arbeit; im Mittelpunkt stand eher die Vermeidung von Gefährdungen und Schädigungen durch Arbeit. So hieß es nun nicht nur: ‚Arbeit darf nicht krank machen', sondern auch: ‚Arbeit darf nicht dumm machen.'

In diesem Zusammenhang wurden seitens der Wissenschaft weitreichende und richtungsweisende Kriterien für die Lernförderlichkeit von Arbeit formuliert. Diese orientierten sich nicht an steigenden Qualifikationsanforderungen durch Technisierung u.a., sondern bezogen sich auf den grundsätzlichen Anspruch der Erhaltung und Entwicklung menschlicher Fähigkeiten durch Arbeit und die hierauf bezogenen Möglichkeiten des Lernens beim Arbeiten und durch Arbeit. Als wesentliche Kriterien für die Lernförderlichkeit von Arbeit wurden die Breite und Vielfalt der Arbeitsaufgaben sowie die vollständige Tätigkeit von der Planung bis hin zur Durchführung und Kontrolle definiert (vgl. Bergmann 1996; Duell/Frei 1986; Frieling et al. 2006; Hacker/Skell 1993).[1]

Diese Grundsätze der Arbeitsgestaltung wandten sich gegen die Prinzipien der tayloristischen Rationalisierung: die Zergliederung der Arbeit, die Trennung zwischen planend-dispositiven Aufgaben und ausführender Tätigkeit sowie die Standardisierung von Arbeitsabläufen und die Reduzierung von Qualifikationsanforderungen. Sie richteten sich somit auf eine ‚Korrektur' der Rationalisierung von Arbeit. Dementsprechend erschienen im Vergleich mit der repetitiven Teilarbeit am Fließband oder bei der Maschinenbedienung qualifizierte Tätigkeiten, so wie sie beispielsweise in der industriellen Produktion bei der Facharbeit in der Metallbearbeitung bestanden, als weitgehend lernförderlich und als Vorbild für eine lernförderliche Arbeitsgestaltung. In diesen Facharbeitstätigkeiten gab es auch – wie schon erwähnt – eine berufliche Bildung, bei der jedoch in der wissenschaftlichen Diskussion das Lernen in der Praxis kaum als eine besondere Form des Lernens beachtet wurde. In den 1980er Jahren entstand hier allerdings eine neue Diskussion.

---

[1] Siehe hierzu ausführlicher Kapitel VIII.

Dezentrales Lernen und Erfahrungswissen

Seit den 1970er Jahren wurde vor allem in größeren Unternehmen durch Ausbildungswerkstätten und -zentren neben der schulischen Bildung auch der praktische Teil der beruflichen Bildung systematisiert und in besonderer Weise berufspädagogisch angeleitet und begleitet. Damit wurde die praktische Ausbildung in besonderer Weise beachtet und gestaltet. Zugleich war es damit aber den Auszubildenden nur mehr begrenzt möglich, die tatsächlichen Abläufe und Anforderungen in der Praxis zu erfahren, zu erlernen und zu bewältigen. In den Unternehmen wurde dies damit begründet, dass infolge der Technisierung und Rationalisierung die Spielräume für den Einsatz von noch nicht vollwertigen Arbeitskräften geringer seien und die Risiken sowie Folgen von Fehlern zunähmen.

Vor diesem Hintergrund entstanden in der beruflichen Bildung neue Konzepte und öffentlich geförderte Modellversuche zu einer Re-Integration des Lernens in die konkreten Produktions- und Arbeitsprozesse (vgl. Dehnbostel/Holz/Novak 1992; Sevsay-Tegethoff 2007, S. 73ff.). Das Lernen sollte dabei in besonderer Weise berücksichtigt werden: Exemplarisch hierfür sind die Konzepte des dezentralen Lernens. Hiermit erfolgte eine Abkehr vom zentral und formal organisierten Lernen in Werkstätten und eine Hinwendung zur Gestaltung von ‚Lernorten' in der Praxis, unter ‚Realbedingungen'. Mit der Schaffung von sogenannten Lerninseln wurde nach Möglichkeiten gesucht, neben der unmittelbaren Arbeit auch besondere Orte des Lernens in der Praxis ausfindig zu machen sowie neu zu gestalten (vgl. Sevsay-Tegethoff 2007, S. 98ff.). Soweit sich dabei die Aufmerksamkeit unmittelbar auf die lernförderliche Gestaltung von Arbeit richtete, bezog sich dies auf die Einführung ‚neuer Arbeitsformen', wie Gruppenarbeit oder Qualitätszirkel, so wie sie im Rahmen der Bestrebungen zu einer ‚Humanisierung der Arbeit' anvisiert worden waren (ebd., S. 112ff.).

Im Mittelpunkt der Konzepte des dezentralen Lernens stand die Frage nach der Art und dem Inhalt des fachlichen Wissens, das im Arbeitsprozess gefordert wird. Damit geriet nun das Erfahrungswissen in den Blick: Bis dahin galt die vorherrschende und weithin unangefochtene Annahme, dass mit der fortschreitenden Verwissenschaftlichung und Technisierung industrieller Produktion Arbeit entweder auf einfache Restfunktionen reduziert wird oder anspruchsvolle Aufgaben und anspruchsvolle Tätigkeiten entstehen, zu deren Ausführung ein wissenschaftlich-systematisches Wissen notwendig ist, während Erfahrungswissen sich als unzulänglich, wenn nicht gefährlich erweise (vgl. Böhle 1998). Dies entsprach der allgemeinen Auffassung, dass wissenschaftlich-systematisches Wissen dem Erfahrungswissen überlegen ist und sich der gesellschaftliche Fortschritt u.a. durch eine schrittweise Verwissenschaftlichung im Sinne der Ersetzung von

Erfahrungswissen durch wissenschaftlich begründetes Wissen auszeichnet (vgl. Böhle/Porschen 2012).

Die (Wieder-)Entdeckung des Erfahrungswissens war somit keineswegs selbstverständlich. Dies führte auch zu unterschiedlichen Sichtweisen auf das Erfahrungswissen und daraus resultierenden Kontroversen. Weitgehend Einigkeit besteht bei Konzepten dezentralen Lernens darin, dass Erfahrungswissen nicht umstandslos durch wissenschaftlich-systematisches Wissen ersetzt werden kann und dass es mehr beinhaltet als bloße Routinen und in der Vergangenheit angesammelte Erfahrungen im Sinne eines Erfahrungsschatzes. Zum Erfahrungswissen zählt vielmehr auch ein Wissen, das sich nur schwer verbalisieren und exakt definieren lässt, wie beispielsweise ein ‚Gespür für Technik' und die Kenntnis der ‚Macken' einer Maschine – bis hin zu einem Wissen über das Zusammenwirken unterschiedlicher Einflüsse und Parameter in einer konkreten (Arbeits-)Situation (vgl. Böhle 2015; Fischer 2000).

Allerdings wurde kontrovers diskutiert, inwiefern Erfahrungswissen ein Inhalt von Lern- und Bildungsprozessen sein kann. Bei den Modellen dezentralen Lernens und den hieran anknüpfenden Konzepten des Arbeitsprozesswissens (Fischer 2000) wird die verstandesmäßige Reflexion als eine wesentliche Bedingung für die systematische Beachtung des Erfahrungswissens in der beruflichen Bildung angesehen. Um als ‚Wissen' zu gelten, muss daher auch das Erfahrungswissen ebenso wie das wissenschaftlich begründete Wissen explizierbar und objektivierbar sein (Böhle/Porschen 2012, S. 169f.). In anderen Forschungsansätzen und Untersuchungen wird demgegenüber ein besonderer Wert des Erfahrungswissens darin gesehen, dass es gerade nicht vollständig objektivierbar und explizierbar ist (vgl. Bauer et al. 2006; Böhle/Pfeiffer/Sevsay-Tegethoff 2004). Die in diesem Buch vorgestellten Untersuchungen knüpfen an diese Sicht auf das Erfahrungswissen an.

Bei der weiteren Diskussion des Lernens im Arbeitsprozess wurde jedoch die mit den Konzepten des dezentralen Lernens begonnene neue Beachtung des Erfahrungswissens durch andere Entwicklungen überlagert. Damit ergaben sich zwar neue Impulse für das Lernen im Arbeitsprozess. Gleichzeitig gerieten in der Folge aber sowohl das Erfahrungswissen als auch die lernförderliche Gestaltung von Arbeit weitgehend aus dem Blick.

Neue Formen der Arbeitsorganisation und ein neuer Anstoß: Kompetenzen und informelles Lernen

Seit Mitte der 1980er Jahre und verstärkt in den 1990er Jahren entstand – wie vielfach dokumentiert – ein weithin unerwarteter Wandel in der Arbeitswelt. Es war nun von einem ‚Ende des Taylorismus' und einer ‚neuen Welt' der Arbeit die Rede. Trotz kontroverser Diskussionen und Einschätzungen ist seitdem weithin unbestritten, dass der Taylorismus nicht mehr als einziger Weg, als *one best way* der Rationalisierung gilt. Es entstanden neue Formen der Unternehmens- und Arbeitsorganisation, die sich durch Dezentralisierung und Delegation von Verantwortung ‚nach unten' auszeichnen. Mit neuen, qualifikationsorientierten Produktionskonzepten (vgl. Kern/Schumann 1984) wurden Eigeninitiative und Selbstverantwortung nun nicht nur zugelassen, sondern auch explizit gefordert (vgl. Moldaschl/Voß 2003). Arbeit schien damit quasi von selbst human und speziell lernförderlich zu werden; besondere arbeitspolitische Anstrengungen erschienen gegenstandslos. Des Weiteren führten Veränderungen auf dem Arbeitsmarkt und der international verschärfte Wettbewerb dazu, dass nun arbeitspolitisch nicht ‚Humanisierung der Arbeit', sondern ‚Hauptsache Arbeit' Priorität erhielt (Sauer 2011).

In den 1990er Jahren erschien die in der Perspektive der Humanisierung der Arbeit entwickelte Forderung nach lernförderlicher Arbeitsgestaltung zwar als überholt, zugleich ergaben sich aber neue Impulse für das Lernen im Arbeitsprozess. In der Diskussion von Anforderungen in der Arbeitswelt rückten die Kompetenzen anstelle der beruflichen Qualifikation in den Fokus der Betrachtungen; gleichzeitig wurde das institutionell geregelte Lernen durch das informelle Lernen erweitert. Die umfangreichen Diskussionen und Untersuchungen hierzu können und sollen hier nur schlaglichtartig angesprochen werden.

Die Thematisierung von Kompetenzen steht in engem Zusammenhang mit den neuen Anforderungen an Selbstverantwortung und Selbststeuerung in der Arbeitswelt (vgl. Sevsay-Tegethoff 2004a). Im Unterschied zum Begriff der Qualifikation richtet sich der Begriff der Kompetenz auf die Umsetzung von Kenntnissen und Fertigkeiten in praktisches Handeln und damit auf die Befähigung zum erfolgreichen Handeln. Grundlegend ist dabei die Unterscheidung zwischen Fach-, Methoden-, Sozial- und Selbstkompetenz (vgl. Kauffeld 2006; Erpenbeck/Rosenstiel 2003). Mittlerweile sind die Definitionen und Differenzierungen von Kompetenz erheblich ausgeweitet worden: von der Selbstlernkompetenz bis hin zur Innovations- und Digitalisierungskompetenz. Die Fokussierung auf Handlungsfähigkeit ist dabei jedoch nach wie vor zentral und richtungsweisend. Allerdings wurde auch schon früher beispielsweise mit dem Begriff der Schlüsselqualifikation (Mertens 1974) oder des Arbeitsprozesswissens (Kruse 1986) eine solche Erweiterung der in Arbeitsprozessen geforderten Fähigkeiten angesprochen. In der Perspektive lernförderlicher Arbeitsgestaltung verbindet sich mit der Thematisierung von Kompetenzen ein neuer Blick auf das Lernen im Arbeitsprozess. Kompetenzen – darüber besteht weithin Einigkeit – müssen im praktischen

Tun erworben werden. Kompetenzen umfassen ‚mehr als Fachwissen' und ihr Erwerb erfolgt nicht nur im Rahmen institutionell geregelter Bildung. Damit wurde auch das informelle Lernen in der Praxis zu einem neuen Thema.

Vor allem in der internationalen Diskussion des lebenslangen Lernens wurde in den 1990er Jahren neben dem institutionell geregelten formalen Lernen das informelle Lernen in der Praxis als eine besondere und unverzichtbare Form des Lernens sowohl im sozialen Umfeld als auch in der Arbeitswelt herausgestellt (vgl. Sevsay-Tegethoff 2004b, S. 293f.). Das Learning by doing erschien hier weder als bloße Einarbeitung und Anlernung noch als grundsätzlich beschränkt und unzureichend. Es wurde nun vielmehr als ein lebenslanger Prozess und als eine wichtige Ergänzung institutionell geregelter Bildung gesehen. Gleichwohl wurden in Diskussionen um die berufliche Bildung auch kritische Stimmen laut. Sie sehen in der Thematisierung informellen Lernens eine Schwächung der institutionellen Regulierung beruflicher Bildung und insbesondere der Weiterbildung. Diese Gefahr ist in der Praxis von Unternehmen nicht von der Hand zu weisen und zu unterschätzen. In der wissenschaftlichen Diskussion informellen Lernens besteht jedoch weitgehend Einigkeit, dass es sich hier nicht um eine wechselseitige Ersetzung und Konkurrenz, sondern vielmehr um eine wechselseitige Ergänzung handelt (vgl. Otto/Rauschenbach 2008). Dies kommt im Besonderen dort zum Ausdruck, wo das informelle Lernen als etwas betrachtet wird, das es zu unterstützen und zu gestalten gilt und das somit nicht allein auf die individuelle Ebene der Selbstverantwortung verschoben werden kann (vgl. Bauer et al. 2004; Molzberger 2007). So wird auch nicht nur zwischen formellem und informellem Lernen unterschieden, sondern auch zwischen informellem Lernen und non-formalem Lernen, wobei letzteres sich auf die Unterstützung und Förderung informellen Lernens bezieht (vgl. Overwien 2002).

Mit der Diskussion der Kompetenzen und des informellen Lernens entstand ein neuer, differenzierterer Blick auf unterschiedliche Formen des Lernens in der Praxis und speziell im Arbeitsprozess. Hier wurde nun zwischen dem unmittelbaren Lernen beim Arbeiten und durch Arbeit einerseits und dem arbeitsnahen, arbeitsverbundenen und arbeitsintegrierten Lernen andererseits unterschieden (vgl. Dehnbostel 2008a; Schiersmann/Remmele 2002). Bei den letzteren Formen findet das Lernen nicht unmittelbar am Arbeitsplatz statt, ist aber im Unterschied zur schulischen Bildung bzw. zum Lernen in Kursen und Seminaren räumlich und organisatorisch mit den jeweiligen Arbeitsprozessen verbunden.[2]

---

2 Ein Beispiel hierfür sind sogenannte Qualitätszirkel, bei denen die Beschäftigten in regelmäßigen Abständen zusammenkommen, um Themen des eigenen Arbeitsbereiches zu analysieren, zu besprechen und zu erproben.

Die Unterstützung selbstgesteuerten informellen Lernens und die Entwicklung von Kompetenzen wurden durch mehrere öffentliche Forschungs- und Entwicklungsprogramme gefördert.[3] Obwohl diese Programme sehr eng mit einer arbeitspolitischen Perspektive verbunden waren und auch hieraus entstanden sind, lag der Schwerpunkt der Untersuchungen und Gestaltungsmaßnahmen auf der Unterstützung arbeitsnahen und arbeitsintegrierten Lernens. Die unmittelbare lernförderliche Gestaltung von Arbeit, so wie sie in der Diskussion zur Humanisierung der Arbeit anvisiert wurde, taucht hier kaum (mehr) auf (vgl. Kauffeld/Paulsen 2018; Kauffeld/Frerichs 2018; Janneck/Hoppe 2018). Die Förderung der Kompetenzentwicklung richtet sich dabei vor allem auf qualifizierte Tätigkeiten. Neben Fachwissen – so die Diagnose – sind Handlungskompetenzen erforderlich, die in der schulischen Bildung nicht ausreichend vermittelt und erworben werden können. So erfolgt mit der Thematisierung von Kompetenzen und informellem Lernen zwar einerseits eine neue Beachtung und Wertschätzung des Lernens im Arbeitsprozess, andererseits gerät dabei aber die Frage nach der lernförderlichen Gestaltung von Arbeit kaum (mehr) in den Blick. Arbeit erscheint entweder per se als lernförderlich, oder das Lernen beim Arbeiten und durch Arbeit erscheint durch arbeitsnahes und arbeitsintegriertes Lernen weitgehend realisiert.

Digitalisierung – zwischen neuer Beachtung und Marginalisierung des Lernens im Prozess der Arbeit

Vor dem Hintergrund der Kompetenzdiskussion wäre zu erwarten, dass bei der Diskussion von Auswirkungen der *Digitalisierung* das Lernen im Arbeitsprozess in besonderer Weise beachtet wird. Dies ist teilweise auch der Fall: So finden sich mehrere Ansätze und Diskussionen zur Entwicklung von Kompetenzen in der digitalisierten Arbeitswelt (z.B. Praeview 2015); im Rahmen der Bildungspolitik wurde der Begriff der ‚digitalen Kompetenz' etabliert (BMBF 2017). Nach einer Untersuchung des Instituts der deutschen Wirtschaft sind zwei Drittel der Betriebe davon überzeugt, dass speziell dem Erfahrungswissen in Zukunft eine besondere Bedeutung zukommt (vgl. Hammermann/Stettes 2016). Doch zugleich taucht in bildungs- und gesellschaftspolitisch gewichtigen Prognosen zu Weiterbildung und lebenslangem Lernen das Lernen im Arbeitsprozess kaum auf (vgl. Jürgens/Hoffmann/Schildmann 2017, S. 101–109; vbw 2017, S. 77–80; Arbeitskreis Arbeitsmarktpolitik/Kluth 2018). Auch in Untersuchungen zu zukünftigen Anforderungen an die Weiterbildung wird das Lernen im Prozess der Arbeit entweder ausgeblendet oder angesichts der zu erwartenden Umbrüche explizit als mangelhaft ausgewiesen (Boes et al. 2012, S. 57). Das Lernen im Arbeitsprozess

---

3 Siehe hierzu vor allem das Rahmenprogramm „Arbeiten, Lernen, Kompetenzen entwickeln" des BMBF von 2006 bis 2014.

erscheint in dieser Perspektive lediglich für die Anpassung an inkrementelle technisch-organisatorische Veränderungen geeignet und wird in gleicher Weise wie bereits das Learning by doing in den 1960er und 1970er Jahren als ein unzureichendes Lernen betrachtet, das in institutionell geregelte Weiterbildungsangebote überführt und durch diese ersetzt werden muss. Die Erkenntnis, dass es sich beim Lernen im Prozess der Arbeit und bei institutionell geregelten Bildungsprozessen nicht um Alternativen handelt, sondern sich diese Lernformen wechselseitig ergänzen müssen (vgl. Otto/Rauschenbach 2008), gerät hier offenbar sowohl aus bildungspolitischer als auch arbeitspolitischer Perspektive aus dem Blick.

Es ist keineswegs neu, dass mit dem Wechsel zu neueren Entwicklungen und Themen Erkenntnisse aus der Vergangenheit in Vergessenheit geraten oder als überholt erscheinen. Doch mit den neuen Entwicklungen und Umbrüchen in der Arbeitswelt wird ein Versäumnis in der bisherigen Diskussion des Lernens im Prozess der Arbeit sichtbar, das einer bildungspolitischen Ausblendung und Geringschätzung durchaus Vorschub leistet. Dieses Versäumnis bezieht sich auf die Frage, *was* und *wie* im Arbeitsprozess gelernt wird und gelernt werden muss. Gerade die Thematisierung von Kompetenzen, durch die das Lernen im Prozess der Arbeit eine neue Beachtung gefunden hat, steht der Wahrnehmung wesentlicher *Inhalte* des Lernens im Arbeitsprozess im Weg, versperrt die Sicht auf die *Notwendigkeit* des unmittelbaren Lernens beim Arbeiten und durch Arbeit und führt weg von einer lernförderlichen *Gestaltung von Arbeit.*

2. Neue Anforderungen an die lernförderliche Gestaltung von Arbeit

Im Rückblick auf die arbeits- und bildungspolitische Diskussion wird deutlich, dass trotz der neuen Beachtung des Lernens im Arbeitsprozess die lernförderliche Gestaltung von Arbeit kaum eine Rolle spielt. Lernen in der Arbeit wird damit primär als ein arbeitsnahes, arbeitsbegleitendes und arbeitsintegriertes Lernen gesehen, aber nicht als ein unmittelbares *Lernen beim Arbeiten und durch Arbeit.* Ob dieses als nicht notwendig, als nicht möglich oder als mehr oder weniger selbstverständlich gegeben betrachtet wird, ist nicht klar ersichtlich. Festzuhalten ist aber, dass hierzu seit den Diskussionen und Bestrebungen zu einer Humanisierung der Arbeit in den 1970er Jahren kaum weitergehende konzeptuelle und praktische Initiativen erfolgt sind oder als notwendig betrachtet wurden.

In den letzten Jahren hat es jedoch einige neue Anstöße gegeben, um dem Thema des Lernens im Arbeitsprozess und der lernförderlichen Arbeitsgestaltung zu „nachhaltiger Durchschlagskraft“ (Kädtler/Richter 2018, S. 263) zu verhelfen, gerade im Kontext der Digitalisierung. Eine Reihe neuerer Beiträge findet sich in dem von Götz Richter (BAuA) und Jürgen Kädtler (SOFI) herausgegebenen Schwerpunktheft der ARBEIT (Jg. 27, H. 3) zu diesem Thema.

Die lernförderliche Gestaltung von Arbeit hat sich mit dem Wandel von Arbeit und der Verbreitung qualifizierter selbstverantwortlicher Arbeit keineswegs von selbst erledigt. Sie ist nicht obsolet geworden, sondern nach wie vor ebenso wie die gesundheitsförderliche Gestaltung von Arbeit ein zentrales arbeitspolitisches Thema. Mit dem Wandel von Arbeit zeigt sich, dass qualifizierte und selbstverantwortliche Arbeit nicht per se und generell lernförderlich ist. Dabei geht es nicht ‚nur' um die Förderung der Persönlichkeitsentwicklung oder um Handlungsfähigkeit, sondern vor allem auch um den Erwerb von fachbezogenem Wissen bzw. die Ergänzung des systematischen Fachwissens durch ein besonderes fachbezogenes Erfahrungswissen. In diesem Buch wird gezeigt, dass gerade auch in wissensintensiven Berufen das unmittelbare Lernen beim Arbeiten und durch Arbeit notwendig ist, dass aber zugleich weitreichende Lernhemmnisse bestehen. Auf dieser Grundlage werden die Kriterien für eine lernförderliche Arbeitsgestaltung neu bestimmt und modellhaft neue Perspektiven für die lernförderliche Gestaltung von Arbeit aufgezeigt.

Der Ausgangspunkt für diesen neuen Blick auf das Lernen in der Arbeit und die lernförderliche Gestaltung von Arbeit ist die Diskussion und Klärung der Frage, weshalb beim Arbeiten und durch Arbeit gelernt werden muss. Es geht somit um die Frage, *was* und *wie* beim Arbeiten und durch Arbeit gelernt wird bzw. gelernt werden muss und warum das nur hier gelernt werden kann.

Was muss beim Arbeiten und durch Arbeit gelernt werden?

Die im Rahmen der Forschungen zur ‚Humanisierung der Arbeit' entwickelten Kriterien der lernförderlichen Arbeitsgestaltung orientieren sich – wie gezeigt – an der Persönlichkeitsentwicklung und der Aufrechterhaltung einer allgemeinen Lernfähigkeit. Grundkriterien der Arbeitsgestaltung wie breite Aufgabenspektren, Handlungsspielräume oder vollständige Handlungen von der Planung bis zur Kontrolle beziehen sich hierauf, ebenso wie auch das Kriterium der sozialen Unterstützung.[4]

Die Diskussion zu Kompetenzen und informellem Lernen sowie auch die Konzepte dezentralen Lernens beziehen sich demgegenüber primär auf *Fähigkeiten*, die in der Arbeitswelt benötigt werden. Dieser *inhaltlich* fokussierte Blick auf das Lernen im Arbeitsprozess mag gegenüber dem Ziel der Persönlichkeitsentwicklung als funktionalistische Verengung erscheinen; er macht aber deutlich,

---

4 Siehe hierzu ausführlicher Kapitel VIII.

dass es sich hier nicht ‚nur' um eine ‚humane' Angelegenheit handelt, die zwar wünschenswert ist bzw. wäre, aber technischen und ökonomischen Sachzwängen unterzuordnen sei. Ohne Zweifel hat (gerade) hierdurch das Lernen im Arbeitsprozess eine neue Beachtung und Wertschätzung erhalten (vgl. Dohmen 2001; Evans et al. 2006; Dehnbostel/Gonon 2004; Billett/Harteis/Eteläpelto 2008; Baitsch 1998). Doch wird mit dem Blick auf Kompetenzen eine Verbindung von Arbeiten und Lernen zwar anvisiert, aber letztlich nicht erreicht. Lernen ist in dieser Sichtweise arbeitsnah und arbeitsintegriert, aber erfolgt nicht unmittelbar beim Arbeiten und durch die Arbeit selbst. Aus der Perspektive des Lernens mag dies als positiv erscheinen, da dem Lernen ein eigener Stellenwert eingeräumt wird. Aus der Perspektive der Arbeit ist dies jedoch eine Verengung sowohl des Lernens als auch des Verständnisses menschlicher Arbeit als Grundlage für die Erhaltung und Entwicklung menschlicher Fähigkeiten (vgl. Böhle 2018).[5]

Die Ausblendung des unmittelbaren Lernens beim Arbeiten und durch Arbeit mag unterschiedliche Gründe haben: von pädagogisch-lerntheoretischen Erwägungen bis hin zu arbeits- und interessenpolitischen Einflüssen. Doch unabhängig davon liegt u.E. ein wesentlicher Grund hierfür darin, dass grundlegende menschliche Fähigkeiten, die im Wesentlichen nur beim Arbeiten und durch Arbeit erworben werden können, zu wenig beachtet werden: Es sind dies das besondere Erfahrungswissen und das hiermit verbundene erfahrungsgeleitete Arbeitshandeln. Dies bezieht sich auf das in Arbeitsprozessen notwendige fachbezogene Wissen. Im Unterschied zur Kompetenzdebatte geht es also nicht nur um ein Wissen, das ‚mehr als Fachwissen' ist, sondern vor allem um die Ergänzung des schulisch vermittelten systematischen Fachwissens durch ein *fachbezogenes* Erfahrungswissen. Richtet man den Blick hierauf, so ergeben sich besondere Anforderungen an die lernförderliche Gestaltung von Arbeit, und zugleich werden Hemmnisse des Lernens sichtbar, die in der bisherigen arbeitspolitische Diskussion kaum aufscheinen. Qualifizierte selbstverantwortliche Arbeit erweist sich bei dieser Betrachtung nicht länger als per se lernförderlich. Grundlegend für diesen neuen Blick auf die lernförderliche Gestaltung von Arbeit ist eine erweiterte Sicht auf das Erfahrungswissen und erfahrungsgeleitete Arbeitshandeln.

---

5 Arbeit besteht nicht nur in der Verausgabung von Arbeitsvermögen, sondern hat Auswirkungen auf die Erhaltung und Entwicklung des Arbeitsvermögens sowie menschlicher Fähigkeiten insgesamt. So entstand auch in der modernen Gesellschaft ein Verständnis von Arbeit nicht mehr nur als Mühsal, sondern als Grundlage der Erhaltung und Entwicklung menschlicher Fähigkeiten (vgl. Müller 1992).

Erfahrungswissen und erfahrungsgeleitetes Arbeitshandeln

Bei der Diskussion von Kompetenzen wird davon ausgegangen, dass fachliches Wissen primär in institutionell geregelten Bildungseinrichtungen erworben wird und dass arbeitsnahes und arbeitsintegriertes Lernen sich darauf richtet, dieses Wissen in ein erfolgreiches Handeln zu transformieren. Dabei wird jedoch übersehen, dass auch das im Arbeitsprozess notwendige *fachliche* Wissen nicht allein in schulischen Einrichtungen vermittelt und erworben werden kann. Notwendig ist vielmehr die Ergänzung von systematischem Wissen durch Erfahrungswissen. Auf den ersten Blick mag diese Feststellung trivial erscheinen. Es ist keine neue Erkenntnis, dass neben dem in der Schule, in Kursen und Seminaren vermittelten Wissen immer auch zusätzliche Kenntnisse über die jeweils konkreten Situationen, in denen dieses Wissen angewandt wird, notwendig sind. Und es ist auch bekannt, dass erst durch praktisches Tun ein Wissen darüber entsteht, *wie* etwas gemacht wird.

Wie bereits zuvor im Zusammenhang mit den Konzepten dezentralen Lernens ausgeführt, beschränkt sich Erfahrungswissen aber nicht auf Kenntnisse über konkrete Gegebenheiten und die Einübung von Handlungsroutinen, die sich mehr oder weniger beiläufig beim praktischen Tun ergeben. Erfahrungswissen wird auch als ein praktisches ‚Können' beschrieben, das sich durch eine besondere situationsbezogene Flexibilität und Kreativität auszeichnet (Neuweg 2015). Darüber hinaus wird bei den Konzepten dezentralen Lernens betont, dass sich Erfahrungswissen auf das Zusammenwirken unterschiedlicher Fachdisziplinen und Elemente in konkreten Arbeitssituationen bezieht, womit Erfahrungswissen vor allem für die ‚Rekontextualisierung' systematischen Wissens notwendig ist (Fischer 2000). Dabei geht es nicht nur um Kenntnisse über ‚Vergangenes' im Sinne eines ‚Erfahrungsschatzes': Wissen auf der Grundlage praktischer Erfahrungen ist vielmehr gerade auch in neuen Situationen, für die kein systematisches Wissen vorliegt, notwendig (Dybowski 1999). Und schließlich beinhaltet Erfahrungswissen vor allem Kenntnisse über Eigenschaften und Verhaltensweisen von Arbeitsmaterialien, -mittel und -bedingungen, die weder unmittelbar erkennbar noch exakt beschreibbar sind: Sie zeigen sich in nicht vollständig vorhersehbaren und kontrollierbaren Unwägbarkeiten und Ungewissheiten. Dies gilt nicht nur in personellen und organisatorischen, sondern gerade auch in technischen Prozessen (vgl. Bolte 2000). Die hiermit unmittelbar konfrontierten Arbeitenden sind die ‚Expert*innen', die zu Kenntnissen hierüber gelangen und darüber Auskunft geben können. Dieses Erfahrungswissen bezieht sich somit zum einen auf dieselben Sachverhalte und Gegenstandsbereiche, auf die sich auch das systematische Fachwissen bezieht, wie beispielsweise technische Wirkungszusammenhänge oder das Verhalten unterschiedlicher Materialien; zum anderen aber bezieht es sich auch auf Eigenschaften und Verhaltensweisen, die durch das systematische Fachwissen nicht erfasst werden und vor allem nicht erfasst werden *können*. Bei einem Blick ‚von außen' wird diese Besonderheit des Erfahrungswissens zumeist nicht unmittelbar erkennbar.

Das hier beschriebene Erfahrungswissen hat Merkmale eines impliziten Wissens, das sich nicht oder nur sehr begrenzt explizieren lässt (Polanyi 1985). Es ist daher auch nur begrenzt einer verstandesmäßig-rationalen, objektivierenden Reflexion zugänglich und bedarf anderer Methoden zur bewusstseinsmäßigen Durchdringung sowie zur Kommunikation, zur Weitergabe dieses Wissens. Da dies in den Konzepten dezentralen Lernens nicht ausreichend beachtet wurde, wurde trotz des Bezugs auf Erfahrungswissen die Notwendigkeit des unmittelbaren Lernens in und durch Arbeit nur sehr begrenzt erkannt.

In der arbeitssoziologischen Forschung wird demgegenüber gezeigt, dass der Erwerb und die Anwendung des impliziten Erfahrungswissens auf einem besonderen Umgang mit Arbeitsmitteln und Arbeitsanforderungen beruhen. Das hier gemeinte Handeln lässt sich, im Unterschied zu dem für Arbeit als typisch geltenden planmäßig-objektivierenden Handeln, als ein erfahrungsgeleitet-subjektivierendes Handeln bestimmen. An die Stelle des Grundsatzes ‚Erst planen, dann handeln' tritt hier ein explorativ-entdeckendes Vorgehen. Die Wahrnehmung von Informationen wird durch ein Erfahren und Erspüren der Eigenschaften und Verhaltensweisen von Arbeitsgegenständen und -mitteln erweitert; das logisch-analytische Denken wird um ein bildhaft-assoziatives Denken ergänzt. All dies beruht auf einer besonderen Nähe zu den Dingen und einer ‚persönlichen' Beziehung zu ihnen (vgl. Böhle 2017a). Das erfahrungsgeleitet-subjektivierende Handeln bezieht sich nicht nur auf den Umgang mit Arbeitsgegenständen. Auch bei der Kooperation erfolgt neben dem planmäßigen Vorgehen ein erfahrungsgeleitet-situatives Kooperieren. Letzteres findet situativ und informell in laufenden Arbeitsprozessen statt – im Unterschied zu Abstimmungen in Gremien, die vom unmittelbaren Arbeitsprozess getrennt stattfinden. Anstöße für die erfahrungsgeleitet-situative Kooperation ergeben sich unmittelbar aus dem Arbeitsprozess und finden mit den für die jeweiligen Sachverhalte relevanten und zuständigen Personen ‚vor Ort' statt. Dabei werden konkrete Gegenstände wie Arbeitsmittel und -material in die Kommunikation einbezogen und die Verständigung erfolgt mit Hilfe der Gegenstände und vermittelt über sie. Die Kooperierenden verschaffen sich damit einen gemeinsamen Erfahrungsraum, der ihnen zur Orientierung dient und den sie gemeinsam erweitern und modifizieren. Auf dieser Grundlage wird es auch möglich, sich über Sachverhalte zu verständigen, die nicht vollständig explizierbar und objektivierbar sind (Böhle/Bolte 2002, S. 147ff.; Bolte/Porschen 2006a; Bolte/Neumer/Porschen 2008, S. 125ff.; Porschen 2008).

Insbesondere das implizite Erfahrungswissen kann durch wissenschaftlich-systematisches Wissen nicht ersetzt werden und muss ebenso wie das systematische Wissen weiterentwickelt und auf neue Anforderungen bezogen werden. Die konkrete Ausprägung des Erfahrungswissens und des hiermit verbundenen erfahrungsgeleitet-subjektivierenden Arbeitshandelns ergibt sich aus den jeweils besonderen Anforderungen und Bedingungen unterschiedlicher beruflicher Tätigkeiten. Dabei zeigen sich für jeweils bestimmte Tätigkeiten und berufliche Kontexte typische Ausprägungen.[6]

Wie erwirbt man Erfahrungswissen – erfahrungsgeleitetes Lernen

Erfahrungswissen kann nicht ‚aus Büchern' gelernt werden. Es ist aber auch in der Praxis nicht als ein ‚Wissen' verfügbar, das sich Lernende ohne weitere Voraussetzungen im praktischen Handeln aneignen könnten (vgl. Bauer/Munz 2004). Grundlegend für den Erwerb des Erfahrungswissens ist vielmehr der selbstgesteuerte und selbstbestimmte Erwerb von Wissen, wobei der Erwerb dieses Wissens zugleich aufs Engste mit der Generierung von Wissen verbunden ist. Praktisches Handeln dient somit im Wesentlichen dazu, auf dem Weg der praktischen Auseinandersetzung mit konkreten Gegebenheiten ein Wissen über diese Gegebenheiten (erst) zu generieren und sich dieses Wissen dann anzueignen. Damit dieser Aneignungsprozess erfolgreich ist, sind drei Bedingungen vonnöten: Die oder der Lernende sollte

- gegenüber noch nicht Bekanntem offen und neugierig sein und
- Ungewissheit nicht als Defizit und Bedrohung, sondern eher als Chance und Herausforderung ansehen.
- Zudem muss der Arbeitsprozess eine solche Handlungsweise ermöglichen.

Ein solcher selbstgesteuerter Erwerb von Erfahrungswissen bedarf somit zugleich struktureller Rahmenbedingungen, durch die er ermöglicht und gefördert wird. Diese Förderung des Lernens bezieht sich nicht primär auf das Angebot und die Vermittlung von Wissen, sondern auf das Lernen der Fähigkeit, durch praktisches Handeln (Erfahrungs-)Wissen zu generieren und sich anzueignen. Auch hierfür ist ein erfahrungsgeleitet-subjektivierendes Handeln grundlegend. ‚Erfahrung-Machen' im Sinne eines sinnlichen und geistigen Erfahrens konkreter Gegebenheiten ist gleichzeitig Ausgangspunkt, Methode und Ziel des erfahrungsgeleiteten Lernens (vgl. Bauer/Munz 2004). Bewusstwerdung und Reflexion dieses Erfahrens vollziehen sich dabei nicht primär im Modus einer

---

6 Siehe hierzu ausführlicher die Dokumentation empirischer Untersuchungen in unterschiedlichen Arbeitsbereichen in Böhle 2017a.

‚reflection on action‘, sondern vor allem durch eine ‚reflection in action‘ (Schön 1983). Neben einer rational-begrifflichen Reflexion aus der Distanz zu praktischem Handeln spielt hier vor allem ein sinnlich-imaginatives Bewusstsein, wie es etwa für künstlerische Prozesse typisch ist, eine wichtige Rolle.[7]

Richtet man den Blick auf das Erfahrungswissen sowie das hiermit verbundene erfahrungsgeleitet-subjektivierende Arbeitshandeln und Lernen, so zeigt sich: Zum einen kann durch arbeitsnahes und arbeitsintegriertes Lernen der Erwerb von Erfahrungswissen zwar flankiert, aber letztlich nicht hinreichend unterstützt und zuwege gebracht werden. Zum anderen erweisen sich die bisherigen Kriterien für die lernförderliche Gestaltung von Arbeit als unzureichend. Sie müssen modifiziert und erweitert werden. Die in diesem Buch vorgestellten Untersuchungen setzen hier an.

3. Eine neue Fragestellung: Die lernförderliche Gestaltung von Arbeit bei wissensintensiven Berufen

Bisher richteten sich Bemühungen zur lernförderlichen Gestaltung von Arbeit vor allem auf geringqualifizierte restriktive Tätigkeiten und deren Überführung in Tätigkeiten mit einem breiten Aufgabenspektrum und erweiterten Handlungsspielräumen. Die in den folgenden Kapiteln dargestellten Untersuchungen beziehen sich demgegenüber auf qualifizierte selbstverantwortliche Tätigkeiten in wissensintensiven Berufen. Als exemplarisch hierfür wurden der Betriebsmittelbau in der Automobilindustrie sowie die Projektarbeit in der elektrotechnischen Industrie ausgewählt. Es handelt sich hier also um Tätigkeiten, bei denen bislang angenommen wird, dass sie weitgehend schon lernförderlich sind und somit keine besonderen Anstrengungen für eine lernförderliche Gestaltung von Arbeit notwendig sind. Die in diesem Buch vorgestellten Ergebnisse richten sich auf drei Schwerpunkte:

- das Erfahrungswissen und erfahrungsgeleitete Lernen bei wissensintensiven Tätigkeiten,
- Lernhemmnisse und Anforderungen an die lernförderliche Arbeitsgestaltung bei wissensintensiven Tätigkeiten und
- neue Modelle lernförderlicher Arbeitsgestaltung.

---

7 So vergleicht etwa Donald Schön bei seinen Untersuchungen über Expert*innen deren ‚reflection in action‘ mit dem Denken von Jazz-Musiker*innen bei der Improvisation.

Erfahrungswissen und erfahrungsgeleitetes Lernen bei wissensintensiven Berufen und Tätigkeiten

Speziell bei wissensintensiven Tätigkeiten war und ist teilweise noch immer die Vorstellung vorherrschend, dass Erfahrungswissen durch systematisches Wissen ersetzt werden muss und kann. Dementsprechend wird beispielsweise ‚Wissensarbeit' primär als ein Umgang mit wissenschaftlich begründetem, systematischem Wissen definiert (vgl. Stehr 1994; Baethge/Solga/Wieck 2007). *Demgegenüber wird in diesem Buch der Frage des notwendigen Erfahrungswissens bei wissensintensiven Berufen und damit der Verbindung von systematischem Wissen mit Erfahrungswissen nachgegangen. Dabei ist ein Verständnis von Erfahrungswissen leitend, das sowohl explizites bzw. explizierbares als auch implizites Wissen umfasst.*[8]

Der Schwerpunkt liegt dabei nicht allein auf der unmittelbaren Tätigkeit am Arbeitsplatz: Gerade wissensintensive Tätigkeiten im technischen Bereich sowie bei Projektarbeit zeichnen sich dadurch aus, dass sich diese Arbeit immer auch auf andere Arbeitsbereiche und damit die Arbeit anderer bezieht. Die Frage nach dem Erfahrungswissen muss dementsprechend über den unmittelbaren Arbeitsplatz hinausgehen und das Wissen über andere Tätigkeitsbereiche bzw. Anwendungs- und Verwendungszusammenhänge der eigenen Arbeit einbeziehen. Dies wird in diesem Buch u.a. mit dem Begriff des erfahrungsbasierten Kontextwissens systematisch erfasst und näher bestimmt.[9]

Das für die Generierung und den Erwerb von Erfahrungswissen notwendige erfahrungsgeleitete Lernen hat Ähnlichkeiten mit einem selbstgesteuerten und handlungsorientierten Lernen. Entscheidend ist dabei jedoch, dass Lernprozesse unmittelbar mit dem Arbeitshandeln verbunden sind und solchermaßen Arbeit als Lernen begriffen und konzipiert wird. Des Weiteren ist das sinnlich-praktische Erfahren hier nicht nur ein pädagogisch-didaktisches Mittel, mit dem Lernprozesse unterstützt und angestoßen werden. Die Entwicklung der Fähigkeit, etwas ‚zu erfahren', ist selbst ein zentraler Fokus des Lernens. In den allgemeinen Bestimmungen eines solchen Lernens muss dieser Zugang über die sinnlich-praktische Erfahrung jeweils auf konkrete Tätigkeitsbereiche hin ausgerichtet sein. Es stellt sich somit die Frage, wie ein solches Lernen bei wissensintensiven Tätigkeiten stattfindet bzw. stattfinden kann und welche besonderen Merkmale es aufweist.

---

[8] Vgl. Kapitel III in diesem Band.

[9] Vgl. Kapitel IV und VI in diesem Band.

Lernhemmnisse und Lernförderlichkeit von Arbeit

Auf den ersten Blick erscheinen qualifizierte selbstverantwortliche Tätigkeiten nicht nur per se als lernförderlich, sondern auch als besonders dafür geeignet, selbstgesteuert Erfahrungswissen zu erwerben. Dies trifft in der Praxis jedoch nicht bzw. nicht generell zu. So ist mit der Betonung systematischen Wissens bei der Beurteilung des zukünftig notwendigen Wissens zugleich eine Geringschätzung und sogar Abwertung des Erfahrungswissens zu beobachten. Die Erfahrung in der Praxis, dass systematisches Wissen nicht zur Bewältigung der gestellten Anforderungen ausreicht und ein zusätzliches Erfahrungswissen notwendig ist, wird der Sphäre des Individuums zugerechnet und findet deshalb keine Entsprechung in den offiziellen Tätigkeitsbeschreibungen und Personalbeurteilungen. Darüber hinaus bestehen aber auch Beschränkungen für ein erfahrungsgeleitetes Lernen, wie sie etwa durch eine Null-Fehler-Politik oder Eingrenzungen und Beschränkungen des jeweiligen Erfahrungsfeldes in Unternehmen bedingt sein können. Diese Hinweise sollen hier genügen, um deutlich zu machen, in welche Richtung die Fragen nach bestehenden Lernhemmnissen und der Entwicklung von Kriterien lernförderlicher Arbeitsgestaltung gehen.[10] Methodisch orientiert sich die Darstellung an den bisher entwickelten Kriterien lernförderlicher Arbeitsgestaltung und zeigt auf, dass diese nicht hinfällig werden, wohl aber modifiziert und erweitert werden müssen.

Modelle lernförderlicher Arbeitsgestaltung

Die neuentwickelten Modelle lernförderlicher Arbeitsgestaltung,[11] die in diesem Band vorgestellt werden, beziehen sich in besonderer Weise auf die Generierung und den Erwerb von Erfahrungswissen sowie die Entwicklung der hierzu notwendigen Fähigkeiten. Hierzu erfolgt eine Verbindung von objektiven strukturellen Elementen der Arbeitsgestaltung mit unmittelbar subjektbezogenen, auf die Arbeitenden gerichteten Gestaltungsansätzen. Hierfür ist die Erkenntnis grundlegend, dass erfahrungsgeleitetes Lernen mitsamt der hierauf bezogenen Verbindung von Arbeiten und Lernen einerseits objektive strukturelle Rahmenbedingungen erfordert, durch die es ermöglicht und gefördert wird. Andererseits bringen diese Rahmenbedingungen aber keineswegs automatisch und zwangsläufig auch ein entsprechendes Verhalten und Handeln bei den Arbeitenden hervor.

---

[10] Zur Neuformulierung der Kriterien lernförderlicher Arbeitsgestaltung vgl. Kapitel VIII in diesem Band.

[11] Hartmann und Schrode stellen in Kapitel X ein Modell dar, das sie zusammen mit Beschäftigten in der Automobilindustrie entwickelt haben, Heidling, Klug und vom Eyser in Kapitel XI ein Modell, das in der elektrotechnischen Industrie zum Einsatz kommt.

Des Weiteren beziehen sich die vorgestellten Modelle lernförderlicher Arbeitsgestaltung auf die Generierung und den Erwerb *tätigkeitsübergreifenden* Erfahrungswissens und damit auch auf die Kooperation und den Austausch zwischen unterschiedlichen Arbeitsbereichen und Beschäftigtengruppen.

Bildungs- und personalpolitische Maßnahmen, die modellhaft in größeren Unternehmen entwickelt und erprobt wurden, sind zumeist nicht ohne weiteres auch auf kleinere und mittlere Unternehmen übertragbar. Die in diesem Buch vorgestellten Modelle eignen sich hingegen sogar in besonderem Maße für kleine und mittelgroße Betriebe, weil dort die Potenziale für erfahrungsgeleitetes Lernen tendenziell größer sind. Gerade angesichts der fortschreitenden Digitalisierung liegen hier deshalb besondere Chancen für kleine und mittlere Unternehmen und die dort Beschäftigten.

II Interventionsorientierte Fallstudienforschung – Überlegungen zu Methoden und Realisierung

Stefan Sauer, Annegret Bolte

Die Projekte „Lernen durch Arbeit" (LerndA) und „Leistungsregulierung bei qualifizierter digital vernetzter Arbeit" (LedivA) sind Beispiele für eine interventionsorientierte Fallstudienforschung (vgl. Yin 2003; Pongratz/Trinczek 2010): Diese ist durch ein dialogisches Verfahren gekennzeichnet, das einen laufenden Austausch zwischen Wissenschaftler*innen und Praktiker*innen beinhaltet. Dabei finden partizipative und gestaltungsorientierte Elemente Eingang in die Fallstudienforschung (von Unger 2014; Sauer 2017a). Im Folgenden stellen wir unsere Vorgehensweise anhand der im Projekt LerndA stattgefundenen empirischen Untersuchungen und Gestaltungsmaßnahmen exemplarisch vor.

1. Forschung im Spannungsfeld widersprüchlicher Interessen

Die beteiligten Forscher*innen sind in einem drittmittelgeförderten Forschungsprojekt mit widersprüchlichen Interessen konfrontiert: Ein Ministerium als Geldgeber – vertreten durch die Projektträger – erwartet „wissenschaftlich fundierte und in der Unternehmenspraxis erprobte Lösungsansätze" (BMBF 2012). Die Forschung soll Problemstellungen identifizieren, daraus Problemskizzen entwickeln und praxistaugliche Lösungsvorschläge liefern. Damit ist ein wesentliches Merkmal solcher durch das BMBF geförderten Projekte beschrieben: Forschung und Gestaltung werden hier nicht als getrennte und sich tendenziell konflikthaft gegenüberstehende Prozesse gefasst. Sie sollen möglichst eng miteinander verknüpft werden, wobei die Genese praxisgängiger Lösungsansätze für identifizierte Problemstellungen als gemeinsamer Fokuspunkt für alle Projektbeteiligten dient. Die Gestaltungs- und Umsetzungsleistungen sollen von den Unternehmen mit Unterstützung der Forschungsseite selbst erbracht werden, Forscher*innen und Praktiker*innen sollen betriebliche Praktiken und Strukturen in enger Zusammenarbeit verändern und gestalten. Die Forscher*innen sind in diesem Prozess damit keinesfalls klassische Unternehmensberater*innen, die nur das Management beraten und ihm ‚fertige Rezepte' aus ihrer Toolbox anbieten: Vielmehr geht es gerade auch um eine Kooperation auf Augenhöhe mit den ‚Betroffenen' aus den betrieblichen Kontexten und um die gemeinsame Entwicklung und Evaluation neuartiger Lösungsansätze.

In einem Forschungs- und Gestaltungsprojekt treffen unterschiedliche Interessen aufeinander: Neben den Vorgaben des BMBF und den eigenen Interessen der Forscher*innen müssen auch – und vor allem – betriebliche Interessen berücksichtigt werden. Dabei können in einem Unternehmen einer Beteiligung an einem Projekt unterschiedliche Motive zugrunde liegen: Zwar können durch das BMBF geförderte Projekte nur dann stattfinden, wenn sowohl die Unternehmensleitung als auch – sofern vorhanden – der Betriebsrat von den Zielen und Vorgehensweisen eines solchen Projektes überzeugt sind. Allerdings können die Ziele differieren und auch verschiedene Zeithorizonte aufweisen: Geschäftsführung und Management verbinden mit der Beteiligung an einem solchen Prozess meist den Wunsch nach einer – auch kurzfristig sichtbaren – Steigerung der Effizienz und ggf. der Produktqualität; für Betriebsrat und Arbeitnehmer*innen stehen dagegen – auch in einer längerfristigen Perspektive – Arbeits- und Prozessqualität im Fokus.

Im Endeffekt zeigt sich dann während eines länger laufenden Projektes – bei vom BMBF geförderten Projekten sind dies meist drei Jahre –, dass diese zunächst als potenziell widersprüchlich wahrgenommenen Ziele gar nicht so weit auseinanderliegen: Die von den Projektpartnern in Zusammenarbeit mit uns entwickelten sozialen und technischen Innovationen sollen die Qualität der Arbeit *und* die Wirtschaftlichkeit der Unternehmen fördern. So ist es für die beschäftigten Arbeitnehmer*innen von enormer Wichtigkeit, dass sie ihre individuelle Beschäftigungsfähigkeit während der Dauer eines ganzen Arbeitslebens erhalten können, ohne frühzeitig aus dem Erwerbsleben ausscheiden zu müssen. Dieser Erhalt einer langfristigen Beschäftigungsfähigkeit ist aber – nicht nur wegen des demographischen Wandels – von enormer volks- und betriebswirtschaftlicher Bedeutung. Nur so können unter Gesichtspunkten der Nachhaltigkeit die Anforderungen der Gesellschaft an prosperierende Unternehmen und an langfristig in das Erwerbsleben integrierte Beschäftigte erfüllt werden.

2. Zum Verhältnis von Wissenschaft und Praxis

Ein konkreter praxisrelevanter Anwendungsbezug und eine Orientierung an der Nützlichkeit wissenschaftlichen Wissens sind Kriterien für den Erfolg unserer Forschungstätigkeit: Dies trifft insbesondere in sog. Drittmittelprojekten wie beispielsweise denen des BMBF zu. Wir verbinden dabei wissenschaftliche Standards mit praktischer Intervention. Es geht uns nicht um einen hohen Grad an Abstraktion und nicht ‚nur' um Erkenntnisse, die im akademischen Rahmen wahrgenommen werden: Wir verstehen uns explizit als Treiber sozialer sowie technischer Innovationen und nehmen – unter tendenziell widerstrebenden betrieblichen Bedingungen – Einfluss auf betriebliche Prozesse. Wir werden bewusst gestaltend tätig und orientieren uns dabei an den Erkenntnissen der Arbeitsforschung zu einer humanen Gestaltung von Arbeit.

Wir können aber nur dann gestaltend tätig werden und somit Einfluss auf betriebliche Prozesse nehmen, wenn wir als Forscher*innen eine Akzeptanz bei allen betrieblichen Akteuren erreichen und diese sowohl die Möglichkeiten als auch die Grenzen unserer Rolle wahrnehmen und akzeptieren. Dafür sind Praxisnähe, Kontextbezug, Offenheit für im Betrieb erkannte Unsicherheiten und Unwägbarkeiten, aber ebenso Offenheit für das subjektive Erleben der ‚Erforschten' unabdingbare Voraussetzungen. Und vice versa: Diese Kriterien können nur dann eingehalten werden, wenn wir als Forscher*innen alle betrieblichen Praktiker*innen – und nicht nur die Führungskräfte! – als Expert*innen ihrer Praxis wahrnehmen und anerkennen. Anerkennung ist hierfür auf drei Ebenen notwendig (Sauer 2017b):

- Anerkennung der Rolle der Forscher*innen und ihrer Expertise in Bezug auf Reflexion, Analyse und (potenzielle) Veränderung betrieblicher Prozesse,
- Anerkennung der Rolle der ‚Beforschten' als wesentliche Träger des Forschungs- und Organisationsentwicklungsprozesses sowie
- Anerkennung der Komplexität betrieblicher Prozesse und auch partieller Interessengegensätze, die einen kritischen Fokus ohne persönliche Animositäten ermöglichen.

In drittmittelfinanzierten Forschungs- und Gestaltungsprozessen treffen ein vorgegebenes Thema und die spezifische Situation in einem Unternehmen aufeinander. Dabei lassen sich die Rahmenbedingungen dieses Forschungs- und Gestaltungsprozesses aufgrund bekannter neuralgischer Punkte im Vorhinein definieren und beschreiben. Aber die Konkretisierung und endgültige Ausrichtung der Fallstudie und deren weiterer Verlauf können nicht einseitig von den Forscher*innen vorgegeben werden; sie ergeben sich erst im Forschungsprozess: Erst dann wird deutlich, wo ein besonderer Handlungsbedarf besteht. Für die Forscher*innen gilt es, diese Bedarfe zu erkennen und ernstzunehmen. Auf diesen Erkenntnissen aufbauend können dann gemeinsam mit den Beschäftigten und der Geschäftsführung das weitere Vorgehen und die Schwerpunkte der Gestaltung interaktiv ausgehandelt werden.

Damit wird deutlich, dass die Expertise der Beschäftigten und ihre Erfahrungen und Deutungen im gesamten Verlauf der Forschungs- und Gestaltungsarbeit höchst relevant sind. Dies verhindert – beispielsweise beim Thema des arbeitsintegrierten Lernens –, dass Verfahren und Methoden über die Köpfe der Betroffenen hinweg implementiert werden. Zielstellung von Wissenschaft und Praxispartnern in Projekten muss es demnach sein, Rahmenbedingungen zu schaffen und zu kommunizieren, Prozesse sowie kulturelle Wandlungsprozesse anzustoßen und good- wie bad-practice-Beispiele als Lernunterstützung aufzubereiten.

Dagegen ist es unmöglich, fixe Vorgaben und one-best-way-Lösungen zu generieren und den Praktiker*innen zu verordnen. Arbeitsintegriertes Lernen ist Lernen der Arbeitenden, das von außen unterstützt oder erschwert, angestoßen oder verhindert, aber nicht ‚implementiert' werden kann. *Unser partizipativer Ansatz ist daher anspruchsvoll im Sinne des dezidierten Versuchs, mit Forschungsarbeit zu Veränderungsprozessen beizutragen, und zugleich bescheiden hinsichtlich der Absage an vermeintlich verlockende Steuerungsimperative wissenschaftlicher Erkenntnis.*

Mit der Beteiligung an der Gestaltung ist also das Verhältnis von Wissenschaft und Praxis berührt: Wir begreifen die Praxis nicht als der wissenschaftlichen Tätigkeit nachgelagert; Praxis ist nicht der bloße Nachvollzug wissenschaftlicher Erkenntnis; Praxis ist nicht der Testfall im Sinne einer Anwendung und Bewertung wissenschaftlicher Erkenntnisse. Praxis nur als Vollzug zu begreifen würde keine neuen Erkenntnisse hervorbringen. Stattdessen liefern praktische Prozesse wesentliche Erkenntnisse für den Forschungsprozess! Dies gilt auch – und gerade – für die gemeinsame Gestaltung: In ihr lernen alle Beteiligten – auch die Forscher*innen. Somit kann ein solcher Gestaltungsprozess auch als eine Lernpartnerschaft aller Beteiligten verstanden werden (Porschen-Hueck/Neumer 2015, S. 188; Böhle 2017b).

3. Empirie in Forschungs- und Gestaltungsprojekten

Unser Forschungsansatz folgt dem Credo arbeits- und industriesoziologischer Fallstudienforschung (Yin 2003; Pongratz/Trinczek 2010) und lässt sich als partizipativ kennzeichnen (Huchler/Sauer 2015; Porschen-Hueck/Neumer 2015; Sauer 2017a). Anhand des Vorgehens in den Forschungsprojekten LerndA und LedivA wollen wir hier unser Vorgehen exemplarisch beschreiben: Die Grundlage der in den Kapiteln IV, V und VI dargestellten Untersuchungen bilden leitfadenzentrierte Experteninterviews (Bogner/Littig/Menz 2014) mit visualisierenden Elementen (Pfeiffer/Schütt/Wühr 2014) sowie Gruppendiskussionen mit Ingenieur*innen und anderen technischen und administrativen Fachkräften.[1] Alle Befragten – und nicht beispielsweise nur Führungskräfte – werden hierbei als Expert*innen ihrer Arbeit verstanden: Sie sind es, die über die Ausführung, aber auch über Rahmenbedingungen und Gestaltungspotenziale ihrer Arbeit am besten Bescheid wissen. Zu beachten ist dabei, dass für uns nicht ‚nur' der konkrete Arbeitsvollzug relevant ist, sondern dass sich die spezifische, nicht zuletzt erfah-

---

1 Eine detaillierte Beschreibung der empirischen Basis unserer Untersuchungen findet sich in den entsprechenden Kapiteln.

rungsgebundene Expertise der Interviewpartner*innen auch aus anderen – beispielsweise lebensweltlichen – Arbeitsvollzügen ergeben kann.

Im Forschungsprozess geht es darum, gemeinsam mit den Befragten ihre Arbeitssituation zu reflektieren. So wird beispielsweise im Projekt LerndA ausgehend von konkreten Erfahrungen im Arbeitsprozess das Thema „Was habe ich gelernt und was muss ich noch lernen?" beleuchtet. Im Projekt LedivA stehen dagegen vernetzte Arbeit im Kontext von Digitalisierung und daraus resultierende Belastungen[2] im Mittelpunkt der Untersuchungen. Solche Fragestellungen können nicht anhand einiger Items abgefragt werden: Stattdessen ist ein Dialog erforderlich, ein gemeinsames Reflektieren. Nur in einem solchen Prozess können die Befragten darstellen, was sie gelernt haben, wie sie es gelernt haben und was sie noch lernen müssen.

Wir haben mehrstündige Interviews geführt, die zum Teil biographisch angelegt waren und teils weit über den aktuellen Arbeitskontext der Interviewpartner*innen hinaus bis hin zu lebensweltlichen Bezügen ihrer Arbeit geführt haben.[3] Ausgangspunkt war der jeweilige individuelle Arbeitsprozess und der Einstieg in diesen: Wie sieht der Arbeitsalltag aus, wie die Arbeitsaufgaben? Unsere Fragen sind nicht im luftleeren Raum entstanden. Sie speisten sich aus der Erfahrung langjähriger Empirie in unterschiedlichen Feldern und der theoretischen Auseinandersetzung mit dem Thema ‚Erfahrungswissen und implizites Wissen' in unterschiedlichen Feldern: von der Arbeit mit CNC-Werkzeugmaschinen im produzierenden Gewerbe über die Altenpflege bis hin zu Kooperationsprozessen.[4]

Wir haben beispielsweise im Projekt LerndA gemeinsam mit den Befragten reflektiert, wie sie den Einstieg in den beruflichen Alltag bewältigt haben, welche Hürden sie dabei überwinden mussten, ob und inwiefern diese Erfahrungen mit den in der Universität bzw. Fachhochschule geweckten Erwartungen zusammen-

---

2 Im Beitrag von Bolte und Neumer in diesem Band (Kapitel VI) werden die sich aus den Grenzen der technischen Digitalisierung ergebenden Anforderungen an das von den Beschäftigten zu erwerbende Kontextwissen dargestellt. Eine Beschreibung der aus der *vernetzten* Arbeit resultierenden Belastungen wird in späteren Veröffentlichungen folgen.

3 Den Befragten wurde dabei Vertraulichkeit zugesichert und eingehalten: Ihre Aussagen werden anonymisiert und lassen in der späteren Darstellung keinen Rückschluss auf die Personen zu.

4 Eine Übersicht über die in den letzten Jahrzehnten von den Verfasser*innen dieses Aufsatzes sowie von deren Kolleg*innen aus dem Themenschwerpunkt „Arbeit und Subjekt" am Institut für Sozialwissenschaftliche Forschung – ISF München e.V. findet sich in dem von Fritz Böhle im Jahr 2017 herausgegebenen Sammelband „Arbeit als Subjektivierendes Handeln" (Böhle 2017a).

fielen, welche Unterstützung sie erfahren bzw. vermisst haben, *was* sie *wie* und *wo* gelernt haben und in welchem Bereich sie für sich selbst noch Defizite sehen: Was waren erfolgreiche Wege und was waren Sackgassen? Wo haben sie Unterstützung erfahren und wo sind sie blockiert worden (bzw. wo werden sie weiter unterstützt oder blockiert)? Wie haben sie ihren Lernbedarf bzw. ihre Defizite direkt nach dem Ausbildungsabschluss eingeschätzt und wie zum Befragungszeitpunkt?

Die Ergebnisse der Interviews sind von den Forscher*innen mittels qualitativer Inhaltsanalyse (Mayring 2010; Schreier 2014) systematisiert, analysiert und dann noch einmal gemeinsam mit den Interviewpartner*innen im Rahmen von Workshops reflektiert worden: Hier konnten die Befragten ihre Perspektiven austauschen, bewerten, in neue Zusammenhänge stellen sowie Vorschläge für Umsetzungsstrategien erarbeiten und kommentieren. Die Statements der Teilnehmer*innen in den Workshops begannen oft mit den Worten: „Im Anschluss an unser Gespräch neulich ist mir aufgefallen, dass …“ Solche Sätze zeigen, dass die Interviews bei den Befragten Reflexionsprozesse in Gang gesetzt haben, die in den Workshops in der Auseinandersetzung mit den anderen Teilnehmer*innen weiter ausdifferenziert werden konnten. Interviews und Gruppendiskussionen dienen damit nicht nur dazu, Informationen für die Forscher*innen zu generieren – sie geben auch den Praktiker*innen gestaltungsrelevante Denkanstöße. Wissenschaftlicher Anspruch und Gestaltungsanspruch stehen hier somit nicht in Konkurrenz zueinander, sondern befruchten sich wechselseitig.

Die Interviews und Gruppendiskussionen wurden dann ebenso mittels der Methodik qualitativer Inhaltsanalyse ausgewertet und von den Forscher*innen zu einem theoriegeleiteten Konzept verdichtet: Hier konkretisierte sich ‚Erfahrungsgeleitetes Kontextwissen’ als das Thema, das im Projekt LerndA für den Lernbedarf der jungen Ingenieur*innen in den beiden untersuchten Unternehmen steht (vgl. Kapitel IV und V; Böhle/Sauer 2019; Sauer/Böhle/Bolte 2018).[5] Die erarbeiteten Ergebnisse wurden allen beteiligten Gruppen einschließlich der Geschäftsführung vorgestellt.[6] Typischerweise erzeugen die Ergebnisse Überraschung: „So haben wir das noch gar nicht gesehen … Aber Sie haben Recht!“ Ziel solcher gemeinsamer Diskussionen ist die Erzeugung eines (zumindest in Teilen) gemeinsamen Bildes, auf dessen Grundlage die gemeinsame Erarbeitung von Ge-

---

5 Im Projekt LedivA zeigte sich, dass erfahrungsgeleitetes Kontextwissen auch essenziell für gelingende vernetzte Arbeit ist (vgl. Kapitel VI).

6 Dabei war darauf zu achten, dass die Ergebnisse strikt anonymisiert werden und keine Rückschlüsse auf die Befragten zulassen.

staltungsmaßnahmen erfolgen kann (vgl. Kapitel IV, V und VI; Böhle/Sauer 2019; Sauer/Neumer/Buschmeyer 2018).

4. Probleme der Gestaltung

In den Kapiteln X und XI werden konkrete Gestaltungsmaßnahmen dargestellt, die in LerndA erfolgreich erprobt und evaluiert wurden. Hier – wie auch in anderen Forschungs- und Gestaltungsprojekten – erscheint es so, als würden sich die entwickelten Gestaltungsmaßnahmen quasi naturwüchsig aus den Ergebnissen der Empirie ableiten lassen. Doch so einfach ist es – leider! – nicht: Gestaltung in Unternehmen findet nicht unter Laborbedingungen statt! In (fast) jedem solchen Prozess tauchen Schwierigkeiten auf, die überwunden werden müssen. Fast immer gibt es Einflussfaktoren und Rahmenbedingungen, die von den Forscher*innen nur begrenzt zu kontrollieren sind.

So treffen im Forschungs- und Gestaltungsprozess die Gestaltungsanforderungen fast immer auf eine immanente Zeitknappheit aller beteiligten Akteure. Die Beschäftigten geraten oftmals in eine Zwickmühle zwischen ihren eigenen Interessen am Projekt (beispielsweise die langfristige Sicherung ihrer Beschäftigungsfähigkeit) und aktuellen Anforderungen: Ihr Interesse an einer Teilnahme am Forschungs- und Gestaltungsprozess und dessen Zielen kollidiert oftmals mit den aktuell brennenden Anforderungen, die sich aus ihrer ‚eigentlichen' Arbeitstätigkeit ergeben. Das Management verlangt gleichzeitig nach schnellen Lösungen, die den betrieblichen Akteuren für ein Forschungsprojekt zur Verfügung stehende Zeit ist – trotz der finanziellen Förderung – zumeist stark begrenzt. Und die Forscher*innen sind tendenziell mit zeitraubenden Anforderungen – beispielsweise von Seiten des Projektcontrollings – konfrontiert, die außerhalb des Kerns ihrer Tätigkeiten liegen (Stuth 2016).

Unsere Beteiligung als Forscher*innen an Gestaltungsprozessen führt manchmal zu Fehldeutungen und falschen Anforderungen an uns, denen wir entgegnen müssen: Wir haben nicht die Funktion, betriebliche Konflikte zu lösen, und wir können als Forscher*innen nicht die Verantwortung für betriebliche Gestaltungs- und Organisationsentwicklungsprozesse übernehmen; dies bleibt Aufgabe der betrieblichen Akteure. Dementsprechend können solche Gestaltungsprojekte nur dann realisiert werden, wenn sie auf erprobten betrieblichen Prozessen der Konsensbildung aufbauen können und wenn sich betriebliche Akteure finden, die bereit sind, das Projekt mitzutragen und hierfür Verantwortung zu übernehmen.

Dabei ergeben sich Behinderungen eines Gestaltungsprojektes an diesem Punkt aus einer gerade in großen Unternehmen leider zunehmend bekannten Konstellation: Verantwortliche aus verschiedenen betrieblichen Bereichen und mit unterschiedlichen Funktionen wollen alle in den Projektprozess involviert werden, aber nicht – und schon gar nicht flexibel und situationsspezifisch – Verantwortung für das Projekt übernehmen. Daraus resultiert ein Phänomen, das ein Ingenieur – in Bezug auf ein betriebliches Reorganisationsprojekt – als „mitschwimmen, aber nicht nass werden" bezeichnet hat. Viele betriebliche Akteure wollen ständig informiert werden, auf dem neuesten Stand der Entwicklungen sein, eigene Vorstellungen und Kommentierungen einbringen, aber eben nicht wichtige Entscheidungen tragen und innerbetrieblich ‚durchboxen'. Resultat sind lange Abstimmungsmeetings und Telefonkonferenzen, verzweigte Feedbackloops und – allgemeiner – viel Kommunikation mit wenig (oder keinen) Resultaten. Hinzu kommen – wiederum vor allem in großen Unternehmen – oftmals wenig deckungsgleiche Bereichsinteressen: Solche Konfliktkonstellationen tauchen gerade auf Grund eines bereichsspezifischen Kennzahlendrucks in den letzten Jahren vermehrt auf.

Die Interventionsmöglichkeiten von Seiten der Wissenschaft reichen von der Sensibilisierung für aufgetretene Problemkonstellationen über Vorschläge für konkrete Maßnahmen bis hin zur aktiven Begleitung solcher Maßnahmen, dem Aufsetzen und Durchführen von Workshops und Coachings sowie der Evaluierung von Maßnahmen. Der konkreten Einbindung der Forscher*innen in betriebliche (Reorganisations-)Prozesse liegt dabei immer wieder ein Aushandlungsprozess zugrunde.

5. Rückbindung der Ergebnisse

Die Aufgabe der Forscher*innen ist mit der Beteiligung an der Gestaltung nicht beendet: Es gilt, die Ergebnisse und praktischen Erfahrungen kontextsensibel zu generalisieren und im Hinblick auf den forschungspraktischen Nutzen aufzubereiten.

Die Schilderung der von uns angewandten Methoden mag zu der Vermutung führen, dass wir nur Phänomene aufgreifen, die in einem bestimmten Unternehmen aktuell sind und die nur dort vorkommen. Dieser Eindruck ist falsch! Gerade unsere Sensibilität für den jeweiligen Kontext und das Eingehen auf die Befindlichkeiten der Subjekte ermöglichen es uns, weitverbreitete Strukturen aufzudecken, die in ähnlicher Form – unter vielleicht anderen Vorzeichen – auch in anderen Unternehmen zu finden sind. Abschließend drei Anmerkungen hierzu:

- Der genaue Blick auf ein Unternehmen schärft den Blick für die Problemkonstellation in anderen Unternehmen. Meist stellt sich im Nachhinein heraus: Wenn man einmal tief eingetaucht ist, erkennt man auch in anderen Unternehmen ähnliche Problemkonstellationen. Deshalb findet immer auch eine Rückbindung und kritische Reflexion der Ergebnisse aus anderen Forschungsprojekten und anderen Unternehmen statt.

- Der geschilderte genaue Blick auf Unternehmen ist Resultat langjähriger Forschungserfahrung der beteiligten Wissenschaftler*innen: Den sensiblen Umgang mit Interviewpartner*innen und geeignete Interviewtechniken kann man ebenso wie eine kontextsensible Gestaltung nicht anhand eines Lehrbuchs erlernen. Diese Vorgehensweise erfordert langjährige Forschungserfahrung. Dementsprechend versteht sich das ISF nicht als Durchlauferhitzer für junge Wissenschaftler*innen. Stattdessen legen wir besonderen Wert auf einen ständigen Mix von jungen und erfahrenen Wissenschaftler*innen.
- Die hier und in anderen Publikationen vorgestellten Modelle erheben den Anspruch auf allgemeine Geltung – und damit weit über die Unternehmen hinaus, in denen sie entstanden sind: Sie greifen Problemkonstellationen und Lösungen auf, die auch für viele andere Unternehmen gültig sind. Gleichwohl sind die Ausprägungen ihrer Gestaltung nie eins zu eins auf andere Unternehmen – und nicht einmal auf andere Bereiche desselben Unternehmens – übertragbar: Gestaltung ist von vielen Faktoren wie Akteurskonstellationen und Rahmenbedingungen abhängig. Erfolgreiche Gestaltungsmaßnahmen können nie einfach ‚kopiert' bzw. nachgeahmt werden. Aber sie können als Ausgangspunkt und Anregung für eigene Gestaltungsmaßnahmen genommen werden.

Kontextwissen: Eine besondere Form von Erfahrungswissen

III Subjektivierendes Arbeitshandeln und Anerkennung als konzeptioneller Rahmen für die Analyse von tätigkeits- und kontextbezogenem Erfahrungswissen

Annegret Bolte, Stefan Sauer

Erfahrungswissen bezieht sich auf die unmittelbare Tätigkeit der Beschäftigten und auf vor- und nachgelagerte Bereiche sowie auf Kooperationen, die zum Aufbau dieses Wissens notwendig sind. Dieses Erfahrungswissen meint – wie der Name bereits andeutet – keine theoretischen Sachverhalte, die objektiviert weitergegeben und erworben werden können. Es meint vielmehr ein Wissen über mögliche Unwägbarkeiten und Unsicherheiten, die sich in komplexen und innovativen Arbeitsprozessen beinahe zwangsläufig ergeben (Böhle/Pfeiffer/Sevsay-Tegethoff 2004), sowie ein Können zum Umgang damit. Bevor das erfahrungsbasierte Kontextwissen in den Kapiteln IV bis VI näher skizziert wird, erläutern wir hier dessen konzeptionelle Ausgangspunkte. Den theoretischen Hintergrund zum erfahrungsbasierten Kontextwissen bilden auf der einen Seite das subjektivierende Arbeits- (Abschnitt 1) und Kooperationshandeln (Abschnitt 2) sowie auf der anderen Seite Überlegungen zur Bedeutung von Anerkennung (Abschnitt 3).

1. Subjektivierendes Arbeitshandeln

Das Konzept des subjektivierenden Arbeitshandelns unterscheidet analytisch und empiriegesättigt zwischen zwei Arten des Handelns: objektivierendem und subjektivierendem Handeln. Dadurch wird mit der Vorstellung gebrochen, (Arbeits-)Handeln sei immer und notwendig lediglich die Ausführung eines vorher und nicht selten von anderen entworfenen Planes (Böhle 2009a, 2009b; Böhle/Milkau 1988; Böhle et al. 2017). Im Einzelnen werden die beiden Handlungsmodi anhand von Vorgehen, Denken, sinnlicher Wahrnehmung und Beziehung zur Umwelt unterschieden. Eine objektivierend handelnde Person handelt planmäßig – also gemäß einem vorher gefassten Plan – aufgrund ihres Fachwissens und analytisch-formalen Denkens. Informationen der Umwelt werden möglichst exakt und objektiv registriert und zu dieser besteht eine distanzierte Beziehung, basierend auf einer stringenten Trennung zwischen Subjekt (die handelnde Person selbst) und Objekt (die ‚behandelte' Umwelt). Eine subjektivierend handelnde Person bezieht dagegen die Umwelt dialogisch und experimentell in das eigene Handeln mit ein und ‚plant', während sie die Handlung vollzieht. Dabei kommen assoziatives und erlebnisbezogenes Denken zur Geltung und die Umwelt wird in ihrer gesamten Komplexität sinnlich wahrgenommen. Arbeitsgegenstände werden jenseits einer Subjekt-Objekt-Trennung als ‚mit-gestaltend' begriffen und ihnen wird empathisch begegnet (Bolte 2017).

Diese beiden Handlungsmodi sind Idealtypen, die nicht in einem Entweder-oder-Schema aufgehen, sondern sich wechselseitig ergänzen. So handeln wir (auf längere Sicht) stets teils ‚nach Plan' und teils – insbesondere in Situationen, die von Unsicherheit und Unwägbarkeiten geprägt sind –‚nach Gespür'. Ebenso gibt es Informationen wie beispielsweise Zahlen in Form von Mengenangaben, die wir ‚registrieren', und komplexe Sachverhalte wie das ‚Ruckeln' einer Maschine oder ‚Unwuchten' in einem verfassten Text, die wir wahrnehmen.

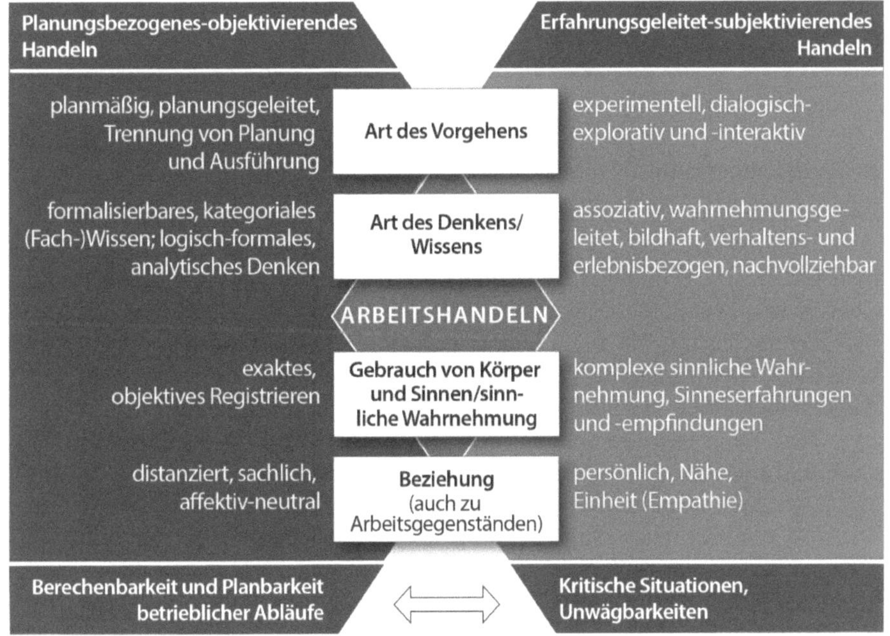

Abbildung 1: Subjektivierendes und objektivierendes Arbeitshandeln

Die beiden Idealtypen (siehe Abbildung 1) wurden nicht ‚auf dem Reißbrett' entworfen, sondern haben sich aus zahlreichen empirischen Studien ergeben. Der Handlungsmodus des subjektivierenden Handelns findet sich dabei auch in Bereichen, in denen man ihn nicht vermuten würde, beispielsweise in hoch technisierten und automatisierten Produktionsbereichen (Bauer et al. 1999, 2000, 2002).

Subjektivierendes Arbeitshandeln beruht nicht auf objektiven Fakten, sondern auf der Fähigkeit, Erfahrungen zu machen (Böhle 2009b). Hierbei ist relevant, dass Erfahrungen nicht als ‚abgelagerte Sedimente' misszuverstehen sind, sondern eine dreifache zeitliche Dimension aufweisen: Sie basieren auf Vergangenem, aktualisieren sich in der Gegenwart und ermöglichen Handlungsfähigkeit in Bezug auf eine unwägbare Zukunft.

Die Darstellung des subjektivierenden Arbeitshandelns ist für die weitere Argumentation wichtig: Es stellt den Hintergrund für den empirisch aufgedeckten Befund dar, dass es ein Wissen sowohl über die eigene unmittelbare Tätigkeit als auch über vor- und nachgelagerte Arbeitsbereiche gibt, das nicht einfach nachgelesen werden kann und das sich auch nicht ohne weiteres aus ‚objektiven Arbeitsergebnissen' gewinnen lässt. Um sich dieses Wissen zu erschließen, ist es notwendig, mit den Kolleginnen und Kollegen aus vor- und nachgelagerten Abteilungen zu kooperieren. Auch hierfür gibt es idealtypisch zwei Arten, die wir im Folgenden fokussieren.

2. Subjektivierendes Kooperationshandeln

Das subjektivierende Kooperationshandeln stellt eine weitere Ausdifferenzierung des subjektivierenden Arbeitshandelns dar: In jedem Unternehmen müssen Beschäftigte ihr individuelles Arbeitshandeln mit dem ihrer Kolleg*innen, Chef*innen, Mitarbeiter*innen, Kund*innen koordinieren. Darüber hinaus gibt es Arbeitsaufgaben, die nur in einem gemeinsamen Prozess gemeinsam – also kooperativ – bewältigt werden können. Ebenso wie für das Arbeitshandeln im Allgemeinen kann man auch für die Koordination und Kooperation idealtypisch zwei Handlungsmodi beschreiben: die planungsbezogene Kooperation in Gremien und die informelle erfahrungsbasierte Kooperation (Abbildung 2). Auch hier können die Handlungsmodi anhand der Art des Vorgehens, des Wissens und Denkens, der sinnlichen Wahrnehmung und der Beziehung zu den Kooperationspartnern voneinander unterschieden werden. Und auch hier bilden empirische Erhebungen den Ausgangspunkt (Böhle/Bolte 2002; Bolte/Porschen 2006a; Bolte/Neumer/Porschen 2008).

In den letzten Jahren hat sich in vielen Unternehmen das Meeting als die bevorzugte Form der Kooperation herauskristallisiert. Das Meeting kann als der Inbegriff der planungsbezogenen objektivierten Kooperation verstanden werden. Es zeichnet sich durch ein hohes Maß an Standardisierung aus: Ein festgelegter Teilnehmerkreis, der anhand der im Organigramm verzeichneten Zuständigkeiten bestimmt wird, trifft sich in hierfür vorgesehenen Räumlichkeiten ‚am grünen Tisch'; es gibt eine Tagesordnung und Dokumentationspflichten; Ergebnisse werden berichtet und Zielstellungen werden verhandelt; eigene Leistungen werden dargestellt oder gerechtfertigt. Konkrete Erfahrungen müssen oftmals objektiviert, also inhaltlich an die Vorgehenslogik objektivierender Verfahrensweisen angepasst werden (Böhle et al. 2011). Das kommunizierte Wissen ist demnach als objektivierend und explizit zu charakterisieren (Böhle/Bolte 2002, S. 181).

Abbildung 2: Subjektivierendes und objektivierendes Kooperationshandeln

Die sinnliche Wahrnehmung im Meeting ist auf das möglichst exakte Registrieren von Informationen gerichtet, die spezifisch aufbereitet und beispielsweise in Powerpoint-Präsentationen dargestellt werden. Die Kommunikation erfolgt beinahe ausschließlich verbal. Im Rahmen eines objektivierenden Vorgehens ist die Beziehung zwischen den Meetingteilnehmer*innen meist durch formale Rollen geprägt. Dabei sind die Beschäftigten sowohl in fachlicher als auch in hierarchischer Hinsicht an ihre Position im Organigramm gebunden; Abweichungen hiervon sind unüblich und können sanktioniert werden.

Somit werden die Beschäftigten im Rahmen von Meetings zwar in die Planung ihrer Arbeit mit einbezogen, diese bleibt allerdings sehr stark unter Kontrolle des teilnehmenden Managements. Es erfolgt eine strikte Trennung von Planung im Meeting und der anschließenden Ausführung vor Ort (Bolte/Neumer 2008).

Subjektivierendes Kooperationshandeln findet dagegen anlassbezogen mit für die jeweilige Themenstellung relevanten Personen ‚vor Ort' statt: Die Bedarfe der konkreten Arbeitsprozesse sind leitend; es wird anlässlich einer aufgetretenen Problemstellung und unter Einbezug der fachlich notwendigen (und verfügbaren) Personen kooperiert (Böhle et al. 2008, S. 102). Die dafür notwendigen Zusammenkünfte werden von den betroffenen Beschäftigten selbst anberaumt, diese müssen selbsttätig entscheiden, welche Orte sich hierfür eignen und welche Personen einbezogen werden müssen.

Damit die Kooperation gelingen kann, müssen die Kooperationspartner*innen verstehen, „was der andere im Sinn hat [...] (sie müssen) dessen Intention aufgreifen, dann aber nicht das Gleiche tun, sondern das eigene Verhalten in einer Weise einrichten, die das des anderen in sinnvoller Weise ergänzt" (Bischof-Köhler 1989, S. 12). Damit bezieht sich das Denken und Wissen auf gemeinsame Informationen, geteiltes Wissen und geteilte Bedeutungszusammenhänge, die innerhalb der Kooperation vermittelt werden und entscheidend für ihr Verständnis sind (Böhle et al. 2008, S. 102). Es handelt sich um subjektivierende, gegenstands- und anlassbezogene Informationen und Erkenntnisse, die oftmals an eine konkrete praktische Umsetzung gebunden sind. Die konkreten Arbeitsmittel und Arbeitsgegenstände können – anstelle spezifisch für die Kooperation gestalteter separierter Medien – vor Ort in den Kooperationsprozess einbezogen werden. So kann das Wissen selbst oftmals gegenstandsvermittelt kommuniziert werden, Kooperierende erschaffen sich ihren gemeinsamen Erfahrungsraum, der ihnen zur Orientierung dient und den sie gemeinsam erweitern und modifizieren (Neumer 2007; Bolte/Neumer/Porschen 2008, S. 125 f.).

Die Beziehung der Kooperierenden ist durch die gemeinsame Orientierung an der jeweiligen konkreten Problemstellung geprägt. Statusniedrigere Beschäftigte können hierbei fachlich wichtige Beiträge leisten, statushöhere können sich nicht auf ihre Position zurückziehen, sondern müssen sich ebenso an ihren konkreten Beiträgen, deren Richtigkeit und Relevanz in Bezug auf die Problemlösung messen lassen. Darüber hinaus können die Perspektiven und Handlungsvollzüge der Beteiligten wechselseitig nachvollzogen werden (Böhle et al. 2008, S. 103).

3. Anerkennung

Subjektivierend-erfahrungsbasiertes Arbeits- und Kooperationshandeln wird häufig als implizit bezeichnet (Böhle 2010b). Es handelt sich um weitgehend verdeckte, offiziell nicht beachtete und eher behinderte als geförderte Kooperationszusammenhänge (Böhle/Bolte 2002, S. 70 ff.). In der Planung von Arbeit wird planungsgeleitetes Handeln fokussiert, die hier beschriebenen ‚anderen' Arten des Handelns sind schwer kommunizier- und transferierbar (Porschen 2008) und bleiben damit – von außen betrachtet – eher unsichtbar. Sichtbarkeit und Beachtung sind allerdings Voraussetzungen dafür, um Anerkennung gewähren zu können, und vice versa: Sichtbar zu sein und beachtet zu werden sind Voraussetzungen, um Anerkennung erhalten zu können (Mead 1968). Übertragen auf das erfahrungsbasierte Kontextwissen heißt das: Nur eine beachtete Arbeitsleistung kann wertgeschätzt oder missachtet werden, eine nicht beachtete Leistung dagegen wird nicht wertgeschätzt (Sauer 2017b).[1] Dies gilt insbesondere für implizite Leistungen, die nicht objektiv dokumentierbar und nachweisbar sind: Ohne Verständnis für die Handlungen und die impliziten Handlungslogiken von Beschäftigten in vor- und nachgelagerten Bereichen werden diese – solange alles ‚gut läuft' – nicht beachtet und nicht wertgeschätzt; im Falle von widersprüchlichen Ergebnissen und konflikthaften Prozessen werden sie dagegen bemerkt und – vor allem! – missachtet. In den Worten einer Ingenieurin: „Manche Bereiche sind einfach wie Katz und Maus." Erst wenn ein gewisser Einblick in die Möglichkeiten und Grenzen des Handelns anderer Abteilungen besteht, können deren Bedarfe und Beiträge entsprechend eingeschätzt werden: „Es ist gut, wenn man das mal sieht. Denn die haben für das, was sie tun, ja auch ganz gute Gründe."

Eine solche Wertschätzung ist zentral für den Blick über den Tellerrand. Es geht dabei nicht nur darum, Kolleginnen und Kollegen besser verstehen zu können, sondern um das Verständnis der Handlungszwänge und Handlungsoptionen der anderen Bereiche. Dieses Verständnis ist eine elementare Voraussetzung dafür, insbesondere bei Unwägbarkeiten gemeinsam handlungsfähig zu bleiben. Wertschätzung ist damit insbesondere in solchen Zusammenhängen wichtig, in denen Selbstorganisation und Kooperation einen hohen Stellenwert einnehmen. Nur wer das Wissen und Können von Kolleg*innen schätzt, wird mit diesen auch zwanglos und vorbehaltlos kooperieren, und vice versa: Nur wer seine Beiträge in einem nicht durch Rechtfertigung und Abwertung geprägten Kontext einbringen kann, wird dies auch ohne (hierarchischen) Zwang leisten (Sauer 2017b).

---

1 Anerkennung kann man nach Honneth (1992) in Liebe, Recht und Wertschätzung (bzw. Solidarität) untergliedern. Subjekte werden dabei in ihrer Individualität (Liebe, Fürsorge), ihrer Universalität (Recht, beispielsweise Menschenrechte) und ihren Beiträgen, die sie zu gemeinsamen Zielen leisten (Wertschätzung, Solidarität), adressiert. An diese Unterscheidung anschließend ist für die Arbeitswelt vor allem der Anerkennungsmodus der Wertschätzung (bzw. Solidarität) wesentlich, da in Arbeitsbeziehungen zumeist die Beiträge Einzelner zu gemeinsamen Zielsetzungen im Fokus stehen.

IV Erfahrungswissen in der Projektarbeit

Eckhard Heidling

Mit der weiter fortschreitenden Neustrukturierung von Arbeit entlang veränderter Wertschöpfungsketten wächst die Bedeutung fach- und unternehmensübergreifender Projektarbeit. Projekte sind gekennzeichnet durch einen hohen Anteil ungewisser Situationen (Abschnitt 1). Eine genauere Betrachtung zeigt, dass im Verlauf von Projekten häufig Situationen doppelter Ungewissheit auftreten (Abschnitt 2). Deshalb ist Projektarbeit für die Beschäftigten wesentlich durch den Umgang mit diesen ungewissen Situationen geprägt. Dabei hat das erfahrungsgeleitet-subjektivierende Arbeitshandeln ein deutliches Übergewicht gegenüber dem planmäßig-rationalen (Abschnitt 3). Abschließend werden die wichtigsten Ergebnisse zusammengefasst (Abschnitt 4).

1. Projekte zwischen Plan und Realität

Projekte sind dadurch gekennzeichnet, dass vorgegebene Ziele in einer bestimmten Zeit und mit begrenzten Ressourcen in einer spezifischen Qualität erreicht werden müssen. Ein großer Teil der Projektarbeiten umfasst planende und entwickelnde Arbeiten und ist deshalb auf die Zukunft gerichtet. Die Bedingungen, unter denen Projekte stattfinden, variieren und sind häufig neuartig. Kennzeichnend für Projektarbeit ist, dass die Projektziele vielfach erst im Projektverlauf endgültig festgelegt werden und deshalb der Ressourceneinsatz und der zeitliche Aufwand zu Projektbeginn nur näherungsweise bestimmt werden können. Durch diese Offenheiten und Unbestimmtheiten sowie ihren temporären Charakter unterscheiden sich Projekte prinzipiell vom vorherrschenden Verständnis von Organisationen, das von Kontinuität und Stabilität geprägt ist – so wie dies das Modell der bürokratischen Organisation prototypisch repräsentiert. Wichtige Merkmale dieses Organisationstyps sind stabile und kontinuierliche Prozesse zur Herstellung von Produkten und Dienstleistungen. Stabilität und Kontinuität sollen Sicherheit über Ziele, Verfahren, Ressourcen, den Verlauf sowie die Anwendungs- und Umgebungsbedingungen gewährleisten.

Diese Produktion von Sicherheit stößt bei Projekten auf systematische Schwierigkeiten. Deshalb entstehen bei der Realisierung von Projekten häufig Widersprüche und Spannungsfelder zwischen den stabilen Organisationsstrukturen und den temporären Projektstrukturen bezogen auf Ressourcen, Zielsysteme und Organisationsgrenzen. So ist der Verlauf von Projekten durch immer wieder sich ändernde Arbeitsstrukturen, Arbeitsbedingungen und Kompetenzanforderungen gekennzeichnet, mit denen die Arbeitskräfte umgehen müssen. Daraus ergibt sich eine Vielfalt unterschiedlicher Arbeitsaufgaben für die Beschäftigten in den Projekten, die Wissen, Informationen und Erfahrungen innerhalb und zwischen unterschiedlichen fachlichen Disziplinen mit unterschiedlichen Akteuren und häufig an verteilten Orten der Produktions- und Dienstleistungsprozesse regulieren, verarbeiten und weiterentwickeln.

Projektarbeit wird häufig als Element wissensintensiver Arbeitsprozesse gesehen, die mit der Dezentralisierung von Verantwortung, vergleichsweise großen Spielräumen bei der Gestaltung der Arbeitsprozesse und selbstverantwortlichem Arbeitshandeln verbunden sind. Dies trifft nur teilweise zu, da die Arbeit von formalen Planungs- und Steuerungsinstrumenten sowie informationstechnisch gestützten Tools strukturiert ist (Will-Zocholl 2011; Kalkowski/Mickler 2015). Die Entwicklung von Tools, Verfahren und anderen Ansätzen ist vielfach auf Standardisierung ausgerichtet, um Schnittstellen, Unsicherheiten und Unklarheiten des Projektablaufs zu reduzieren. Damit sollen transparente und reproduzierbare Organisationsabläufe in den Unternehmen etabliert sowie die Projektarbeit effektiv gesteuert und kontrolliert werden. Vorherrschend ist deshalb eine Sicht des Projektmanagements, die durch vorgegebene Tools und Standardprozesse geprägt ist. Obwohl mittlerweile ein umfangreicher Bestand an Planungs- und Steuerungsmodellen, Tools sowie Ausbildungs- und Schulungskonzepten verfügbar ist (Wasserfall-Modell, Festlegung von Meilensteinen, informations- und kommunikationstechnisch gestützte Planungs- und Steuerungstools, vgl. als Überblick Schelle 2010; Bea/Scheurer/Hesselmann 2008), sind die Ergebnisse keineswegs zufriedenstellend. Trotz Optimierung der Projektplanung und -steuerung treten bei der Realisierung von Projekten immer wieder nicht vollständig kontrollierbare Ereignisse und Einflussgrößen auf. Dies führt jedoch vielfach nicht dazu, die eingeschlagenen Wege der Projektplanung und -steuerung zu überdenken, sondern verstärkt eher das Bestreben zu weiterer Optimierung formaler Steuerungselemente (Meskendahl et al. 2011; Ahn/Zwikael/Bednarek 2010).

Aufgrund dieser Situation ist die Projektarbeit faktisch durch eine auf Dauer gestellte Differenz zwischen Plan und Realität geprägt. Typisch sind deshalb Aussagen von Projektbeschäftigten wie: „Es gibt viele unerwartete Ereignisse, es gibt kein Projekt, das nach Plan durchläuft“, oder: „Ich habe bis jetzt eigentlich nur kritische Projekte gemacht.“ Kritische Situationen und Ereignisse sind charakteristisch für die große Mehrzahl von Projekten. Allgemein sind kritische Situationen dadurch gekennzeichnet, dass trotz systematischer Planungen nicht vorhersehbare Ereignisse in den Arbeitsabläufen eintreten.

Begrifflich sind kritische Situationen im Bereich der *Ungewissheit* in Abgrenzung zum *Risiko* zu verorten. Risiken werden als „known unknowns" bezeichnet, weil in der Zukunft liegende Ereignisse mit Eintrittswahrscheinlichkeiten versehen werden, um sie so mit mathematisch-statistischen Methoden einschätzbar und auf diese Weise weitgehend beherrschbar zu machen. Dieser methodische Ansatz ist ein Kernelement des Risikomanagements als Teil des Methodenbaukastens der Projektplanung und -steuerung. Entsprechend beschäftigt sich die weit überwiegende Zahl von Untersuchungen zum Projektmanagement mit der Frage, wie mit Risiken im Projektverlauf umgegangen wird und welche Herangehensweisen des Risikomanagements geeignet sind, Risiken zu vermeiden. „The paradigm of systematic RM[1] is predominantly focused on anticipated risks" (Lehtiranta 2014, S. 641). Davon zu unterscheiden ist der Begriff der Ungewissheit („uncertainty"), der auf Ereignisse verweist, die in der Zukunft liegen, unbekannt sind und deren Folgen nicht eingeschätzt werden können („unknown unkowns"). Obwohl diese grundlegende Unterscheidung zwischen Risiko und Ungewissheit in der ökonomischen Diskussion schon früh herausgearbeitet wurde (Keynes 1936/1973, 1937; Knight 1921/1964), orientieren sich erst in jüngerer Zeit einige Autor*innen im Projektmanagement wieder daran (Sanderson 2012; Lechler/Edington/Gao 2013; Winch/Maytorena 2012; Perminova/Gustafsson/Wikström 2008). Vor diesem Hintergrund verwenden wir die Begriffe der kritischen Situation und des ungewissen Ereignissess in den folgenden Ausführungen weitgehend synonym.

2. Doppelte Ungewissheit in Projekten

Ungewissheiten gehören zum Projektalltag, treten in kleinen und großen Projekten, einfachen und komplexen Projekten, in unterschiedlich stark vernetzten Zusammenhängen und in verschiedenen Phasen des Projektablaufs auf. Sie resultieren aus der Instabilität und Unbestimmtheit der Eigenschaften und Wirkungsweisen technisch-materieller und sozio-kultureller Gegebenheiten. Gerade auch einfach erscheinende Aufgaben erweisen sich im konkreten Projektverlauf häufig als sehr kompliziert, was etwa damit zusammenhängt, dass notwendige Ressourcen nicht in der erforderlichen Quantität sowie Qualität und nicht zum richtigen Zeitpunkt verfügbar sind. Bei der Planung ist vielfach ex ante (noch) nicht vollständig absehbar, welche konkreten technischen Aufgaben sich während des Projekts stellen werden und wie damit verbundene Probleme gelöst werden können.

---

1 Project risk management.

Ungewissheiten können durch Qualitätsmängel einzelner Produktlieferungen entstehen, was häufig erhebliche Folgewirkungen für die gesamte Lieferkette hat. Ähnliche Effekte für die Projektpartner resultieren aus zeitlichen Verzögerungen der Lieferungen von Partnern im Netzwerk. Dies hängt damit zusammen, dass Projekte häufig als eine isolierte Abfolge bestimmter Tätigkeiten konzipiert werden, ohne die – betrieblichen und über den Betrieb hinausgehenden – Kontexte zu berücksichtigen, in die sie eingebunden sind. Dadurch werden wichtige Einflussfaktoren für Auslöser von Ungewissheit ausgeblendet. „Contemporary thinking on project management is thus grounded in a lonely project perspective. Both textbooks and research literature primarily discuss individual projects. The perspective is from the inside […]. In this perspective, the players and actions of the environment do not appear in their own right, rather through their relationship with the project in question. The historical and organizational contexts of the project are taken for granted, or simply not included in the analysis“ (Engwall 2003, S. 793). Zu den Ursachen von Ungewissheit, die mit der kontextuellen Verankerung von Projekten zusammenhängen, zählen neben technischen und marktbedingten Elementen auch veränderte gesetzliche Regelungen und Normen. Ungewissheiten können außerdem durch Probleme in der Kooperation mit den Akteuren anderer Unternehmen wie etwa den Zulieferern verursacht werden (Martinsuo/Korhonen/Laine 2014; Petit 2012).

Dem angemessenen Umgang mit solchen kontextbedingten Ungewissheiten wird inzwischen eine gewisse Bedeutung für das Projektmanagement zugemessen. Dabei wird dem Einsatz formaler Instrumente zu deren Bewältigung nur eine begrenzte Reichweite zugeschrieben. Eine möglichst umfassende Aufnahme dieser Kontextfaktoren sowie eine analytische Auseinandersetzung mit ihnen werden als sehr viel wichtiger eingeschätzt. „That is why identifying relevant […] contextual uncertainty by means of environmental scanning or other analytical methods is an important part of project management" (Perminova/Gustafsson/Wikström 2008, S. 77). Dies gilt in besonderer Weise für große Projekte, wobei es neben den technischen Fragestellungen etwa auch um unterschiedliche Interessen der beteiligten Akteure sowie kulturelle Aspekte geht. „Megaprojects are typically characterized by multiple and diverse discourses, cultures and rationalities rather than by a singular, shared rationality as is assumed by more orthodox, technicist perspectives. This means that different actors within a project understand inputs to and outputs from the project in very different, incomplete and often competing ways" (Sanderson 2012, S. 437).

Eine weitere Quelle von Ungewissheiten ist die Vernetzung von Unternehmen, Prozessen, institutionellen Akteuren und Personen. „Contingencies occurring anywhere in a project have the tendency to penetrate into multiple subsystems (domino effect) and eventually affect overall project performance. [...] Unchecked contingencies tend to cascade and penetrate wider project areas" (Thamhain 2013, S. 31). Dabei müssen diese kumulativen Effekte nicht auf Ereignisse mit sofort sichtbaren und besonders gravierenden Folgen begrenzt sein, sondern können auch aus dem normalen Alltagsgeschäft der Projekte resultieren. „Unforeseen uncertainty is not always caused by spectacular out-of-the-blue events, however. It also can arise from the unanticipated interaction of many events, each of which might, in principle, be foreseeable" (De Meyer/Loch/Pich 2002, S. 62).

Damit werden die Leistungen formaler Methoden im Umgang mit Ungewissheit im Projektmanagement nicht in Frage gestellt, allerdings wird auf ihre Grenzen hingewiesen. „Although analytical methods provide the backbone for most risk management approaches and have the benefit of producing an assessment of a known risk situation relatively quickly, including economic measures of gains or losses, they also have many limitations" (Thamhain 2013, S. 30). Dabei wird auf systematische Gründe dieser Grenzen verwiesen, da „the theory might have bounded validity, i.e. there might be factors influencing project execution that are not included in established theory" (Engwall 2003, S. 798). Deshalb wird eine umfassendere Sicht auf die Praktiken und den Ablauf von Projekten gefordert „to bring these microstructures [as a conglomerate of procedures and practices with different origins and of different age] into the analysis" (ebd.). Eine damit verbundene stärkere Fokussierung auf Ungewissheiten „might function as a lens through which one can gain new and important insights" (Munthe et al. 2014, S. 214).

Vor dem Hintergrund dieser Diskussion wird deutlich, dass Ungewissheiten in Projekten in doppelter Weise auftreten: zum einen als Grenzen der Planung im Sinne unerwarteter Ereignisse; zum anderen besteht aber auch Ungewissheit bei der konkreten Bearbeitung solcher Ereignisse. Dies lässt sich „als doppelte Ungewissheit" oder „Ungewissheit zweiter Ordnung" bezeichnen. Die Bewältigung solcher Ereignisse ist weder kalkulierbar noch im konkreten Fall durch ein planmäßiges Handeln allein zu erreichen. Neben Ungewissheiten in den Kernbereichen von Projekten (zeitliche Restriktionen, fixierte Budgets, vorgegebene Qualitätsanforderungen) trifft dies ebenfalls für weitere Felder im Projektverlauf zu. Ungewissheiten können aus spezifischen Kundenanforderungen, einer zunehmenden Zahl von Schnittstellen und den damit verbundenen Vernetzungen unterschiedlicher Prozesse, politischen Strukturen, gesetzlichen Vorgaben und Normen, technischen Sachverhalten sowie der Beschaffenheit und Veränderung von Materialien resultieren (Heidling 2016; Böhle/Heidling/Schoper 2016).

3. Erfahrungsgeleitetes Arbeiten in Projekten

Projektarbeit ist ganz wesentlich dadurch geprägt, diese doppelte Ungewissheit im Arbeitsalltag zu bewältigen. Während des Projektablaufs ist es für die Beschäftigten auch in den Situationen doppelter Ungewissheit erforderlich zu „handeln, obwohl man nicht zweckrational im klassischen Sinne handeln kann“ (Kühl 2016, S. 36). Offen bleibt dabei, *wie* diese Handlungsfähigkeit hergestellt werden kann und welche Ressourcen dafür erforderlich sind. Ein erfolgversprechender Weg besteht darin, Ungewissheit in die Projektarbeit selbst einzubauen, um „Handlungsfähigkeit nicht nur trotz, sondern mit Ungewissheit aufrechtzuerhalten und weiterzuentwickeln“ (Böhle 2013, S. 202). Dies ist zwar, wie angedeutet, in den vorliegenden Handbüchern, Leitfäden und Handlungsanweisungen zum Projektmanagement kaum vorgesehen, verweist jedoch auf die weit verbreitete Alltagspraxis der Projektbeschäftigten, unterschiedliche Elemente in ihr Arbeitshandeln zu integrieren. Sowohl für die Projektmanager*innen als auch für die Projektmitarbeiter*innen stehen problemorientierte, praktisch und situativ ausgerichtete sowie kontextgebundene Handlungsweisen und Kompetenzen im Mittelpunkt.

Projektarbeit ist durch eine Reihe verschränkter Elemente geprägt, die in den traditionellen Organisationsstrukturen der Unternehmen getrennt sind. Dies umfasst die inhaltlich-fachlichen Aufgaben, die sich auf den jeweiligen Projektgegenstand beziehen, die Steuerungsaufgaben zur zielgerichteten Koordination der Beiträge der Projektmitarbeiter*innen sowie die Aufgaben der Teamentwicklung als Voraussetzung für kooperatives Handeln innerhalb der Projekte (Kötter/Longmuss 2004). Zur Integration dieser unterschiedlich ausgerichteten Anforderungen sind „wissensintensive Projekte [...] auf informale Strukturierungsleistungen nicht nur der Projektleiter, sondern [...] aller am Projekt beteiligten Akteure und Teams angewiesen. Das bezeugt unter anderem der immer wieder betonte Hinweis [...], dass man in Projekten mit ‚normalen‘ Verhaltensweisen und Arbeitstugenden nicht zum Ziel kommt. Verhaltensaspekte wie Commitment, Interessen, wechselseitige Abhängigkeiten und Erwartungen sowie Ansprüche an die eigene Arbeit üben entscheidenden Einfluss auf die motivationalen Grundlagen, die Kooperationsbereitschaft, Kreativität und Arbeitsidentität aus“ (Kalkowski/Mickler 2009, S. 177).

Damit wird hervorgehoben, dass eine zentrale Anforderung in der Projektarbeit darin besteht, unterschiedliche Elemente im Arbeitshandeln kontinuierlich aufeinander zu beziehen und miteinander zu verschränken. Grundlegend stellt dies auf die Verschränkung von planmäßig-rationalem und erfahrungsgeleitet-subjektivierendem Handeln ab.

Zum planmäßig-rationalem Handeln in der Projektarbeit zählen etwa die inhaltliche Expertise in technischen Bereichen wie Maschinen- und Anlagenbau sowie Elektrotechnik, Betriebswirtschaft und Informationstechnik oder einem Mix aus diesen Disziplinen (etwa Wirtschaftsingenieurwesen) sowie spezifische Projektmanagementkenntnisse. Neben der Nutzung dieses wissenschaftlich begründeten Wissens und der Orientierung an generalisierbaren Regeln werden Erfahrungen durch und im Arbeitshandeln unter Einschluss subjektiver Faktoren erworben und in den Prozessen erfahrungsgeleitet-subjektivierenden Handelns weiterentwickelt (vgl. dazu Kapitel III sowie Böhle 2017c). Grundlage dieses „verschränkten Arbeitshandelns“ (Heidling 2018, S. 222) sind spezifische Handlungskompetenzen, die eine Verknüpfung systematischen Fachwissens mit diesem besonderen Erfahrungswissen darstellen. Dabei geht es für die Projektbeschäftigten insbesondere darum, ihr jeweiliges Fachwissen mit einem übergreifenden Prozesswissen und zusätzlichem Wissen anderer fachlicher Domänen zu verbinden – oder mindestens die Bereitschaft aufzubringen, sich damit auseinanderzusetzen. Für die zeitweise in die Projektarbeit eingebundenen Expert*innen bedeutet dies, ihr Arbeitshandeln den jeweils wechselnden Arbeitsaufgaben in unterschiedlichen Organisationssettings situativ anzupassen. Sie müssen die beständigen Anforderungen domänenübergreifender Projektarbeit eigenverantwortlich organisieren, um die jeweiligen Arbeitsaufgaben angemessen zu erfüllen. Ein weiteres Verschränkungsmoment liegt in der Zusammenführung fachlicher und überfachlicher Handlungskompetenzen. Durch kontextbasierte Kooperations- und Kommunikationsprozesse balancieren die Projektbeschäftigten innerhalb der Unternehmen die unterschiedlichen Anforderungen fachlicher Abteilungen mit ihren teilweise gegensätzlichen Interessen aus. In der unternehmensübergreifenden Zusammenarbeit geht es darum, das Spannungsverhältnis von Konkurrenz und Kooperation zwischen Projektpartnern aus unterschiedlichen Unternehmen so zu gestalten, dass die Projektziele erreicht werden.

Ein verschränktes Arbeitshandeln bildet eine wichtige Strategie im Umgang mit der doppelten Ungewissheit in Projekten. Eine wesentliche Grundlage dafür ist das erfahrungsgeleitete Handeln im Arbeitsprozess. Mit der Fokussierung auf das erfahrungsgeleitete Handeln geht es nicht darum, die bisher entwickelten Kenntnisse und Instrumente zur Planung und Kontrolle der Projektsteuerung und des Projektmanagements zu ersetzen, sondern sie im Sinne eines Sowohl-als-auch um andere Vorgehensweisen und Kompetenzen zu erweitern (Meil/Heidling/Rose 2004; Heidling 2012; Pander 2010; Pommeranz 2011). Dies wird in den folgenden Ausführungen am Beispiel von Beschäftigten eines weltweit agierenden Technologiekonzerns gezeigt, die Projekte in den Bereichen Energieübertragung und Gebäudemanagement planen, steuern und umsetzen. Die Projektgruppen umfassen überwiegend Beschäftigte mit technischen Qualifikationen und Kompetenzen (Ingenieur*innen, Techniker*innen), häufig eingebunden sind weitere Beschäftigte aus dem kaufmännischen Bereich. Die Projektarbeit ist durch die unternehmensinterne Kooperation mit anderen Bereichen wie dem Vertrieb, der Logistik, dem Qualitätsmanagement sowie dem Service gekennzeichnet. Die unternehmensübergreifende Kooperation in der Projektarbeit findet in den untersuchten Bereichen mit Kunden, Zulieferern und ausführenden Gewerken an den Orten statt, an denen die technischen Objekte und Anlagen realisiert werden.

Generell verweisen die Aussagen der Projektbeschäftigten darauf, dass das in den formalen Ausbildungsgängen (Schule, Hochschule, berufliche Aus- und Weiterbildungen) erworbene Wissen zwar die notwendigen Grundlagen für das Arbeitshandeln bereitstellt. Im täglichen Arbeitshandeln hat das Erfahrungswissen allerdings ein deutliches Übergewicht.

> „Das Projektgeschäft [ist] 70, 80 Prozent Erfahrungswissen. Wenn ich von der Uni komme, von der FH komme und Projekte abwickeln soll, was weiß ich da? Ich weiß, wie man einen Motor auslegt, wie eine Lastkurve, wie ein Regelkreis ausschaut, aber ich weiß vom Projektgeschäft gar nichts […]. Jetzt so konkret, wenn ich den Angebotstext sehe, dann vergleiche ich das eigentlich nur mit dem, was ich aus den Projekten weiß.“ [2]

Dabei werden die Voraussetzungen zum Aufbau dieses Erfahrungswissens vergleichsweise präzise benannt. Als erfahren gilt jemand, „der fünf Anlagen projektiert hat, (er oder sie) hat genau von diesen fünf Anlagen den Background, die selbst gemachten Fehler, den Abgleich mit Gesprächen mit den Kollegen“. Sehr erfahrene Beschäftigte verfügen über „Druidenwissen“. Dies ist der Oberbegriff für ein spezifisches, über sehr lange Jahre aufgebautes Erfahrungswissen in der Projektarbeit, „das im Prozess mit einfließt, aber nicht so offensichtlich ist.“ Dieses Wissen der „Druiden“ ist in den Projektteams deshalb besonders geschätzt, weil es sie befähigt, die Ursache von Störungen und Fehlfunktionen schnell und

---

2 Die Zitate beziehen sich hier und im Folgenden auf die Auswertungen der empirischen Erhebungen in LerndA. Die empirischen Erhebungen umfassen 57 leitfadengestützte Interviews mit Beschäftigten unterschiedlicher Hierarchiestufen (Projektbeschäftigte, Projektleiter*innen, Bereichsleiter*innen) in Projekten der genannten Unternehmensbereiche. Die Interviews dauerten jeweils etwa 1,5 Stunden. Sie wurden transkribiert und mit der qualitativen Datenanalyse-Software MAXQDA inhaltsanalytisch ausgewertet. In den genannten Bereichen wurden außerdem sechs Feedback-Workshops durchgeführt.

zielsicher zu erkennen. Dies erläutert ein Projektbeschäftigter am Beispiel eines Spannungsabfalls in einem Kraftwerk, der auf Grundlage von Messdaten und Fehleranalysen der Regelungstechnik nicht erklärbar war.

> „Gerade bei so Fehleranalysen [...] einer Anlage am Meer, es gibt viel Wind [...] und das ganze Salzwasser, wenn man dann auf diese Kurven schaut, [...] sieht man tatsächlich, da bricht plötzlich die Spannung ein, und das hat überhaupt keinen Grund von der Regelung oder so was [...]. Da weiß der Druide [...], da waren verschmutzte Isolatoren [...] hardwaremäßig betroffen [...], dass diese Isolatoren eben schneller verschmutzen und dass man die dann regelmäßig reinigen muss."

Dies verweist auf die zentrale Stellung des erfahrungsgeleiteten Handelns für die Projektarbeit und das Projektmanagement, das eine wichtige Basis für den Umgang mit Ungewissheiten ist. Das erfahrungsgeleitet-subjektivierende Arbeitshandeln umfasst vier Dimensionen: ein explorativ-entdeckendes Vorgehen, ein assoziativ-bildhaftes Denken, eine empfindend-spürende Wahrnehmung und eine besondere Beziehung zum Arbeitsgegenstand und zur Umwelt, geprägt durch Nähe, Verbundenheit und Einheit (Böhle 2017c). Wie diese Momente erfahrungsgeleiteten Handelns in welchen Situationen der Projektarbeit wirken, wird im Folgenden skizziert.

Ein dialogisch-exploratives *Vorgehen* beruht auf einem „entdeckenden Herantasten" im Arbeitsvorgang. Die Beschäftigten stehen quasi im Dialog mit der Arbeitssituation und entscheiden im laufenden Prozess über das weitere Vorgehen. Das Arbeitshandeln ist geprägt durch praktisch orientierte, häufig iterative Handlungsweisen.

> „Das ist dieses Bauchgefühl [...] wo man dann abschätzt, wie weit ist der Fortschritt, man ist auf der Baustelle unterwegs und sieht, wie weit sind die Kollegen gekommen, und guckt sich die Zahlen noch einmal an und sagt: ‚Na ja, Hälfte der Zeit, wir haben aber erst ein Drittel geschafft, klappt das noch oder wie schaut es aus? War das jetzt einfach so arbeitsintensiv, das erste Drittel, und der Rest, die zwei Drittel gehen dann recht zügig über die Bühne?' Das ist dann erst einmal das eigene Abschätzen. Wenn man ins Zweifeln kommt, das könnte irgendwie nicht richtig passen, dann eben die Gesprächsaufnahme mit den Kollegen vor Ort, zu sagen: ‚Mensch, ich habe da so meine Bedenken, ob das alles noch so klappt, wie seht ihr das, müssen wir reagieren, müssen wir was ansteuern oder ist das alles schon geklärt auf der Baustelle selber.' Dass da auch dementsprechend Nachtrags-, Regiezettel geschrieben wurden, sodass das eigentlich alles in Ordnung geht."

Diese Aussagen zeigen sehr deutlich die Verschränkung subjektivierender Vorgehensweisen mit dem Einsatz formaler technischer Instrumente und Tools des Projektmanagements. Notwendig ist diese Verschränkung, weil die Wirksamkeit der eingesetzten Instrumente und Tools in den konkreten Arbeitsprozessen begrenzt ist. Die Projektbeschäftigten wissen, dass sie immer mit Ungewissheiten im Projektablauf umgehen müssen. Deshalb ist ihr Arbeitshandeln von vorausschauenden Kommunikations- und Abstimmungsprozessen im Projektteam geprägt.

> „Ich mache prinzipiell eine Besprechung am Projektanfang mit den Projektbeteiligten und dann wird aufgrund des Leistungsverzeichnisses des Projektes schon das Thema der Fehler und absehbaren Probleme [...] mal gescannt. Man schaut, okay, da hebt der eine schon seinen Finger und sagt: ‚Achtung, hier gibt es ein Problem.‘ Und dann hakt man schon nach. Da spricht man mit dem Vertrieb, hat er das gewusst, hat er das nicht gewusst, und so weiter.“

Dieses Vorgehen bewährt sich auch deshalb, weil es aus Sicht der befragten Experten besonders effizient ist. „Und dann brauchen Sie vielleicht auch nur die halbe Zeit oder 30 Prozent der Zeit weniger.“

Deutlich wird, dass ein zentraler Baustein dieser Vorgehensweise ein *dialogisch-interaktives* Arbeitshandeln ist. Grundlegend dafür sind funktionierende Austauschprozesse, die personenzentriert sind. Dies gilt zum einen innerhalb der Projektteams für den täglichen Austausch.

> „Wir unterhalten uns ständig, es ist immer permanent. Was ich nicht weiß, weiß der andere und umgekehrt [...]. Wir tauschen uns dann in der Gruppe aus und reflektieren das sowohl in die eine als auch in die andere Richtung.“

Zum anderen sind personengebundene Netzwerke für die team- und bereichsübergreifenden anlassbezogenen Austauschprozesse innerhalb des Unternehmens von großer Bedeutung.

> „Wenn ich das Problem XY habe, dann rufe ich jetzt erst mal den an, weil ich weiß, der hat so was schon mal gehabt oder der hat so was schon mal behandelt, und dann machen wir das auf dem kurzen Dienstweg meistens über Telefonat, oder wir treffen uns und fahren gemeinsam auf die Baustelle und versuchen, das zu lösen.“

Dabei sind die personenzentrierten Austauschprozesse von Wissen und Erfahrungen häufig auf Objekte bezogen, mit denen die Aufgaben- und Fragestellungen in den jeweiligen Kontext gestellt werden. Diese Rekontextualisierungen sind in konkrete Situationen eingebettet, in denen an Gegenständen wie etwa Verträgen, Checklisten oder vorläufigen Entwurfsskizzen gemeinsam gearbeitet und gelernt wird.

> „E-Mail hin- und herschubsen gefällt mir nicht so gut. […] Mündlich geht es viel besser. […] Ich gehe zu dem kurz hin, habe meinen Zettel dabei und dann erklären wir es uns gegenseitig. […] Wir machen eine Zeichnung, weil so ein Bild sagt mehr als tausend Worte. Dann erklärt man sich das gegenseitig […] und dann ist es meistens innerhalb von fünf Minuten erledigt."

Ein stark dialogisch-interaktiv geprägtes Arbeitshandeln hat neben dem Informationsaustausch in der Verbindung mit einer datengestützten, gleichsam objektivierenden Vorgehensweise eine weitere wichtige Funktion.

> „Sowohl die persönliche Kommunikation wie dann bei großen Projekten das Überprüfen der zur Verfügung stehenden Daten. Aber es geht bei uns leider im System nicht so, sich nur auf die Daten zu stützen, weil dann sind Sie immer vier bis sechs Wochen hinten dran, also muss ich immer das persönliche Gespräch suchen."

Diese Aussage zeigt für eine konkrete Situation des Arbeitshandelns im Projektverlauf die oben allgemein thematisierte Begrenzung von vermeintlich aktuellen und auf objektiven, weil datenbasierten Grundlagen getroffenen Entscheidungen: Diese gründen vielfach auf in der Vergangenheit gewonnenen Daten und generieren somit retrospektiv zutreffende Entscheidungsverläufe. So basierte Entscheidungen werden allerdings in dem Maße ungenau, wie daraus Abschätzungen zur Wirkung *zukünftiger* Entwicklungsverläufe getroffen werden sollen und müssen. Wenn es um die angemessene Einschätzung der zukünftigen Wirkungen jeweils situativ zu treffender Entscheidungen geht, führt der interaktive Austausch innerhalb der Projektgruppe zu genaueren Ergebnissen.

Ein weiteres Element erfahrungsgeleiteten Handelns ist eine empfindend-spürende *Wahrnehmung*, durch die Sinneseindrücke wie Geräusche, Stimmungen und Beobachtungen in die Informationsverarbeitung einfließen. Diese Wahrnehmungen umfassen eine große Spannbreite, die von der allgemeinen Marktbeobachtung im jeweiligen ökonomischen Segment bis zu konkreten Arbeitsvollzügen reicht. Dabei verweisen die Aussagen wiederum auf die Nutzung sowohl von objektivierenden (Tools, Planungsunterlagen) als auch von subjektivierenden Elementen im Arbeitshandeln, wobei Letztere in der Verschränkung beider Momente von den Beschäftigten stärker gewichtet werden.

> „Man beobachtet den ganzen Markt und entwickelt dadurch ein Gefühl dafür, das Bauchgefühl, und man weiß dann schon, was auf einen zukommt. Und durch dieses Tool bekomme ich es vielleicht sogar noch bestätigt. […] Die Tendenz zumindest auf jeden Fall."

Bei der Anbahnung von Projekten und der Einschätzung zu deren Realisierungschancen bei potenziellen Kundenunternehmen geht es darum, gemeinsam die Kundenwünsche zu präzisieren, Entscheidungsgrundlagen zu schaffen und Lösungsansätze zu bestimmen. Um diese Prozesse erfolgreich zu gestalten, ist es für die Projektbeschäftigten wichtig, bestimmte Wahrnehmungen in das Arbeitshandeln zu integrieren.

> „Wo ist das Limit von meinem Gegenüber? Und das ist ein Gespür. Da muss ich ein soziales Empfinden für mein Gegenüber haben."

In der Zusammenarbeit mit den Kunden bewältigen die Projektbeschäftigten die komplexen Anforderungen der Planungs- und Entwicklungsprozesse häufig durch Einschätzungen der jeweiligen Situation, die das Arbeitshandeln steuern. Dafür werden alle Sinne genutzt und auch körperliche Empfindungen einbezogen.

> „Teilweise ist es so, dass man wirklich in manchen Angeboten und Aufträgen Zeiten einfach aus dem Bauchgefühl […] reinnimmt und sagt, okay, das ist eben der Erfahrungswert, der müsste da passen."

Deutlich wird dies auch für die Arbeit in den frühen Projektphasen, wo es um Analysen der jeweiligen Ist-Situation und erste Umsetzungsschritte geht. Das Arbeitshandeln ist durch situative Einschätzungen geprägt, die eine rasche Beurteilung der Machbarkeit ermöglichen und eventuelle Probleme frühzeitig zu erkennen erlauben.

> „Ich sehe es dann schon meistens, wenn ich das Angebot mir anschaue und ich das Übergabegespräch gemacht hab, dann weiß ich schon, wo der Hund begraben liegt […]. Wenn ich jetzt im Angebot sehe, dass da zum Beispiel […] XXXmelder drin sind, aber es fehlt die XXXmeldezentrale, da weiß ich, das geht nicht."

Das erfahrungsgeleitet-subjektivierende Arbeitshandeln ist außerdem durch ein assoziativ-bildhaftes *Denken* geprägt. Dabei löst ein Ereignis bestimmte Bilder, Vorstellungen und Verknüpfungen aus, die zu wichtigen Hinweisen für die Bewältigung von bestimmten Problemstellungen führen. Um etwa Anlagenstörungen zu beheben, ist ein spezifischer Blick, der eine rasche Mustererkennung für situative Entscheidungen ermöglicht, von großer Bedeutung.

> „Sie haben eine Anlage vor sich […] und plötzlich machen die Temperaturen irgendetwas, spielen verrückt und Sie wissen nicht, wo kommt das her. Und da spielen so viele Sachen mit, Wasserhydraulik, Lufthydraulik, Elektrik hin zur Induktion von Leitungen und, und, und […]. Das kann ja alles […] sein […]. Dann verbraten Sie unheimlich viel Zeit, bis Sie diesen Fehler finden. Und diese erfahrenen Leute, […] der kommt hin an die Anlage und schaut mal kurz drüber. Die wissen sofort, wo sie hinschauen müssen, […] und die haben den Fehler natürlich sofort."

Einen ähnlich hohen Stellenwert hat ein vorausschauendes Handeln für die Programmierung im softwaretechnischen Bereich.

> „Dann die Sicherheit der Programmierung. Wie setze ich diese Regelalgorithmen so um, dass die Anlage funktioniert? […] Wenn Sie als Techniker Programme schreiben, dann kriegen Sie einen großen Topf von Bausteinen, die Sie dann zusammensetzen, damit hinten das Richtige rauskommt. Und der […] erfahrene Mann sagt, den Baustein, den nehme ich gar nicht, weil, der macht an der Stelle Ärger. Ich nehme den oder den […] und dann weiß ich, dass das läuft."

Eine besondere Beziehung erfahrungsgeleitet-subjektivierenden Arbeitshandelns *zur Umwelt* ist durch Nähe, Verbundenheit und Einheit geprägt. Dabei wird dem Projekt quasi ein Eigenleben zugeschrieben, das sich über die Projektbeschäftigten hinaus auch auf die organisatorische Seite des Projekts erstreckt: „Ich muss das leben, das Projekt, da muss man Erfahrung haben, nicht nur, was die Organisation anbelangt, auch die Leute, die man hat, auch die verstehen, die zu motivieren." Dies verweist darauf, dass im Zentrum einer erfolgreichen Projektarbeit das „gemeinsame Tun" steht, wobei diese Gemeinsamkeit nicht zufällig entsteht, sondern in den Projekttreffen immer wieder hergestellt werden muss.

> „Wir haben den großen Auftrag gehabt […]. War nicht einfach. […] Häufig haben die Leute erst mal ihr Sorgenpäckchen auf den Tisch geworfen und dann dauert das halt auch. […] Manchmal ist man ungeduldig, das braucht seine Zeit. Die Leute wollen erst mal ankommen, […] sich auch verstanden fühlen. […] Wenn man anständig miteinander redet, kommt auch das Gefühl, dass man die Leute nicht verliert."

Um mit den immer stärker verkoppelten Prozessen in den Projekten umgehen zu können, ist ein bereichsübergreifendes Arbeitshandeln erforderlich. Dadurch kann gewährleistet werden, dass eine zusammenhängende Abfolge von Arbeitsschritten der Akteure aus unterschiedlichen Bereichen zu einem Endprodukt führt. Diese Kooperation ist keineswegs selbstverständlich. Eindeutig ist, dass funktionierende Kooperationsprozesse positive Wirkungen auf die Projektarbeit haben. Eine wichtige Aufgabe besteht darin, in den Projektgruppen mit Vertretern der unterschiedlichen Bereiche kooperative und vertrauensbasierte Strukturen aufzubauen. Weit entwickelte Kooperationen umfassen die Zusammenarbeit der Projektbeschäftigten mit vor- und nachgelagerten Prozessstufen. In diese Zusammenarbeit sind etwa der für die Auftragsbeschaffung zuständige Vertrieb sowie die für die Umsetzung der Planungen zuständigen technischen Fachkräfte eingebunden.

> „Dann kommen die Vertriebsbeauftragten schon auf die Techniker oder auch auf uns Projektleiter zu. Und fragen dann schon nach [...] bei Auslegungssachen von der Projektierung her."

Solche rechtzeitigen Kooperationen erleichtern die Arbeit der Projektbeschäftigten, weil dadurch die Sichtweisen und Anforderungen der für die Umsetzung verantwortlichen Gewerke bereits in die Planungsunterlagen integriert werden können, was aufwendige Änderungen in späteren Projektphasen deutlich verringert. Diese Abstimmungsprozesse finden durch gemeinsame Begehungen der Baustellen vor Ort statt.

> „Dass man schon während der Angebotserstellung mit den Kollegen von der Montage unterwegs ist auf der Baustelle."

4. Zusammenfassung

Kennzeichnend für Projektarbeit ist ein verschränktes Arbeitshandeln, durch das die Beschäftigten parallel zu den fachlich-technischen und steuernden Arbeitsanteilen unterschiedliche Spannungsverhältnisse ausbalancieren. Diese Spannungsverhältnisse resultieren aus der Differenz zwischen Projektplänen und Projektrealität und materialisieren sich in einer Vielzahl kritischer Situationen, die durch eine doppelte Ungewissheit gekennzeichnet sind. Die Beschäftigten müssen unter den Bedingungen nicht planbarer Ereignisse im Projektablauf, für deren Bewältigung keine vorgefertigten Pläne vorliegen, handlungsfähig bleiben. Deshalb ist das verschränkte Arbeitshandeln in Projekten schwergewichtig von erfahrungsgeleitet-subjektivierenden Elementen geprägt und wird situativ mit planmäßig-rationalen fachlichen und steuernden Elementen verbunden. In Ergänzung zu kategorisierenden und formal-strukturierenden Denk- und Handlungsmustern sind Offenheit und Antizipation wichtige Elemente im Arbeitshandeln der Projekte. Dem Moment der Offenheit kommt eine große Bedeutung zu, weil es besonders für die Kooperation mit anderen Bereichen erforderlich ist, unterschiedliche Sicht- und Denkweisen zu integrieren. Um mit den Situationen doppelter Ungewissheit und den daraus resultierenden vielfältigen und heterogenen Anforderungen umzugehen, ist es für die Arbeitskräfte entscheidend, dass sie im Projektverlauf unterschiedliche Kompetenzbündel – technische, organisatorische und soziale – zum jeweils richtigen Zeitpunkt einsetzen. Für die Projektarbeit sind formale Kenntnisse eine wichtige Basis, für das tägliche Arbeitshandeln wichtiger sind allerdings praktische und kontextgebundene Kompetenzen und entsprechende problemorientierte Handlungsweisen. Die dafür erforderlichen Integrationsfähigkeiten zeichnen sich dadurch aus, dass ein Verständnis für die Perspektiven und Praktiken anderer Fachrichtungen und Abteilungen mit unterschiedlichen Geschäftslogiken (Planung, Fertigung, Vertrieb, Controlling) entwickelt und mit dem eigenen Arbeitshandeln verbunden wird. Aufgrund des nicht linearen Verlaufs von Entwicklungsprozessen im Projektverlauf ist darüber hinaus die Fähigkeit zu vernetztem Denken und Handeln wichtig. Diese vielfältigen Elemente sind konstitutiv für die Kompetenzen in der Projektarbeit, aber keineswegs selbstverständlich vorhanden und müssen deshalb identifiziert und systematisch aufgebaut werden. Deshalb ist es erforderlich, Ansätze zur Entwicklung entsprechender Kompetenzen und angemessene Lern- und Lehrumgebungen, die in die Arbeitsprozesse eingebunden sind, bereitzustellen (vgl. dazu Kapitel XI).

V Erfahrungsbasiertes Kontextwissen: Der Blick aufs Ganze in der technischen Planung

Stefan Sauer, Annegret Bolte

1. Was müssen junge Ingenieurinnen und Ingenieure jenseits ihres Studiums lernen?

Ingenieurinnen und Ingenieure sind hochqualifizierte Spezialisten mit enormem Fachwissen. Allerdings klagen sie – wie zu zeigen sein wird – häufig über ‚den Praxisschock' beim Eintritt in das Erwerbsleben; Unternehmensvertreter beklagen das wenig praxisaffine Studium. Auch unsere Erhebungen zeigen: Enormes Fachwissen allein reicht für erfolgreiches Arbeiten in fachlich wie prozessseitig zunehmend komplexen Settings nicht aus. Jenseits eines Lamentos über die Differenzen von Theorie und Praxis, Ingenieursstudium und Arbeitswelt ist die konkrete Frage: Welches Wissen und Können benötigen (junge) Ingenieur*innen, das sie im Studium nicht vermittelt bekommen? Unsere Ergebnisse zeigen: Fachwissen bedarf der Ergänzung durch Wissen und Können in Bezug auf Arbeitsumgebung und Anwendung von Ingenieurarbeit. Ingenieur*innen müssen sowohl über die Anwendung der von ihnen entwickelten und konstruierten Produkte als auch über vor- und nachgelagerte Bereiche und deren Zielstellungen und Vorgehenslogiken Bescheid wissen. Ein solches Wissen entsteht nicht qua Automatismus, sondern muss individuell in Arbeitsprozessen erworben und organisational fokussiert und gefördert werden.

Die Grundlage der in diesem Kapitel dargestellten Untersuchungen bilden 34 leitfadenzentrierte Experteninterviews (Bogner/Littig/Menz 2014) mit visualisierenden Elementen (Pfeiffer/Schütt/Wühr 2014) und sechs Gruppendiskussionen mit Ingenieur*innen aus dem Betriebsmittelbau eines Automobilkonzerns, der Auto AG (vgl. auch Kap. II). Der Untersuchungsbereich Betriebsmittelbau umfasst indirekte Bereiche, deren Aufgabe die Planung von Fertigungs- und Produktionsprozessen und der hierfür notwendigen Maschinen und Materialien sowie die Arbeitsgestaltung und Messung der Arbeitsbelastung in Produktionsprozessen ist.

Der Großteil der befragten Ingenieurinnen und Ingenieure ist seit zwei bis drei Jahren in seinem Beruf tätig. Diese Ingenieur*innen stehen einerseits am Beginn ihrer beruflichen Laufbahn, verfügen aber andererseits schon über gewisse berufliche Erfahrungen. Alle Interviewpartner*innen – und nicht beispielsweise nur Führungskräfte – werden als Expert*innen ihrer Arbeit verstanden. Sie sind es, die über die Ausführung, aber auch über Rahmenbedingungen und Gestaltungspotenziale ihrer Arbeit am besten Bescheid wissen. Zu beachten ist dabei, dass für uns nicht ‚nur' der konkrete Arbeitsvollzug relevant ist. Die spezifische, nicht zuletzt erfahrungsgebundene Expertise der Beschäftigten kann sich auch aus anderen – beispielsweise lebensweltlichen – Arbeitsvollzügen ergeben.

Für die jungen Ingenieur*innen steht der Reflexionsprozess darüber, was sie bislang gelernt haben bzw. was sie noch lernen müssen, nicht auf ihrer täglichen Agenda. Das Thema Lernen ist für die jungen Ingenieur*innen meist vorrangig mit dem Thema Schule/FH/Uni verknüpft; sie kennen außerdem die Weiterbildungsangebote ihres Arbeitgebers. Aber sie stehen dem Thema Lernen offen gegenüber; sie sind sich der Tatsache bewusst, dass sie noch nicht alles können. In diesem Sinne sind sie die Expert*innen für ihre Tätigkeit und deren organisationale Rahmung ebenso wie für weitere Lernbedarfe und deren potenzielle organisationale Umsetzung.

Im Folgenden werden wir die Ausgangssituation für die jungen hochqualifizierten Ingenieurinnen und Ingenieure beleuchten (Abschnitt 2), bevor wir die Notwendigkeit beschreiben, in Unternehmen organisationale Grenzen zu überschreiten (Abschnitt 3). Ein Beispiel hierfür ist der Betriebsmittelbau bei der Auto AG: Dieser wird in seiner Sandwichposition zwischen Produktplanung und Fertigung dargestellt (Abschnitt 4). Daran anknüpfend stellen wir die Bedeutung gegenstandsbezogenen (Abschnitt 5) sowie kooperationsbezogenen (Abschnitt 6) Kontextwissens dar, das es ermöglicht, in komplexen Strukturen und Netzwerken handlungsfähig zu sein. Erfahrungsbasiertes Kontextwissen umfasst somit Wissen über vor- und nachgelagerte Arbeitsprozesse und -bedingungen sowie das Wissen über hierfür notwendige Kooperationen. Im Abschnitt 7 ziehen wir ein Fazit unserer Überlegungen.

2. (Junge) Ingenieurinnen und Ingenieure: zunehmend hochqualifiziert – aber wenig praxiserfahren

Ingenieur*in – in früheren Jahren Weiterbildungstitel und Standesbezeichnung erfahrener Fachkräfte aus Produktion und Fertigung – ist seit den 1970er Jahren im deutschsprachigen Raum eine geschützte Bezeichnung für Absolvent*innen von (Fach-)Hochschulen. Mit diesem Wandel hin zur fest definierten akademischen (Erst-)Ausbildung änderten sich Status und (Selbst-)Bild von Ingenieur*innen (Buchheim/Sonnemann 1991): Das Bild der akademisch hochqualifizierten Fachkraft löst das des mit den Erfordernissen der Praxis – seien es Fertigungs- oder Anwendungsbedingungen – vertrauten Ingenieurs ab. Nur noch wenige Ingenieur*innen stammen – im Gegensatz zu früher – aus dem Produktions- und Fertigungsbereich. Den jungen Ingenieur*innen fehlen damit häufig die Erfahrungen aus der betrieblichen Praxis (Pfeiffer 2010). Zudem ersetzt mit neuen Technologien und zunehmender Arbeitsteilung die computergestützte Modellierung (CAD) zunehmend den physischen Modellversuch (Hossdorf 2002). Damit geht zum einen eine erhebliche Ausweitung und Aktualisierung von Fachwissen einher, zum anderen eine abnehmende Bindung von theoretischem Wissen an praktisches Können und (Möglichkeiten zu) dessen Aktualisierung im Betrieb (Frieling et al. 2006; Tynjälä 2008). Fachwissen über das ‚theoretisch Mögliche' und die praktischen Erfordernisse und Beschränkungen ‚konkreter Prozesse' entfernen sich tendenziell voneinander. Die Bedeutung der Kompetenzentwicklung im Betrieb (Grote/Kauffeld/Frieling 2006; Hofer et al. 2011; ILO 2002, 2004, 2009) und der Gamification nimmt zu (Deterding et al. 2011; Fuchs et al. 2014). In den Worten einer Ingenieurin: „Auf einer CAD-Zeichnung ist immer so manches möglich …"

Der tendenzielle Mangel an praktischer Erfahrung wird vor allem bei neu in den Arbeitsmarkt strömenden jungen Ingenieurinnen und Ingenieuren, die nicht zuletzt auf Grund demographischer Wandlungsprozesse auf hohe Nachfrage treffen (Schütt 2011), konstatiert. In einer Studie von VDI, Stiftung Mercator und VDMA (2016) kritisieren Fach- und Führungskräfte aus Unternehmen die fehlenden Praxiserfahrungen: 37 Prozent der Master- und sogar 43 Prozent der Bachelor-Absolvent*innen haben hiervon zu wenig. Dies ist nicht zuletzt deshalb besonders virulent, weil knapp die Hälfte der befragten Arbeitgeber Praxiserfahrung als ein höchst relevantes Einstellungskriterium angibt (ebd.). Als noch wichtiger schätzen sie nur die soziale Kompetenz ein: 81 Prozent der befragten Arbeitgeber wünschen sich diese von ihren Bewerbern – allerdings erfüllen lediglich 23 Prozent der Bachelor- und 32 Prozent der Master-Absolvent*innen diese Erwartungen im gewünschtem Umfang. Im Studium spielt der Erwerb sozialer Kompetenzen auch nach Meinung der Studierenden lediglich eine untergeordnete Rolle (ebd.).

Diese quantitativen Befunde zu Einschätzungen des ingenieurwissenschaftlichen Studiums decken sich mit unseren Befunden zur Relevanz von ‚Lernen durch Arbeit', also zum Lernen in konkreten Arbeitsprozessen. Im Gegensatz zu den Befragten in früheren Studien (Bolte 2000) sind sich die von uns interviewten jungen Ingenieur*innen dessen bewusst, dass es ihnen oft an ‚praktischem Wissen' fehlt (Heidling et al. 2018b). Dies kann zwei Gründe haben: Zum einen werden Studierende schon während ihres Studiums verstärkt mit den Anforderungen aus der Praxis konfrontiert – obwohl sie nicht in diesem Sinne ausgebildet werden. Zum anderen wirken sich die konkreten Erfahrungen der jungen Ingenieur*nnen im Beruf aus: Sie bemerken sehr früh, dass praktisches Wissen und Können zwar gefordert wird, aber nicht (im notwendigen Umfang) erworben werden kann. Dieses benötigte Wissen und Können lässt sich nach unseren Befunden mit dem Begriff des ‚erfahrungsbasierten Kontextwissens' explizieren (vgl. Kapitel III). Ingenieur*innen – insbesondere jüngere und noch wenig berufserfahrene – müssen demnach zum einen Wissen über den Anwendungsbezug ihrer Produkte sowie über vor- und nachgelagerte Bereiche erwerben. Zum anderen müssen sie hierfür auch ein spezifisches Können in Bezug auf Kooperationen erlangen (vgl. Porschen/Bolte 2004).

Diese Anforderungen umzusetzen ist jedoch keinesfalls trivial. Die Defizite der wenig praxisaffinen (Fach-)Hochschulausbildung können in den ersten Jahren der Erwerbstätigkeit in Unternehmen kaum kompensiert werden: Nach unseren Befunden sind – im Gegensatz zu weitverbreiteten Annahmen – auch hochqualifizierte Arbeitsprozesse nicht per se lernförderlich. Im Gegenteil: Es lassen sich dort sogar (neue) Lernhemmnisse identifizieren (vgl. Böhle/Neumer 2015 sowie Kapitel VIII in diesem Band). Daraus ergeben sich zwei Problemkonstellationen: Den meisten Ingenieur*innen fehlen die konkreten Arbeitserfahrungen im Produktions- und Fertigungsbereich – sie sind deshalb umso mehr auf Praxiserfahrung in diesem Bereich und den Austausch mit den dortigen Kolleginnen und Kollegen angewiesen. Ein solcher Austausch ist aber selten möglich und wird organisational wenig gefördert bzw. sogar verhindert. Zudem werden die Produkte der Arbeit technisch immer anspruchsvoller und dadurch wird auch die Organisation des Produktlebenszyklus (PLC) immer komplexer (Pfeiffer/Schütt/Wühr 2012). Ein Ergebnis für die Ingenieurarbeit ist, dass diese in fachlich anspruchsvolle Arbeit zergliedert wird, die jedoch wenig Einblick in den komplexen Gesamtprozess und häufig keinen Bezug zum ‚eigentlichen Arbeitsgegenstand' (Pfeiffer 2004) bietet. Dies wird durch neue Formen der indirekten Steuerung noch verstärkt (Kratzer 2003): Abteilungen und einzelne Teams werden engmaschig per Kennzahlen gesteuert und kontrolliert. Daher werden tendenziell nicht nur immer mehr einzelne Bereiche am PLC beteiligt; diese werden auch verstärkt zu Konkurrenten, die via Kennzahlen objektiviert gegeneinander antreten (Böhle et al. 2011).

Unsere Studie liefert daher ein eindeutiges Bild: Insbesondere junge Ingenieur*innen – aber nicht nur diese – sind dringend auf einen ‚Blick über den Tellerrand' angewiesen. Sie wissen dies zumeist auch, können es aber nicht umsetzen, da sie organisational darin nicht unterstützt werden und stattdessen sehr deutliche Anreize zum kontextunsensiblen Abteilungsdenken bekommen. Dies führt im Extremfall zu einem einseitigen Spezialistentum ohne Bezug zum Endprodukt des Prozesses, wie uns ein interviewter Ingenieur schilderte: „Ich kann zehn verschiedene CAD-Sprachen, bin eigentlich hoch spezialisiert. Aber wirklich Einblick, was eigentlich passiert, was wir hier eigentlich machen, habe ich nicht. […] Ich bin im Prinzip interner Dienstleister, die interessanten Dinge passieren woanders.“

3. Von der Notwendigkeit, organisationale Grenzen zu unterwandern

In digitalisierten und innovativen Kontexten nimmt die Anforderung an Beschäftigte, agil zu agieren, zu. Ursächlich hierfür sind gestiegene Flexibilitäts- und Innovationserwartungen (Moldaschl/Stehr 2010), innovative Netzwerke (Fieseler/Hoffmann/Meckel 2016), zunehmend virtuelle Teams (Großer/Baumöl 2017) und komplexitätsbedingt zunehmende Unwägbarkeiten (Böhle/Busch 2012; Böhle 2017a). Zur Bewältigung dieser Anforderungen – so die empiriegesättigte These dieses Beitrags – ist ein praktisches Wissen notwendig, das nur durch und in bereichsübergreifende(r) Kooperation erworben werden kann.

Organisationale Strukturen erweisen sich dabei jedoch häufig als hemmend statt unterstützend. Der Grund liegt darin, dass sich Unternehmen beim Management von Projekten vorwiegend an Modellbildungen orientieren, „bei denen ein mathematisch-technisches Wissenschaftsverständnis Pate stand (…). Seine Methodik ist in erster Linie auf die Perfektionierung der Planung und Steuerung – *auf die formale Strukturierung* – ausgerichtet […]. Der Ausführung der Projekte wird dagegen wenig Aufmerksamkeit geschenkt“ (Kalkowski/Mickler 2015, S. 15). Die Beschäftigten sind somit häufig gezwungen, geradezu entgegen formalen organisationalen Anforderungen und Strukturen situationsangemessen und sachorientiert zu agieren (Bolte/Porschen 2006a; Pfeiffer 2007, S. 155ff.).

Dies gilt in zweifacher Hinsicht: Zum einen beziehen sich Kooperationsstrukturen vor allem auf den betrieblichen Nahbereich. Kooperative und partizipative Ansätze von Projektarbeit (Peters 2012), Agilität (Sauer/Pfeiffer 2012; Porschen-Hueck/Jungtäubl/Weihrich 2020) und Selbstorganisation (Stadelbacher/Böhle 2016) richten sich auf einzelne Teams und Abteilungen. Der viel gerühmte ‚Blick über den Tellerrand‘ bleibt somit gerade aus; die vielfach konstatierte Projektgesellschaft (Boltanski/Chiapello 2003; Ladwig/Domsch 2011) ist eine fragmentierte – sowohl in organisatorischer als auch in zeitlicher Hinsicht. Für viele Tätigkeiten kann insbesondere unter dem Eindruck der Digitalisierung von der Gefahr erhöhter Interdependenzen ausgegangen werden: Es bestehen Abhängigkeiten in komplexen und tendenziell unüberschaubaren Prozessen und Netzwerken, denen handelnd nur mittelbar begegnet werden kann. Digitalisiert verfügbare Informationen können dabei fehlende konkrete Bezüge nicht ersetzen. Zum anderen – und damit zusammenhängend – findet abteilungs- oder gar betriebsübergreifende Kooperation stark hierarchisch und top-down orientiert statt. Kooperiert wird zumeist in Meetings ‚am grünen Tisch‘, die Zusammenarbeit ist weniger an den Erfordernissen konkreter Arbeitsprozesse orientiert als vielmehr an mikropolitischen Fragestellungen und Präsentationslogiken (Bolte/Neumer/Porschen 2008).

Zusammengefasst: Es existieren tendenziell partizipativ und selbstorganisiert ausgestaltete organisationale Strukturen innerhalb einzelner Projekte, Teams und Abteilungen. Diesen stehen jedoch vergleichsweise starre Abteilungs- und Betriebsstrukturen gegenüber, die ausschließlich eine stark formalisierte Kooperation ermöglichen. Dies steht im Widerspruch zu der Notwendigkeit, Tätigkeitsschritte, Vorgehenslogiken und Arbeitsergebnisse (gerade auch) auf der ausführenden Ebene über Abteilungsgrenzen hinweg abzustimmen.

4. Der Betriebsmittelbau in einer Sandwichposition zwischen Produktplanung und Fertigung

Unsere in diesem Kapitel dargestellten Untersuchungen fanden – wie im Abschnitt 1 beschrieben – im Betriebsmittelbau der Auto AG statt. Im Betriebsmittelbau arbeiten Ingenieurinnen und Ingenieure mit prozessbezogenen Aufgaben, also Fertigungs- und Ausrüstungsingenieur*innen. Der Betriebsmittelbau umfasst sog. indirekte Bereiche, deren Aufgabe die Planung der Fertigungs- und Produktionsprozesse für die Linie (‚das Band‘) und der hierfür notwendigen Maschinen und Materialien sowie die Arbeitsgestaltung und Messung der Arbeitsbelastung in Produktionsprozessen ist. Neben dem Betriebsmittelbau ist mit der Produktplanung noch eine weitere Abteilung mit der Umsetzung der in der Entwicklungsabteilung konstruierten Entwürfe in konkrete Produkte befasst. In der Sprache der Automobilbauer unterscheidet man hier zwischen Produkt und Prozess. „Wir sind unterteilt in Produkt und Prozess. Der Prozessplaner geht mehr auf die (Fertigungs-)Linie zu, der Produktplaner mehr auf die Entwicklung.“

Die strikte Trennung von Produkt und Prozess ist relativ neu. Bis vor ein paar Jahren haben diese beiden Bereiche in einer Abteilung zusammengearbeitet; inzwischen sind sie nicht nur organisatorisch, sondern auch räumlich getrennt: „Da gibt es dicke Mauern.“ Diese strikte Trennung ist von Seiten der Unternehmensleitung gewollt: „Mit denen sollen wir nicht reden!“ Sie wird beispielsweisedurch abteilungs- und teamspezifische Kontrolle mittels Kennzahlen noch gefördert: „Manchmal erlebt man auch so ein politisches Abteilungsdenken. Die wollen einem dann gar nicht helfen.“

Dabei konnte in der Empirie immer wieder dasselbe Problem identifiziert werden: Die hochqualifizierten Spezialistinnen und Spezialisten arbeiten in fachlich sehr komplexen Prozessen und sind dabei auf Wissen über die Arbeitsergebnisse, -logiken und -bedarfe vor- und nachgelagerter Bereiche – also erfahrungsbasiertes Kontextwissen – angewiesen, über das sie oftmals nicht in ausreichendem

Maße verfügen. Dieses Manko wird besonders in unwägbaren Situationen virulent, in denen Handlungsroutinen durchbrochen werden müssen. Kooperation und insbesondere subjektivierendes Kooperationshandeln über Team- und Abteilungsgrenzen hinweg wäre zwar oft unbedingt erforderlich, ist allerdings oftmals sehr schwer zu realisieren. Gerade junge und noch wenig erfahrene Beschäftigte beklagen diesen Umstand: Sie wissen nicht um die Aufgabenzuschnitte in den anderen Bereichen; sie kennen dort keine Ansprechpartner*innen und wissen nicht, wie sie auf diese zugehen könnten.

Eigentlich wäre es die Aufgabe der Produktplaner*innen, das Produkt montagegerecht zu gestalten. Einige der Älteren unter ihnen haben in der alten Organisationsstruktur noch gleichzeitig die Produkt- und die Prozessplanung bearbeitet und kennen dementsprechend den Fertigungsprozess an der Linie. „Aber es gibt ganz viele Leute, die jetzt von der Uni kommen und in den Produktplanerjob gehen. Es ist schon ein bisschen eine Katastrophe, wenn die gar keine Ahnung vom Prozess haben. Es ist eigentlich deren Aufgabe, das Produkt montagegerecht zu gestalten. Und wenn man den Prozess nicht kennt, dann funktioniert das einfach nicht." Oder in den Worten eines anderen Ingenieurs: „Es bringt nichts, wenn man was hinstellt, ohne die Prozesse zu kennen. Dann kann man die Hälfte wegschmeißen."

Die Ingenieurinnen und Ingenieure im Betriebsmittelbau müssen die Planungen der Entwicklungsabteilung und der Produktplanung so umsetzen, dass die entwickelten Produkte – die PKWs – an der Linie montiert werden können. In diesem Sinne ist die Prozessplanung den anderen Entwicklungs- und Planungsabteilungen nachgelagert – mit den entsprechenden Konsequenzen für die eigene Handlungsfähigkeit: „Wenn wir dann was brauchen, dann ist das immer nachträglich. Dann sind wir immer so die Bittsteller." Dabei hat das Design immer Vorrang vor der leichten Montierbarkeit: „Man kann das Produkt nicht beeinflussen."

Mit Verweis auf Festigkeitsprobleme oder die konzernweite Verwendung eines Bauteils können die Entwicklerinnen und Entwickler zudem Vorschläge relativ leicht abblocken. Diese Argumente sind von Seiten der Prozessplanung zumeist nicht überprüfbar. Die Prozessplaner*nnen müssen somit nach Wegen suchen, wie das fertig entwickelte Produkt möglichst kostengünstig montiert werden kann: „Also das Produkt kann man nicht mehr ändern. Wenn irgendetwas auffällt, ist das Produkt schon lange fertig. [...] Dann muss man halt mit der Fertigung versuchen, irgendwie eine Lösung zu finden, mit dem Produkt umzugehen und dabei nicht viel teurer zu werden. Also das sind auch solche Kompromisslösungen."

Die Prozessplaner*innen befinden sich in einer Sandwichposition zwischen Entwickler*innen und Produktplaner*innen auf der einen und der Fertigung auf der anderen Seite: „Die Produktion will immer die einfachste Lösung haben. […] Dann müssen wir uns immer rechtfertigen: ‚Warum ist diese Konstruktion jetzt so schlecht?‘ – obwohl wir ja überhaupt nichts damit zu tun haben. Aber so etwas müssen wir immer abfangen.“ Die Fertigung – die unter dem Druck steht, die vorgesehenen Stückzahlen zu erreichen – erwartet eine perfekte Planung, die ohne Probleme umzusetzen ist: „Die erwarten einfach, dass der Planer am Anfang da ist und alles macht, was sie wollen, und denen den optimalen Prozess liefert.“ Doch diese Ansprüche sind nicht immer zu erfüllen: „Das ist ja teilweise ein Wunschkonzert, was diese Betreiber da haben: ‚Oder könnte man das nicht so machen?‘ Also das ist Wahnsinn, wenn man da Hunderte Betriebsmittel hat und jedes dann optimal passen soll.“ Dabei sind die älteren Planer „viel relaxter und nehmen dann vieles auch nicht so ernst bzw. geben nicht jedem Wunsch nach“.

Bei auftretenden Problemen – wenn beispielsweise ein Teil nicht in der vorgesehenen Weise verbaut werden kann – haben die Prozessplaner*innen nur begrenzte Einflussmöglichkeiten. Sie müssen dann nach einem Ausweg suchen, der vielleicht darin bestehen kann, die Montage eines Teils aus der Linie herauszunehmen und sie in die Vormontage zu verlagern: „Die Möglichkeiten sind beschränkt. […] Ich kann versuchen, das irgendwie umzutakten, dass es ein Mitarbeiter macht, der da besser hinkommt. Ich kann versuchen, ihm ein Hilfsmittel zu geben, um diesen Vorgang zu machen. Evtl. kann ich diesen Vorgang in irgendeine Vormontage legen, wo ich das Teil vor mir habe und es sozusagen unendlich lang bearbeiten kann. […] Ich muss das dann irgendwo auf einen Tisch legen muss es so positionieren, dass ich da hinkomme, und da einen Mitarbeiter hinstellen, der das dann vormontiert. […] Dann findet man meistens eine Lösung, auch wenn sie oft nicht perfekt ist.“

Die Prozessplaner*innen versuchen immer, einfache und gut handbare Lösungen für die Fertigung zu kreieren. Ein Beispiel: Auf einer Fertigungslinie werden zwei verschiedene Autotypen montiert. Es werden u.a. Teile verbaut, die eine unterschiedliche Funktionalität aufweisen und dementsprechend nicht verwechselt werden dürfen. Allerdings lassen sich diese beiden Varianten durch bloßes Hinsehen nicht unterscheiden: „Wir haben uns ein CAD angeschaut: Also, da gibt es wirklich nichts, woran ich es unterscheiden könnte, wo ich einfach hinkomme.“ Zunächst haben die Prozessplaner*innen dafür zwei unterschiedliche Lösungsmodelle entwickelt, die sich aber beide als nur schwer realisierbar herausgestellt haben: Der eine Vorschlag ging von einem neuen Handhabungsgerät mit einer SPS-Datenanbindung aus – eine zu teure und komplizierte Lösung. Der zweite Vorschlag beinhaltete die Anbringung einer zusätzlichen Kontur bei einer der beiden Varianten. Das hätte eine Zusammenarbeit mit der Entwicklung erfordert. Aber: „Das interessiert die Entwicklung null. Das ist einfach etwas Zusätzliches, das sie einfach nicht brauchen.“ Der dritte Vorschlag, der dann schließlich realisiert wurde: Ein Metallteil wird mit einem Loch versehen, das mit einem Taster erkannt wird: „Wenn da ein Loch ist, weiß ich, dass es ein K[1] ist. Wenn keins da ist, ist es ein L.“

Die Vorgehensweise bei der Auto AG kann als streng sequenzielles Vorgehen beschrieben werden, bei der die im Produktentwicklungsprozess notwendigen Schritte nach Abteilungen getrennt abgearbeitet werden – auch als Wasserfallmodell oder over-the-wall approach bekannt: Jede Abteilung führt ihre Aufgaben ohne Kommunikation mit der anderen durch; die Ergebnisse der einzelnen Phasen gehen dann wie bei einem Wasserfall als Vorgabe in die nächste Phase ein. Oder in einem anderen Bild: Die Abteilung wirft die Ergebnisse ‚über die Mauer‘.

Das Zauberwort der letzten Jahre, mit dem auch den mit einem solchen sequenziellen Vorgehen verbundenen Nachteilen begegnet werden soll, heißt Digitalisierung.[2] Der Automobilbau ist dabei einer der Vorreiter: Mit der Vernetzung soll es möglich werden, nicht nur einzelne Produktionsschritte, sondern die gesamte Wertschöpfungskette zu optimieren. Allerdings reichen den Ingenieurinnen und Ingenieuren die digitalisierten Informationen[3] bei der Planung der vielfach vernetzten und komplexen Produktionssystem nicht aus: Sie müssen darüber hinaus die konkreten Kontexte und Bedingungen der Genese dieser digitalen Informationen berücksichtigen.[4] Dies gilt insbesondere in Bezug auf konkrete Anwendungskontexte von Arbeitsmitteln und die Arbeitsergebnisse vor- und nachgelagerter Bereiche. Aber hierfür fehlt den Ingenieurinnen und Ingenieuren häufig ein spezifisches Wissen über die konkrete Einbettung und Bedeutung dieser Informationen.

5. Gegenstandsbezogenes Kontextwissen

Erfahrungsbezogenes Kontextwissen kann als Wissen darüber charakterisiert werden, dass und wo Unwägbarkeiten auftreten können, ohne dass jedoch in einer konkreten Situation im Voraus klar ist, ob solche Unwägbarkeiten tatsächlich

---

1 Um die Anonymität zu wahren, sind die hier verwendeten Namen der Modelltypen erfunden.

2 Das Zauberwort der 90er Jahre lautete Simultaneous Engineering.

3 Zudem verfügen die Ingenieur*innen des Betriebsmittelbaus nicht unbedingt über die Zugriffsrechte für die sie interessierenden Daten.

4 Zu den durch die Digitalisierung hervorgerufenen Herausforderungen an Kontextwissen vgl. auch Kapitel VI.

auftreten werden. Es ist somit ein tendenziell verallgemeinerndes Wissen, das in seiner Konkretion – ganz im Sinne erfahrungsbasierten Vorgehens – immer wieder aktualisiert werden muss. Im Folgenden stellen wir zunächst das gegenstandsbezogene Kontextwissen vor, bevor wir im Abschnitt 6 das kooperationsbezogene Kontextwissen erläutern.

Gegenstandsbezogenes Kontextwissen kann – ebenso wie kooperationsbezogenes Kontextwissen – in vier Dimensionen untergliedert werden: Produkt-, Prozess-, Kultur- und Sozialdimension. Gegenstandsbezogenes Kontextwissen fokussiert die konkreten Arbeitsinhalte, Vorgehenslogiken und Arbeitsbedarfe vor- und nachgelagerter Bereiche, über die Beschäftigte des Betriebsmittelbaus Bescheid wissen müssen. Dieses Wissen ist in seinen verschiedenen Ausprägungen an ganz verschiedenen Orten zu finden:

- Bei den Entwicklungsingenieur*innen in den vorgelagerten Abteilungen ist sehr viel Wissen um das Endprodukt – beispielsweise das zu bauende Auto – lokalisiert.
- Bei den Kolleg*innen aus dem Betriebsmittelbau, der ja in großen Konzernen oftmals in viele Teilbereiche untergliedert ist, die inhaltlich aufeinander abgestimmt sein müssten (aber es oftmals nicht sind), liegt das Wissen um die konkrete Ausgestaltung der Produktionsprozesse und aller hierfür erforderlichen Betriebsmittel. Sie bringen die Erfahrung mit, was praktisch funktioniert und was nicht funktioniert, worauf man bei der Planung ein besonderes Augenmerk zu richten hat bzw. was man unter welchen Bedingungen einmal ausprobieren könnte.
- Bei den Beschäftigten aus der Fertigung liegt das Wissen darum, wie das Endprodukt gefertigt werden kann. Die Beschäftigten aus der Fertigung sind Anwender*innen der vom Betriebsmittelbau entworfenen Produkte – also der Anlagen. Damit müssen dem Betriebsmittelbau die konkreten Vorgehenslogiken und Arbeitsbedarfe der Fertigung bewusst sein.

Diese verschiedenen Bereiche verfahren jeweils nach ihren eigenen Vorgehensweisen und Logiken. Ein Ingenieur beschreibt das so: „Da werden teilweise ganz andere Sprachen gesprochen.“ Nach übereinstimmender Meinung der befragten Ingenieur*innen aus dem Betriebsmittelbau sollten insbesondere Prozess- und Produktsicht stärker aufeinander bezogen werden. Bei den Entwickler*innen dominiert die Sicht auf das fertige Produkt: Über welche Komponenten verfügt das fertige Auto; wie soll es aussehen? Auf Seiten der Fertigung dominiert die Prozesssicht: Wie kann dieses Auto gefertigt werden? Die Ingenieur*innen aus dem Betriebsmittelbau kritisieren, dass aus in ihrer Wahrnehmung aktuell die Prozesssicht der Produktsicht nachgelagert ist und dieser untergeordnet wird: Produkte werden ‚fertig' geplant, Prozesse müssen ‚drum herum' geplant werden. Wenn Veränderungen der Produkte unausweichlich sind, muss der Betriebsmittelbau als „Bittsteller" für diese Veränderungen auftreten. Im Folgenden wird das gegenstandsbezogene Kontextwissen an Hand der vier Dimensionen Produkt, Prozess, Kultur und Soziales näher in den Blick genommen.

Produktseitig stehen für die Ingenieurinnen und Ingenieure die eigenen Arbeitsprodukte im realen Setting im Fokus. So müssen Ingenieur*innen in einer Entwicklungsabteilung in der Automobilbranche beispielsweise berücksichtigen, wie sich die von ihnen konstruierten Produkte – also die einzelnen Teile – in das Gesamtprodukt PKW einfügen. Beschäftigte im Betriebsmittelbau müssen vor allem voraussehen, wie sich die von ihnen geplanten Anlagen in der Fertigung auswirken. Ein besonders eindrucksvolles Beispiel: Ein Ingenieur konstruiert per CAD eine Anlage, die – wie sich zu spät herausstellt – zu schwer für den Hallenboden ist. Dieser kann das Gewicht der Anlage nicht tragen. Oder: Kleine Veränderungen im Design am Cockpit eines PKWs führen dazu, dass sich das entsprechende Modul nicht an der hierfür vorgesehenen Stelle in den Fahrgastraum integrieren lässt. Für den Betriebsmittelbau gilt: Sein Produkt ist meist lediglich ein (kleines) Teilprodukt – deshalb müssen die Ingenieur*innen immer auch die Interaktion mit den Ergebnissen der Planung von Kolleg*innen berücksichtigen.

Eine junge Ingenieurin hat sich getraut, die vom Unternehmen gezogenen Grenzen zwischen Entwicklung und (Prozess-)Planung ein Stück weit niederzureißen: Sie versteht sich – auch – als Interessenvertreterin der Fertigung und holt ‚einfach' Entwickler*innen in die Fertigung, um ihnen die Grundlage der taktgebundenen Serienfertigung in der Linie zu veranschaulichen. Damit ermöglicht sie ihnen einen neuen Zugang zu den von ihnen entwickelten Produkten und einen Perspektivenwechsel: „Ich lade jetzt die Entwickler ein und zeige denen mal, was das eigentlich da unten (in der Fertigung) bedeutet. […] Dann kommen die ganz interessiert und wollen sich das auch mal anschauen. Die haben teilweise noch keinen Schritt in die Montage hineingesetzt. Die verstehen gar nicht, um was es da eigentlich geht. Ich kann beispielsweise nicht einen (Arbeits-)Umfang, wo ich irgendetwas zehnmal schrauben muss, in unsere Linie bringen. Die verstehen nicht, was da jetzt das Problem wäre, einfach irgendso ein Teil festzuschrauben. Aber da muss man diese Prozesse verstehen, dass ich halt eine Taktung und Mitarbeiter habe, die taktgebunden arbeiten und das dann auch für jedes Fahrzeug schaffen müssen. Die (Entwickler) sind da voll offen und sagen dann, dass (sie) sich das (ihr Teil) noch mal anschauen, weil sie es (das Problem des zehnmaligen Schraubens) jetzt verstehen. Ich weiß auch nicht, wie das das jetzt ausgeht. Aber ich glaube schon, dass es viel hilft, wenn man sich einmal eine Stunde Zeit nimmt und denen erzählt, was die Probleme der Produktion sind."

Prozessseitig stehen für die Ingenieurinnen und Ingenieure die konkreten (Arbeits-)Prozesse der Anwender*innen dieser Pläne und die Rahmenbedingungen der Fertigung wie beispielsweise Zeitstrukturen im Fokus. Dies bedeutet für die Ingenieur*innen einen Perspektivenwechsel: Sie müssen sich das, woran sie arbeiten, im Einsatz vorstellen. Anders formuliert: Ihr Arbeitsgegenstand wird zum Arbeitsmittel von anderen. „Mein Arbeitsgegenstand sind funktionierende Prozesse.“ Diese Sichtweise setzt sowohl die Bereitschaft zum Perspektivenwechsel als auch einen Einblick in die konkreten Bedarfe und Anforderungen voraus: „Wenn ich weiß, worauf es in der Fertigung ankommt, dann kann ich das ja ganz anders planen.“

Entwicklungsingenieur*innen müssen Bedarfe der Endkunden zufriedenstellen, der Betriebsmittelbau muss auf die konkreten Arbeitsprozesse in der Fertigung eingehen. Hierzu gehört die Berücksichtigung der engen Taktung und des Schichtsystems. So müssen diese Ingenieur*innen ein Gespür dafür entwickeln, welche Handgriffe und Arbeitsschritte in der Praxis tatsächlich machbar sind – und zwar nicht nur einmal, sondern wiederkehrend und nicht nur morgens um halb zehn, sondern auch in Spät- und Nachtschichten und wenn den Beschäftigten bereits sieben Stunden Arbeit ‚in den Knochen stecken‘. In den Worten einer Ingenieurin: „Wenn man das mal selbst ausprobiert, hat man gleich einen ganz anderen Zugang.“

Manches, was in der Planung funktioniert, funktioniert in der Praxis überhaupt nicht. Ein konkretes Beispiel hierfür ist das Montieren eines Kabelbaums in ein ansonsten fertiges Bauteil, das von unten nach oben erfolgen müsste: „Das geht auf dem Papier, nicht in der Praxis.“

Die Prozessdimension umfasst somit zwei Aspekte. Sie meint zunächst das Funktionieren im Sinne der Machbarkeit: Sind die Teile überhaupt zu montieren? Darüber hinaus muss aber auch das Funktionieren im Sinne der Möglichkeit, etwas über einen längeren Zeitraum hinweg immer wieder (erfolgreich) zu bewerkstelligen, berücksichtigt werden. Insbesondere Letzteres ist für die Beschäftigten in ausführenden Arbeitsprozessen wie beispielsweise in der Montage oft eine zentrale Frage der Anerkennung! Hier wird sichtbar, ob der Betriebsmittelbau die Anforderungen, die an die Beschäftigten aus der Montage gestellt werden, als solche überhaupt wahrnimmt. Damit ist die Frage gestellt, ob die Kolleg*innen aus dem Betriebsmittelbau tatsächlich wissen, was sie da planen – oder ob sie eben „nur Schreibtischtäter“ sind.

Schließlich ist mit der Prozessdimension auch der Blick ‚zur Seite‘, also auf die am Prozess beteiligten Kolleg*innen in anderen Bereichen gemeint. Auch hier geht es darum, die Bedarfe und das Vorgehen anderer Bereiche und die Intentionen dahinter zu verstehen. In den Worten eines Ingenieurs: „Es ist gut, wenn man das mal sieht, denn die haben für das, was sie tun, ja auch gute Gründe.“ Erst mit diesem Verständnis ist es möglich, sich aufeinander zuzubewegen und gemeinsame Vorgehensweisen zu etablieren. Als Beispiel kann die bereits skizzierte Abstimmung zwischen Produkt- und Prozesssicht stehen. Kleinste Änderungen von Teilprodukten rufen teilweise erhebliche Veränderungsbedarfe im Produktionsprozess hervor, ohne dass dies den Entwickler*innen bewusst wäre. Allerdings haben auch diese produktseitigen Veränderungen immer Gründe und oftmals eine Vorgeschichte, die vom Betriebsmittelbau berücksichtigt werden müssen. Ein Beispiel: Die Veränderung der Position einer Kontrollleuchte, die den Betriebsmittelbau vor erheblichen (Um-)Planungsaufwand stellte, hatte sicherheitsrelevante Gründe. Wenn die Gründe für solche Änderungen bekannt und nachvollziehbar sind, werden Aversionen gegen die Zumutung der Umplanung schon im Keim erstickt.

Kulturseitig müssen die Ingenieurinnen und Ingenieure beachten, dass die Ergebnisse ihrer Arbeit, sobald sie zum Einsatz kommen, mit unterschiedlichen kulturellen Orientierungen und Mustern konfrontiert werden – und zwar im Hinblick auf verschiedene standort-, abteilungs- oder teamspezifische Werte und Normen. Dies gilt bereits für die Ingenieur*innen der einzelnen Fachbereiche, in denen oftmals entweder die „Produktbrille“ oder die „Prozessbrille“ dominiert – aber selten beide gleichzeitig – und in denen teilweise „andere Sprachen“ gesprochen werden. Auch in Bezug auf die Anwenderinnen und Anwender – seien es Endkund*innen oder die Beschäftigten in der Produktion – trifft dies zu. So haben beispielsweise Entwicklungsingenieur*innen erst verstehen müssen, dass Autofahrer*innen in den USA ihren Wagen häufig nicht in erster Linie auf Funktionalität und Leistungsfähigkeit hin bewerten, sondern auf seinen Komfort hin: Insbesondere Luxuswagen werden hier oft als ‚zweites Wohnzimmer‘ betrachtet.

Aber auch zwischen einzelnen Teams kann es kulturell verschiedene Wertsetzungen geben. So berichtet ein Ergonomiebeauftragter von verschiedenen Orientierungsmustern einzelner Fertigungsabteilungen. Während einige an der ergonomischen Entlastung orientiert sind, weisen andere eher eine ‚Gratifikationsorientierung‘ auf: Sie nehmen bestehende Arbeitsbelastungen in Kauf und dringen nicht auf Abhilfe, um ihre aus der Belastung entstehenden Ansprüche auf einen monetären Ausgleich nicht zu gefährden. Diese unterschiedlichen Orientierungen muss er abwägen und teilweise gegensteuern, ohne dabei jedoch abwertend zu agieren.

Sozial müssen die Ingenieurinnen und Ingenieure die eigene Rolle in Bezug auf die jeweiligen Arbeitsgegenstände klären. Die Ingenieur*innen aus dem Betriebsmittelbau sind selbst auch potenzielle Ansprechpartner in Bezug auf ein gegenstandsbezogenes Kontextwissen – allerdings nur im Hinblick auf ‚ihre‘ Produkte und Prozesse. So müssen sie ggf. eine ,informelle Rollendistanz' aushandeln und gewisse Überreaktionen verhindern. Sie müssen sowohl ihre eigenen Bedarfe als auch die von anderen reflektieren, um im Arbeitsalltag nicht den Überblick zu verlieren. In den Worten eines Ingenieurs: „Man muss sich schon immer überlegen: Wie dringend ist das jetzt wirklich?" Dies gilt in Bezug auf Arbeitsgegenstände und -prozesse, aber natürlich auch in Bezug auf Kooperationen, auf die noch näher eingegangen wird.

Die skizzierten vier Dimensionen sind weder vollständig trennscharf, noch können sie einander kompensieren. Vielmehr sind sie analytische Kategorien zur besseren Fokussierung und bauen situativ aufeinander auf. Dies gilt ebenso für gegenstandsbezogenes und kooperationsbezogenes Kontextwissen: Auch diese bedingen sich tendenziell gegenseitig, wie im Folgenden erläutert wird.

6. Kooperationsbezogenes Kontextwissen

Erfahrungsbasiertes Kontextwissen kann – wie beschrieben – nicht objektivierend weitergegeben werden. Dies bedeutet zum einen, dass es mit Bezug auf konkrete Gegenstände und Prozesse erworben werden muss und nicht einfach ,nachgelesen' werden kann. Es bedeutet zum anderen – und damit zusammenhängend –, dass hierfür geeignete Ansprech- und Kooperationspartner *innen gefunden werden müssen und mit diesen interagiert werden muss. Beides ist nicht trivial: Es ist keinem Organigramm zu entnehmen, welche Kolleginnen oder Kollegen im Sinne eines erfahrungsbasierten Kontextwissens angesprochen werden können. Es kann nirgendwo nachgeschlagen werden, wer über entsprechendes Können verfügt und willens ist, dieses auch weiterzugeben, bzw. wer als Experte oder Expertin für den jeweiligen Bereich zur Verfügung steht. Die hierfür notwendige Kooperation folgt eigenen Gesetzen: Diese gehen weder in ausschließlich sachbezogenem Interagieren noch in inhaltsleerem Netzwerken auf. Zur Erläuterung dieser Form der Kooperation werden – wie oben – Produkt-, Prozess, Kultur- und Sozialdimension unterschieden.

Produktseitig müssen die Ingenieurinnen und Ingenieure die Bedarfsgetriebenheit von Kooperationen verstehen und die ,richtigen' Ansprechpartner*innen finden. Da das erfahrungsbasierte Wissen und Können aus anderen Bereichen nicht angelesen oder formal transferiert werden kann, sind hierfür geeignete Kolleg*innen aus den entsprechenden Abteilungen zu finden. Der Zugang zum kooperationsbezogenen Kontextwissen kann nicht ,erworben' werden, indem einfach Ansprechpartner*innen nach dem Organigramm ausgesucht werden. Die Auswahlkriterien sind andere: Wer verfügt tatsächlich über Erfahrung und Offenheit, um über relevante Inhalte berichten zu können, und will dies auch? In den Worten einer Ingenieurs: „Man muss dann halt schauen: Wer kennt sich da so richtig aus und wer will da auch drüber reden?“ Oder eine andere Ingenieurin: „Es ist ganz wichtig, dass man mit den Leuten, mit denen man viel zusammenarbeitet, eine gute Kommunikation aufbaut. Bei mir funktioniert das gut mit meinen Betreiberleuten: Ich informiere die immer; gebe denen auch alle Infos weiter, die ich habe. So ist das jetzt ein schönes Miteinander und die unterstützen mich auch.“

Prozessseitig müssen die Ingenieurinnen und Ingenieure ein Verständnis für informelle Kooperationslogiken aufbauen. Zu berücksichtigen ist dabei, dass die informelle Kooperation grundlegend anders abläuft als Kooperation in formalisierten Strukturen, wie sie beispielsweise in Meetings zu finden ist. Anstelle ausgearbeiteter Präsentationen und vorbereiteter Vorträge, wie sie für Meetings typisch sind (Bolte/Neumer/Porschen 2008), findet die Kooperation meist situativ statt und bezieht relevante Arbeitsgegenstände und Arbeitsmittel unmittelbar mit ein. So wird gegenstandsvermittelt kommuniziert und es werden gemeinsame Erlebnisräume geschaffen: Dies kann beispielsweise durch ein gemeinsames Aus- und Herumprobieren oder die unmittelbare Demonstration eines Werkzeugs geschehen. In den Worten einer Ingenieurin: „Da gehe ich direkt in die Fertigung und probiere das mit den Kollegen da aus, arbeite da ein Stück weit mit. Man erlebt das ganz anders und bekommt Hinweise, auf die man am Schreibtisch gar nicht kommt.“

Gerade bei unterschiedlichen fachlichen Spezialisierungen und Abteilungen wird so auch ein gemeinsames Vokabular aufgebaut, anhand dessen die Abstimmung wesentlich leichter läuft. Es ist beispielsweise von immenser Wichtigkeit, die konkreten Informationsbedarfe vor- und nachgelagerter Bereiche zu kennen: So sind unübersichtliche Zeichnungen mit einer Vielzahl von Tabellen, die wiederum eine Vielzahl unterschiedlicher Informationen enthalten, für die Fertigung oftmals vollkommen ungeeignet. Stattdessen benötigt die Fertigung die für sie unmittelbar relevanten Informationen in einer deutlichen und übersichtlichen Darstellung.

Ein gemeinsames Vokabular und gemeinsame Erlebnisräume helfen auch dabei, die Fähigkeiten der Kooperationspartner*innen wertschätzen zu können. Die Kooperationspartner*innen können jenseits abstrakter Vorstellungen erleben, was die jeweils andere Seite in die gemeinsamen Prozesse einbringt und welche Gründe es für dieses Vorgehen gibt. So berichtet ein Ergonomiebeauftragter über seinen ‚neuen Praxisblick‘ auf die Arbeit in der Fertigung, den er durch gegenstandsvermittelte Demonstrationen und das Erproben dieser Prozesse gewonnen hat. Daraus entwickelte sich eine wechselseitige Wertschätzung im Modus der Würdigung (Voswinkel 2002): Der Ergonomiebeauftragte kann stärker als bei einer rein kennzahlbasierten Logik die tatsächlichen Arbeitsleistungen in der Fertigung anerkennen und honorieren; die dort involvierten Kolleg*innen erkennen in ihm einen interessierten und engagierten Kollegen, der sich auch jenseits abstrakter Richtwerte für die Anforderungen und Bedarfe ihrer Arbeit interessiert. Das Resultat dieser Zusammenarbeit liegt in der Perspektive des Ergonomiebeauftragten darin, dass er die eigene Arbeit nun besser – und wesentlich effizienter – machen kann. Für ihn – und für das Unternehmen! – hat sich der Aufwand, den er in den Aufbau dieser Kooperationsbeziehung gesteckt hat, gelohnt.

Kulturseitig müssen die Ingenieurinnen und Ingenieure die unterschiedlichen Abteilungs- und Standortkulturen berücksichtigen – und dies sowohl in Bezug auf die jeweils herrschenden Gepflogenheiten als auch im Hinblick auf die eigene Außenwirkung. Für Ingenieur*innen aus dem Betriebsmittelbau heißt dies beispielsweise, weder als ‚distanzierter Anzugtyp' (bzw. ‚distanzierte Dame im Kostüm') in der Fertigung aufzutreten noch die Kultur im Produktentwicklungsbereich zu ignorieren. Sie müssen sich darauf einstellen, dass von ihnen erwartet wird, sich um die Belange der Fertigungsbeschäftigten zu kümmern. Dabei können sie leicht in die Rolle gedrängt werden, „immer ein bisschen Kindermädchen" zu sein.

Die Bereichskulturen in einem großen Unternehmen unterscheiden sich stark voneinander. Die Fertigung erwartet ‚klare Ansagen' statt weicher ‚vielleicht-könnte-man-einmal-versuchen'-Aussagen: „Man kann nicht in der Produktion auftreten und sagen: ‚Ja, wir schauen uns das mal an, das ist ein Entscheidungsprozess.' Sondern man muss schon irgendwelche Vorschläge haben." So berichten unsere Interviewpartner*innen etwa von einer tendenziell „harten Kommunikationskultur mit rauem Ton" in der Fertigung. Solche Umgangsformen, die – auch – von dem straffen Zeitregiment in der Fertigung ausgelöst werden, werden von den Betriebsingenieur*innen teilweise mitgetragen. Aber wenn bestimmte Grenzen überschritten werden, können sie solche Verhaltensweisen nicht einfach hinnehmen. Dann muss die Kommunikationskultur neu verhandelt werden: So muss Sachorientierung im Vordergrund stehen und es müssen Grenzen gesetzt werden. Auch dies hat mit Anerkennung zu tun – zu Personen gehört stets ein gewisser Background, der mit zu berücksichtigen ist.

Sozial müssen die Ingenieurinnen und Ingenieure eine Besonderheit kooperativen Kontextwissens berücksichtigen: Notwendige Kooperationen leben von einer Balance, die zwischen Instrumentalisierung und Selbstzweck oszilliert. Weder orientieren sich solche Kooperationen ausschließlich an konkreten Bedarfen, noch sind sie vollständig hiervon zu lösen. Es bedarf vielmehr einer Balance zwischen instrumentellen und nicht-instrumentellen Elementen. Zwischen Kooperierenden entsteht so eine ‚professionelle Intimität' und es herrscht ein Prinzip der Wechselseitigkeit (auf mittlere Sicht), das nicht zuletzt auf wechselseitigem

Vertrauen basiert. Weder kommunizieren Beschäftigte im oftmals stressigen Arbeitsalltag ‚einfach so‘, noch dürfen Kolleg*innen einseitig fordernd und lediglich unpersönlich adressiert werden. Ein Beispiel hierfür bietet ein ‚alter Hase‘, der von sich sagt: „Wenn jemand nur eine Mail schreibt, antworte ich grundsätzlich nicht.“ Wer Fragen an ihn habe oder seine Unterstützung benötige, sei stets herzlich willkommen, solange er sich „anständig vorstelle“ und selbst in „kniffligen Fällen“ ein offenes Ohr habe.

Ein schönes Beispiel, wie sich ein Ingenieur die kulturellen und sozialen Dimensionen des Kontextwissens über Bereichsgrenzen hinweg aneignen kann, bietet ein junger Ergonomiebeauftragter. Seine Zusammenarbeit mit der Fertigung hätte sich als kritisch erweisen können, da ein Ergonomiebeauftragter Arbeitsplätze bewertet und so unmittelbar Einfluss auf das Entgelt der Beschäftigten hat. Insofern könnte seine Anwesenheit in der Fertigung mit Skepsis betrachtet werden. In einem Interview berichtet er, dass ihm diese soziale und kulturelle Dimension seiner Tätigkeit durchaus bewusst ist und auch hier „der Ton so ein bisschen die Musik“ macht. Er beschreibt, wie er auf die Beschäftigten zugeht und sie anspricht: „Ist es in Ordnung, wenn wir jetzt zugucken? Also, es hat noch nie jemand nein gesagt, wenn man einfach normal mit ihm redet und normal fragt.“

Ihm ist es wichtig, den Werkern zu erklären, um was es geht, eventuell bestehende Ängste abzubauen und die ihm vorgegebenen Beurteilungskriterien zu erläutern: So gehen manche Belastungen wie kurzzeitige Überkopfarbeit nicht in die Bewertung ein – dies geschieht erst ab einer bestimmten Dauer. Er unterstützt die Beschäftigten in der Produktion darin, ihre Tätigkeiten selbst einzuschätzen und von Belastungen zu berichten. Nur so ist er in der Lage, die Arbeit in ihrer Gesamtheit zu beurteilen und nicht nur in Einzelaspekten: „Es ist halt ein Stück weit ein subjektiver Faktor mit drin.“

Dieser Ergonomiebeauftragte hat schon seine Masterarbeit bei der Auto AG erstellt und hier die Gelegenheit – in einem noch nicht hierarchisch dominierten Rahmen – bekommen, einen angemessenen Umgang mit den Mitarbeiter*innen aus der Fertigung zu erproben und zu erlernen: „Während der Masterarbeit habe ich auch selbst Interviews durchgeführt und musste da […] auch viel auf Leute zugehen. […] Und hatte hier in dem halben Jahr wahnsinnig viel Kontakt mit anderen Abteilungen. Und das hat mir wahnsinnig viel gebracht. Weil ich einfach ein bißchen gelernt habe, wie die Leute hier so ticken.“

7. Kontextwissen als Lernziel arbeitsintegrierten Lernens

Unsere Analysen zeigen, dass das vielfach geforderte ‚praktische Wissen‘ und die ‚Kooperationsfähigkeit‘ für die jungen Ingenieurinnen und Ingenieure höchst relevant sind, um die ihnen abverlangten Arbeitsanforderungen erfolgreich bewältigen zu können. Die Ingenieurinnen und Ingenieure benötigen bei ihrer Wissensarbeit ein erfahrungsbasiertes gegenstands- und kooperationsbezogenes Kontextwissen, das sie erst im Rahmen ihrer Arbeitstätigkeit erwerben können. Dieses Kontextwissen lässt sich mit Hilfe der Abbildung 3 veranschaulichen.

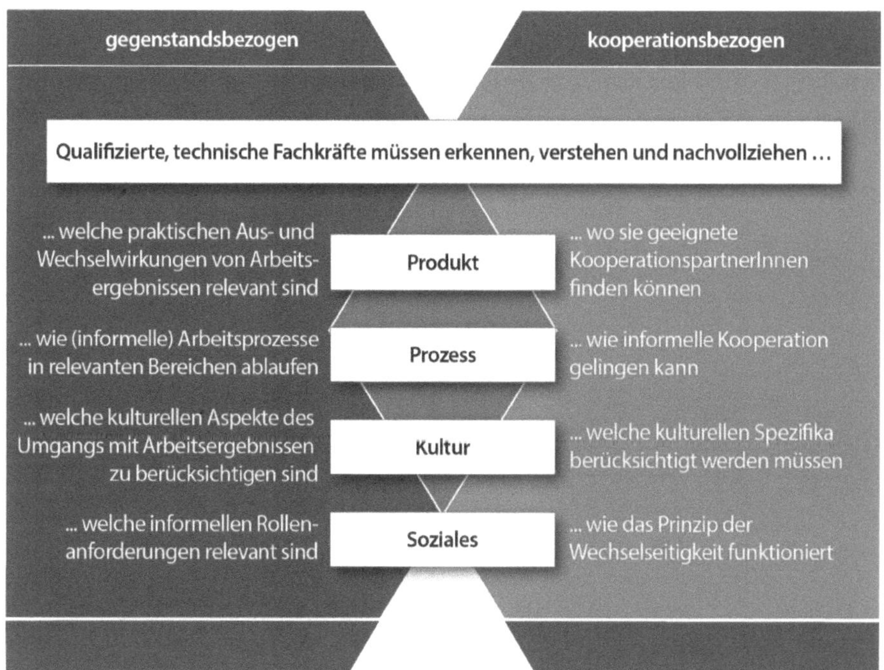

Abbildung 3: Gegenstands- und kooperationsbezogenes erfahrungsbasiertes Kontextwissen

Unsere Analysen zeigen auch, dass den jungen Ingenieurinnen und Ingenieuren oftmals durchaus bewusst ist, dass sie in Bezug auf den Erwerb dieses erfahrungsbasierten Kontextwissens Nachholbedarf haben. Allerdings schränken kennzahlbasiertes Bereichsdenken und ein hoher Leistungsdruck häufig den Blick auf unmittelbare Erfordernisse ein und lassen für Kooperation sowie mittel- und langfristig Nützliches keinen Platz. So arbeiten viele Bereiche, Teams und auch einzelne Beschäftigte neben- statt miteinander und aus dem Fokus gerät, was eigentlich zählt: „Unser Arbeitsgegenstand sind funktionierende Prozesse." Und: „Wir sind hier, um gute Autos zu bauen." Ein erfahrener Interviewpartner meint hierzu: „Wenn wir ihnen (den jungen Ingenieur*innen) da nicht die Gelegenheit geben, auch mal im Betrieb zu tüfteln und etwas auszuprobieren, dann haben wir – ich sage es mal so – eine seelenlose Masse an Konstrukteuren, die irgendwelche Striche auf dem CAD machen.“ Lernchancen können dabei übergreifende innovative Projekte sein, in denen gemeinsam Neu- und Weiterentwicklungen vorangetrieben werden – teilweise von Menschen mit völlig verschiedenem fachlichem Background. Auch in solchen Projekten sind Lernchancen aktiv zu implementieren, sie ergeben sich nicht ‚von alleine‘. Andere Möglichkeiten sind Hospitations- und Rotationsmodelle oder eine partielle ‚Mitarbeit vor Ort‘ (Bolte/Porschen 2006a). Job Rotation und die Ermöglichung und Einforderung von Perspektivwechsel als Element personalpolitischer Gestaltung sind ebenso zu nennen (vgl. Kapitel XII).

VI Grenzen der digitalen Technisierung – und wie Beschäftigte darauf reagieren (müssen)

Annegret Bolte, Judith Neumer

Immer mehr Beschäftigte werden in ihrem beruflichen Alltag mit den Auswirkungen der Digitalisierung konfrontiert. Auch wenn die „Industrie 4.0“ im Augenblick nicht mehr als ein Schlagwort ist, dessen Realisierung – mit all ihren Vor- und Nachteilen – für den überwiegenden Teil der Betriebe bislang nur als Streiflicht am Horizont erscheint, sind die Auswirkungen der Digitalisierung bereits an sehr vielen Arbeitsplätzen spürbar.

Dabei bedeuten Digitalisierung und vernetzte Arbeit in Unternehmen weit mehr als die bloße Einführung einer neuen Technik. In diesem Kapitel werden anhand der Einführung von ERP-Systemen (Abschnitt 1) Spezifika der Arbeit in vernetzten Systemen beschrieben (Abschnitt 2). Schon die erfolgreiche Einführung solcher Systeme ist daran gebunden, dass die Beteiligten die realen Arbeitsprozesse verstehen (Abschnitt 3). Im betrieblichen Alltag müssen sich die Beschäftigten immer wieder mit neuen Anforderungen und Problemsituationen auseinandersetzen. Insbesondere werden sie immer wieder mit systemimmanenten Grenzen digitaler Technik konfrontiert, auf die sie mit sog. Workarounds reagieren müssen (Abschnitt 4). Um angesichts von systemimmanenten Grenzen der Vorausplanung (Abschnitt 5) oder fehlenden bzw. falschen Daten (Abschnitt 6) aufgaben- und situationsbezogen handlungsfähig zu sein, benötigen die Beschäftigten ein erfahrungsbasiertes Kontextwissen (Abschnitt 7), wie es in den Kapiteln III, IV und V skizziert wurde.

Die empirische Basis für dieses Kapitel bilden Interviews mit Beschäftigten, die in mittelständischen produzierenden Unternehmen mit digital vernetzten Systemen arbeiten. Die im Folgenden referierten Beispiele stammen vorwiegend aus dem Projekt LedivA (vgl. das Vorwort in diesem Band) und wurden durch einige Zitate aus früheren Forschungsprojekten ergänzt (vgl. Heidling et al. 2019).

1. Digitale Steuerung und Vernetzung am Beispiel von ERP-Systemen

Typische Büroarbeitsplätze in Unternehmen des produzierenden Gewerbes haben sich in den letzten Jahren verändert: An vielen Arbeitsplätzen finden sich inzwischen gleich mehrere Computer-Monitore, auf denen parallel unterschiedliche Programme und Anwendungen dargestellt und genutzt werden – für E-Mails, für ERP-Systeme, für CAD- oder CNC-Programme usw. Das danebenstehende Telefon wird auch noch genutzt und manchmal sogar Papier und Bleistift. Die Mitarbeiter*innen in der Produktion bekommen über das ERP- oder

PPS-System[1] direkt auf ihre Maschinen ihre Aufträge vermittelt, die sie dann über Touchscreens aufrufen und bearbeiten können. Servicetechniker*innen führen Wartungsarbeiten per Remote-Steuerung durch und sind mit Tablets ausgestattet, mit denen sie beim Kunden vor Ort Maschinendaten auslesen, Fehlersuche und -behebung vornehmen können. Auch teilautomatisierte Prozess- und Kooperationsstrukturen gewinnen an Bedeutung, beispielsweise verteilen automatisierte Push-Nachrichten via E-Mail Aufgaben und erinnern an Termine.

Die (versprochenen) Vorteile und Effekte sind offensichtlich: Die Beschaffung von Informationen ist schneller möglich; Informationen und Daten werden transparenter abgebildet und sind (teilweise) besser nachvollziehbar. Kontrollen auf der Zahlenebene werden einfacher; die Generierung und Sammlung von Daten ermöglicht neue Analyse- und Auswertungsmöglichkeiten in Echtzeit. Dabei sind Auswertungen über die für einen Auftrag benötigten Zeiten, über die Auslastung von Maschinen, über Fehlzeiten oder Umsatz und weiteres mehr zum Standard geworden. Somit kann die Digitalisierung zu einer erhöhten Transparenz und Planungssicherheit beitragen, beispielsweise durch Echtzeiteinblicke in Bestandslisten.

Dabei ist die Digitalisierung im Sinne der Umwandlung analoger Informationen in digitale Formate und deren Verarbeitung und Speicherung in informationstechnischen Systemen kein neues Phänomen. Softwareprogramme werden seit Jahrzehnten eingesetzt: in der Personalverwaltung, im Rechnungswesen, in der Materialwirtschaft und Lagerverwaltung, in der Produktionsplanung, zur Erstellung von Zeichnungen oder zur Programmierung von Maschinen. Allerdings standen diese Systeme zunächst vergleichsweise isoliert nebeneinander; relevante Daten konnten nicht ohne weiteres migriert werden und mussten an vielen Stellen jeweils neu erfasst und bearbeitet werden.

Dieses Problem wird insbesondere in großen Konzernen schon seit langem durch sog. Enterprise-Resource-Planning-Systeme (ERP-Systeme) als betriebswirtschaftliche Softwarelösungen bearbeitet: Mit ihnen sollen sämtliche Geschäftsprozesse wie Personalwesen, Buchführung, Controlling, Vertrieb, Einkauf, Produktion und Lagerhaltung in einem integrierten digitalen System abgebildet werden. Die unterschiedlichen Funktionen sind eng miteinander verzahnt: Die verschiedenen Module greifen auf zentrale Datenbanken zu und erzeugen auch füreinander Datengrundlagen, indem sie dort Daten einspeisen oder modifizieren.

---

1 Mit Computer-Aided-Design-Programmen werden u.a. Zeichnungen für Werkstücke erstellt, die bspw. über ein Produktplanungssystem an Werkzeugmaschinen übertragen werden und dort mittels Computer-Numerical-Control-Programmen gefertigt werden.

In mittelständischen Unternehmen wird die Digitalisierung augenblicklich meist mit Blick auf die Einführung eines neuen oder auf die Weiterentwicklung eines bestehenden ERP-Systems vorangetrieben.[2] Diese Systeme stellen die technische Basis dar, auf der neue und unterschiedlichste Module und Anwendungen digitaler Technik aufsetzen. Hier wird die Vernetzung vorhandener und neu eingesetzter digitaler Anwendungen erzeugt.

Es kommen sowohl speziell für ein Unternehmen entwickelte Lösungen als auch Standardlösungen von großen ERP-Systemanbietern zum Einsatz. Dabei finden sich in den Unternehmen unterschiedliche Entwicklungsstufen; die Einführung solcher Systeme zieht sich meist über Jahre hin. Gerade bei mittelständischen Unternehmen, die nicht nur „Produkte von der Stange" verkaufen, sondern ihren Kunden individualisierte Produkte in den unterschiedlichsten Varianten anbieten, ist die Einführung eines ERP-Systems mit besonderen Aufwänden verbunden.

Alle ERP-Systeme müssen im Rahmen ihrer Einführung an die unternehmensspezifischen Bedarfe angepasst werden. Gleichzeitig müssen sämtliche (Geschäfts-)Prozesse überprüft und ggf. neu strukturiert und definiert werden, damit sie überhaupt digital abgebildet werden können.

2. Arbeit in vernetzten Systemen – vernetzte Arbeit

In klassisch strukturierten Unternehmen erfolgt die Koordinierung der verschiedenen Arbeitstätigkeiten hierarchisch: Manager und Führungskräfte schaffen Regularien, innerhalb derer das Fachpersonal agieren kann. Allerdings kommt die hierarchisch gesteuerte Koordinierung an ihre Grenzen, wenn die zu steuernden Prozesse immer komplexer werden. Mit der Digitalisierung wird die traditionelle hierarchische Steuerung zwar nicht vollständig abgelöst, aber sie wird in neue Formen der technisch-organisatorischen Vernetzung überführt oder durch diese ergänzt: Die Informatisierung und Technisierung betrieblicher Abläufe geht mit eigenen Verfahrensanweisungen und formalen Regelungen einher. So werden beispielsweise neue Schnittstellen erzeugt und es wird festgelegt, wie an diesen Schnittstellen zu verfahren ist und wann welche Abteilungen in welcher Weise einbezogen werden müssen. Es werden neue Abläufe definiert und es wird festgelegt, wer unter welchen Bedingungen Informationen (beispielsweise über Aufträge) oder Teilprodukte (etwa Zeichnungen) an andere Bereiche oder Prozesse

[2] Zwar nutzen inzwischen auch sehr viele mittelständische Unternehmen ERP-Systeme, aber bei weitem noch nicht alle. Der Einsatz dieser Technik erfordert nicht nur eine äußerst zeitintensive Einführung, sondern auch hohe Geldinvestitionen. Eine positive Kosten-Nutzen-Bilanz zeichnet sich hier für viele Unternehmen nach wie vor nicht ab.

weitergeben darf und wann sie weitergegeben werden müssen. Über Zugriffsrechte ist geregelt, wer Zugriff auf welche Arbeitsergebnisse, -unterlagen, -instrumente hat etc.

Vernetzte Arbeit gab und gibt es seit jeher auch unabhängig vom Prozess der Digitalisierung: Vernetzung zwischen Kolleg*innen, mit Kunden sowie mit Maschinen und automatisierten Systemen. Durch die Digitalisierung wird eine Vernetzung im Arbeitsprozess aktuell jedoch enorm forciert; das Koordinationsgefüge wird immer weitreichender und komplexer. Das hat nicht nur Konsequenzen für die „bloße" Koordinierung, sondern kann auch zu Reibungen zwischen den unterschiedlichen Bereichen eines Unternehmens führen: In den verschiedenen Abteilungen wie Vertrieb, Logistik, Controlling, Konstruktion oder Produktionsplanung bzw. -steuerung bestehen jeweils spezifische Bereichslogiken, die aus den spezifischen Arbeitsanforderungen, -mitteln und -gegenständen resultieren. Dabei können sich die Logiken der verschiedenen Abteilungen durchaus widersprechen: Der Vertrieb hat das Interesse, den Kunden auch kurzfristig geäußerte Wünsche zu erfüllen; die Materialwirtschaft hat eher das Interesse an einer langfristigen und verlässlichen Planung. Je intensiver die Vernetzung zwischen unterschiedlichen Bereichen wird, desto häufiger werden unterschiedliche Logiken zu einem organisatorischen Problem. Zudem formulieren diese Abteilungen aus ihrer jeweiligen Logik heraus unterschiedliche Anforderungen und Bedarfe an Softwarelösungen und setzen jeweils eigene Prioritäten. Auch das ist nichts grundsätzlich Neues, allerdings muss eine digitalisierte Koordinierung, die in Echtzeit agiert, nun abteilungsspezifische Anforderungen in *einem* System berücksichtigen.

Digitalisierung ist ein auf Dauer gestellter Prozess: Ein einmal entwickeltes und implementiertes System ist kein monolithisches Gebilde, das einmal konstruiert, aufgebaut und dann genutzt wird. Stattdessen werden permanent neue Schnittstellen definiert sowie neue Module und Anwendungen implementiert. Neue Anforderungen auf Markt- bzw. Kundenseite und neue Geschäftsmodelle treiben diesen Prozess an und sind gleichzeitig Folge davon, ebenso wie technische Entwicklungen in analoger und digitaler Hinsicht. Digitalisierung als auf Dauer gestellter Prozess geht daher auch mit immer neuen Arbeitsanforderungen einher. Damit müssen sich die Beschäftigten auch immer wieder neuen Herausforderungen und akuten Grenzen der Digitalisierung stellen. In den Worten einer Key-Userin: „Es wird hier auch in 20 Jahren wieder so werden, dass du wieder vor so einem Punkt stehst, wo du sagst: ‚Wir haben wieder nicht alles abgebildet.'"

Aber auch jenseits von technischen Neuerungen und Erweiterungen müssen sich die Beschäftigten im laufenden Arbeitsalltag immer wieder neu mit den vorhandenen Anwendungen und Systemen auseinandersetzen: So treten regelmäßig

Situationen auf, in denen das abstrakte informationstechnische Abbild nicht mit der konkreten Realität übereinstimmt. Dies führt zu Problemen, die von den Beschäftigten gelöst werden müssen.

3. Voraussetzung für die Einführung von ERP-Systemen: Reale Arbeitsprozesse verstehen

Um Prozesse und Schnittstellen digitalisieren zu können, reicht es nicht aus, die digitale Technik und deren Funktionsweise zu verstehen: Die realen praktischen Arbeitsprozesse müssen in ihrer Vielschichtigkeit, ihrer Komplexität und ihrer Eingebundenheit in organisatorische sowie soziale Kontexte verstanden werden. Man muss nachvollziehen und verstehen, wie Abläufe konkret strukturiert sind und ob und an welchen Stellen Arbeitsprozesse evtl. auch verändert werden müssen, damit sie überhaupt digital dargestellt werden können. Diejenigen, die mit der Gestaltung und Implementierung solcher ERP-Systeme und darauf aufsetzender Module und Anwendungen beschäftigt sind, müssen zwischen unterschiedlichen Bereichen übersetzen und vermitteln können:

> „Bevor man diese ganzen Automatisierungen anstrebt, muss man natürlich erst mal noch viel mehr im Detail verstehen, was man da genau macht, und auch eine genaue Idee von den Prozessen haben, die ablaufen. Also ich glaube nicht, dass das mit weniger Erfordernissen an Know-how an die Mitarbeiter einhergeht. Sondern ich glaube eher, dass das andersherum ist: Man muss viel mehr im Detail verstehen, um das dann automatisch abbilden zu können."

Damit bedeutet Digitalisierung immer auch, Prozesse neu zu strukturieren, die Abläufe zueinander so zu ordnen, dass sie reibungslos funktionieren. Es geht darum, einen optimalen Workflow zu bestimmen, in dem eindeutig ist, wer was wann und warum an welcher Stelle im Arbeitsprozess beisteuern muss. Somit sind die Analyse von Prozessen und deren optimale Abstimmung Voraussetzungen der Digitalisierung. Wesentlich ist es, Abläufe nicht nur aus der Abteilungs- und Bereichsperspektive zu betrachten, sondern als Gesamtprozesse, die quasi durch das gesamte Unternehmen „durchgehen". Es stellt sich immer die Frage, ob bisher bewährte und eingespielte Verfahrensweisen in den neuen Systemen abgebildet werden können (und sollen), wie es eine Key-Userin in einem mittelständischen Unternehmen beschreibt, das jüngst die Einführung eines ERP-Systems bewältigt hat:

> „Das ist für das Unternehmen einfach nur ein Neuanfang, weil du wirklich mal in jede Ecke guckst und du wirklich überall den Teppich hochhebst und sagst: ‚Boah, was haben wir denn hier über all die Jahre

> gemacht? Welchen Trampelpfad sind wir denn gegangen, weil wir uns nicht Gedanken gemacht haben?' […] Im normalen Tagesprozess hast du gar keine Zeit dafür. Da willst du irgendwie, dass das Produkt von A nach B kommt: ‚Stell das jetzt auf den LKW.' Und dann fängst du an, solche Schleichwege zu bauen mit roten Zetteln oder mal eine E-Mail zu schreiben: ‚Schick uns das mal rum, wir buchen das später nach.' Das sind so Sachen, das bereinigst du vielleicht mal zur Inventur. Aber dir so einen richtigen Kopf machen, wie du das eigentlich strukturiert kriegst – für‘s Finanzamt nachvollziehbar, für alle Abteilungen verständlich – das machst du ja nicht. Und wenn du dann mal so ein neues System kaufst, bist du ja gezwungen, alles mal rauszuholen und dir alles anzugucken. Und du nimmst dir ja dann auch die Zeit dafür. Das SAP hat ja ein Jahr länger gebraucht mit der Einführung, weil wir einfach jeden Tag gegen einen neuen Baum gelaufen sind, wo du sagst: ‚Oh, wie habt ihr denn das jetzt 30 Jahre lang gemacht?' ‚Naja, mit der Schreibmaschine, mit einem Zettel.' Aber jetzt müssen wir es abbilden und erst dann machst du dir einen Kopf. Also da kann dort SAP oder was weiß ich stehen."

Allerdings: Die (Neu-)Ordnung von Prozessen zum Zweck der Digitalisierung hat nicht zwangsläufig zur Folge, dass an jedem Arbeitsplatz Vereinfachungen erfolgen. An einzelnen Arbeitsplätzen können daraus auch Erschwernisse resultieren, wie ein Interviewpartner aus einem Unternehmen, das ERP-Systeme entwickelt, beschreibt:

> „Wenn ich so einen Gesamtprozess gestalte, kann es durchaus sein, dass an *dieser* Stelle nach der Umstellung mehr Arbeit anfällt, weil die sich *hier* deutlich verringert. Und demjenigen das nachvollziehbar beizubringen, warum der jetzt mehr machen muss als vorher oder mehr Dinge beachten muss als vorher. Das muss ihn ja nicht unbedingt mehr Zeit kosten, aber er muss vielleicht mehr Verantwortung übernehmen, weil hinten der Prozess schlanker durchläuft. Das Verständnis dafür muss ich wecken. Und wenn ich das nicht tue, dann habe ich ein großes Problem, den Gesamtprozess zu steuern."

Die Entwicklung digitaler Technik ist nicht banal, weder aus Sicht der Entwickler noch aus Sicht der Anwender. Im Entwicklungsprozess können immer wieder gegenseitige Missverständnisse auftauchen, die dazu führen, dass am tatsächlichen Bedarf vorbeientwickelt wird, selbst wenn der Kunde eigentlich eine eigens für ihn entwickelte Lösung bekommt. Ein mittelständischer Maschinenbauer hat ein Softwarehaus mit der Entwicklung und Implementierung eines „maßgeschneiderten" ERP-Systems beauftragt. Allerdings kannten sich die beauftragten

Softwareentwickler mit den in einem Maschinenbauunternehmen ablaufenden Prozessen nicht gut aus. Damit war auch die Zusammenarbeit in der Entwicklungsphase nicht optimal, wie ein Arbeitsvorbereiter berichtet:

> „(Die Firma X), das ist ja so ein Programmierhaus, was Software entwickelt. Aber die haben halt vom Maschinenbau eigentlich keine Ahnung. […] Ich saß mal selber mit den Leuten hier so zusammen, und dann […] habe ich von Baugruppen und Teilen geredet, und dann haben die mich gefragt: ‚Warum unterscheiden Sie eigentlich zwischen Teilen und Baugruppen?' Und da […] wäre ich fast schon nach hinten umgefallen, weil ich gedacht habe: Wenn so jemand eine Software entwikkelt, um da die Daten zu verwalten und weiß nicht mal, was der Unterschied zwischen Teil und Baugruppe ist … Dann, puh, da wird's schwierig, sage ich mal so."

Eine ‚maßgeschneiderte Lösung' erfordert immer, dass sich die Entwickler*innen auf die Situation ‚vor Ort' einlassen. Ein Produktmanager betont, dass es nicht ausreiche, nur mit den Chefs zu reden:

> „Es gehört zum guten Stil, sich da direkt zu informieren, wie es wirklich abläuft. Sie müssen mit den Leuten reden, die wirklich mit dem System arbeiten, die es wirklich betreiben müssen, die wirklich die Probleme damit haben und die vielleicht auch beurteilen können, wie das Umfeld ist. Das bekommen Sie nur beim Kunden vor Ort hin. Da kriegt man dann auch mit, wer der richtige Ansprechpartner ist. In den Pausen oder nach den offiziellen Gesprächen kann man das dann im Einzelnen bereden. Oder die kommen direkt auf mich zu und fragen. Das kann auch passieren. […] Man kann nicht von Kunden sprechen, wenn man den Kunden gar nicht gehört hat."

Wenn es gut läuft, entsteht die Entwicklung oder Anpassung eines ERP-Systems in einem dialogischen Verfahren, in dem sich die Vorstellungswelten der Systementwickler*innen und der Anwender*innen begegnen:

> „Die einzige Möglichkeit, herauszukriegen, was der Kunde wirklich will, ist permanentes Nachfragen: ‚Kann ich mir das so und so vorstellen? Ist das so richtig?' Das heißt, ich nehme entgegen, was er mir erzählt, und hole mir sofort sein Feedback. Ich frage ab, ob meine Vorstellung, die ich jetzt habe, nachdem er mir das erklärt hat, mit dem übereinstimmt, was er sich vorstellt. Ich sage also: ‚Ich habe jetzt folgendes Bild. Ist das so richtig, stimmt das mit dem, was Sie sich vorstellen, überein?' Also, es ist im Prinzip ein Dialog, wo ich permanent

> nachhake und versuche festzustellen, ob unsere Vorstellungswelten übereinstimmen."

Ein solches Vorgehen ist an viele Voraussetzungen geknüpft: Die Softwareentwickler sollten nicht nur wissen, wie man Datenbanken vernetzt; sie sollten auch die Geschäftsprozesse in Produktionsunternehmen verstehen. Aber auch die Anwender*innen benötigen einen Blick über ihren eigenen Tellerrand hinaus, um betriebliche Zusammenhänge zu verstehen und diese beispielsweise in der Situation einer Weiterentwicklung eines ERP-Systems in den Prozess einbringen zu können. Doch selbst dann, wenn die Anpassung eines ERP-Systems an die betrieblichen Belange sehr gut gelingt, wird es immer wieder Situationen geben, in denen die Beschäftigten mit den systemimmanenten Grenzen dieser digitalen Technik konfrontiert werden.

4. Workarounds – das aktive Eingreifen der Beschäftigten als Notwendigkeit

In unseren empirischen Untersuchungen sind uns immer wieder Konstellationen geschildert worden, in denen Beschäftigte mit den Grenzen digitaler Technik konfrontiert sind. Die in den digitalen Anwendungen und Systemen abgebildeten Prozesse und Daten stimmen nie vollständig mit den realen Verhältnissen und Bedingungen überein. Dies zeugt nicht per se von einer Dysfunktionalität der Technik, sondern ist schlicht darin begründet, dass digitale Technik immer von den physischen Begebenheiten abstrahieren muss. In der Folge bleiben die digitale Abbildung physischer Prozesse und Zustände (beispielsweise zur Durchführung und Dokumentation von Kontrollen an bestimmten Prozessstellen) sowie die Digitalisierung ehemals physischer Vorgänge (beispielsweise die Ersetzung von Zeichnungen auf Papier durch digitale Zeichnungsdateien) immer entweder grundlegend unvollständig oder sie definieren Abläufe und Zusammenhänge, die im physischen Prozess anders gelagert sind oder gar nicht bestehen.

Diese Unvollständigkeiten und Abstraktionen können an unterschiedlichen Stellen auftreten; sie sind teilweise schon bei der Entwicklung der Systeme entstanden oder sie entstehen im Kontext aktueller Notwendigkeiten (etwa bei kurzfristigen Lieferänderungen, die im „Normalbetrieb" nicht vorgesehen sind und entsprechend im System nicht abbildbar sind).

In jedem Fall erfordern diese „Lücken" ein aktives Eingreifen der Beschäftigten: Im System vorgesehene Schritte müssen ausgelassen, umgangen oder in anderer Reihenfolge ausgeführt werden; Daten müssen an einer Stelle aufwendig generiert werden, die das System an anderer Stelle eigentlich bereithält; Daten, die das System fordert, aber nicht vorhanden sind, müssen simuliert werden etc. Die

Beschäftigten sprechen hier von „Workarounds“, die sie erzeugen müssen, um die Erfordernisse des Systems bedienen zu können. Sie arbeiten also nicht nur mit dem System, sondern sind immer wieder auch gezwungen, gegen das System zu arbeiten, es gleichsam „auszutricksen“.[3] Im Folgenden werden hierfür empirische Beispiele in der täglichen Arbeit in Produktionsunternehmen angeführt.

5. Grenzen der Vorausplanung

Das Bestreben, die vorhandenen technischen Ressourcen in der Fertigung optimal auszulasten und gleichzeitig eine unmittelbare Kopplung mit weiteren Unternehmensbereichen wie Controlling, Buchhaltung und Wartung herzustellen, hat in einem Unternehmen zu der Konsequenz geführt, dass strikte Zugriffsrechte auf Daten und Maschinen definiert werden. Aber diese vermeintlich exakte Planung kann die Flexibilität einschränken und zu Mehrarbeit führen: In der Arbeitsvorbereitung wird – unter verschiedenen Effizienzkriterien wie Auslastung der Maschinen, vorhandenen Programmierungen für bestimmte Maschinen usw. – festgelegt, auf welcher Maschine ein Auftrag gefertigt werden soll. Dabei können auch kleinste Flüchtigkeitsfehler den Stillstand für die Weiterbearbeitung dieses Teils bedeuten: Wenn im Arbeitsplan beispielsweise die Kostenstelle – d.h. die Maschine, an der der Auftrag bearbeitet werden soll – fehlt, kann der Werker nicht weitermachen. Selbst dann nicht, wenn es sich um ein schon aus früheren Aufträgen bekanntes Teil handelt und die weiteren Bearbeitungsschritte bekannt sind.

> „Dann […] kommt eben ein Arbeitsplan raus, […] wo die einzelnen Kostenstellen drauf sind. Das läuft alles über das System und die Leute können sich draußen (an den jeweiligen Maschinen) eben darauf anmelden. Und sie können sich nur darauf anmelden, wenn die Kostenstelle auch hinterlegt ist. Das heißt, wenn ich (der Arbeitsvorbereiter) das Kanten vergessen habe, dann kann das Ding ruhig an der Kantbank liegen. Er (der Werker) kann sie nicht anmachen, er kriegt noch nicht mal die Zeichnung auf.“

Die (starre) Festlegung der Kostenstellen kann die Flexibilität der Fertigung erheblich einschränken – mit allen daraus folgenden Konsequenzen wie einem

---

3 Dies ist nichts grundlegend Neues beim Einsatz von Technik: Solche Notwendigkeiten bei der Bedienung von technischen Anlagen ziehen sich durch alle Untersuchungen der letzten Jahrzehnte zum Technikeinsatz. Die Ergebnisse dieser Untersuchungen waren der Ausgangspunkt für die Entwicklung des Konzepts des subjektivierend-erfahrungsgeleiteten Arbeitens. Eine Zusammenstellung dieser Untersuchungen findet sich in dem von Fritz Böhle herausgegebenen Band „Arbeit als Subjektivierendes Handeln – Handlungsfähigkeit bei Unwägbarkeiten und Ungewissheit“ (2017a).

erhöhten Aufwand für die Umplanung oder sogar einem (kurzfristigen) Stillstand an bestimmten Bearbeitungsmaschinen. Wenn sich die geplante Vorgehensweise im konkreten Arbeitsablauf nicht realisieren lässt, können die Beschäftigten vor Ort nicht flexibel reagieren und den Auftrag kurzerhand auf einer anderen Maschine – beispielsweise an der Kantbank statt am Biegezentrum – abarbeiten. Stattdessen muss in der Arbeitsvorbereitung aufwendig ein neuer Arbeitsplan erstellt werden, wie ein Arbeitsvorbereiter berichtet:

> „Früher haben wir da so ein bisschen Mischmasch gemacht, Kanten und auch […] dieses Biegezentrum, das war im Prinzip egal. Die Leute konnten ihre Zeichnung angucken. Wenn jetzt in der Kalkulation aber das Biegezentrum drinsteht und wenn dann der Programmierer entschieden hat: ‚Das Teil mache ich nicht am Biegezentrum; ich mache es […] an der Kantbank', dann können die an der Kantbank es nicht kanten, weil sie die Zeichnung nicht aufmachen dürfen: Die Kostenstelle (für die Kantbank) ist nicht mit drin, das geht nicht. Dann bleibt unter Umständen also auch mal ein Auftrag liegen. […] Die (Werker) kommen höchstens mal genervt rein und sagen: ‚Ey Scheiße! Ich kann mich nicht anmelden!' Da musst du noch mal einen neuen Arbeitsplan machen. So, das ist eine Sache, die zu Unruhe führt, wenn die selber nicht weiterkommen. […] Beim Lasern genauso. Früher war das egal, was (welche Maschine) drin war. Die Leute haben das vorne gemacht, aber die können sich auch entsprechend nicht mehr anmelden, kriegen glaube ich auch noch nicht mal die Programme hochgezogen, wenn die entsprechende Kostenstelle nicht drin ist."

In der Konsequenz wird das Konstrukt „Plantag" auf eine neue Weise störanfällig: Ein Fehler zu Beginn des Prozesses oder eine Unwägbarkeit im Fertigungsablauf bringen den gesamten Fertigungsprozess zum Stillstand. Dies kann nur mit größerem Aufwand behoben werden.

Eine – für alle Beteiligten – besonders herausfordernde Situation entsteht, wenn das ERP-System insgesamt zum Stillstand kommt. In einem der untersuchten Unternehmen läuft das System nicht verlässlich, es arbeitet stellenweise äußerst langsam und stürzt auch immer mal wieder komplett ab. Der Umgang mit solchen Ausfällen ist insbesondere für Verantwortliche in der Produktion stressig und aufwendig, wie der Produktionsleiter beschreibt:

> „Die ganzen Rechner, die stürzen alle regelmäßig ab. Dann stehen die, dann kommen die Kollegen nicht weiter. Dann sehen sie halt nicht, was sie gerade rüsten sollen, dann sehen sie halt nicht, ja, wo besondere Hinweise noch mal drinstehen. Und ja, das ist dann halt sehr ätzend, zumal man dann ja auch keine Rundmail mehr schreiben kann: ‚Ach-

tung, die Rechner gehen nicht!' Die lesen es ja nicht. Und das ist natürlich dann wieder so ein Nachteil. Das ist ein zusätzlicher Faktor. Ich kriege bestimmt aus jeder Abteilung vier, fünf Anrufe: ,Der Rechner geht nicht.' Und das von jedem Kollegen. So, das heißt, ich kriege irgendwas bei 50 Anrufe, nur wegen dem einen Thema. […] Das ist wieder der Nachteil an so einer Geschichte (wie der Digitalisierung). Früher hatten wir an der Kantbank Ordner: Da war zu jedem Artikel die Zeichnung mit dem, wie es gerüstet werden soll, und dann konnte der arbeiten, und alles war gut."

ERP-Systeme werden auch deshalb eingeführt, um mehr Transparenz herzustellen. Allerdings müssen die vermeintlich exakten Daten nicht immer der Realität entsprechen. In einem Unternehmen ist das ERP-System top-down eingeführt worden. Ein Grund für die Einführung – neben anderen – war der Wunsch, bessere Daten zur Abrechnung der Aufträge zu bekommen.[4] So werden für jeden Auftrag Sollzeiten hinterlegt, in denen der Auftrag abgearbeitet werden soll. Stellt sich dann heraus, dass die Bearbeitungszeiten länger als geplant sind, hat das Unternehmen bei späteren Preisverhandlungen über Nachfolgeaufträge gute Argumente auf seiner Seite. Allerdings fühlen sich Beschäftigte in der Produktion durch solche Sollvorgaben oftmals kontrolliert: Aus Angst, wegen zu langer Bearbeitungszeiten gerügt zu werden, melden sie den Auftrag als fertig, obwohl die Bearbeitung noch nicht abgeschlossen ist. Damit ersparen sie sich lästige Nachfragen – aber der Auftrag kann somit nicht realitätsnah nachkalkuliert werden. Die Idee, alle Vorgänge im Unternehmen detailliert aufzeichnen zu können, stößt an ihre Grenzen:

„Oftmals wird sich (an den Produktionsmaschinen) angemeldet und gleich wieder abgemeldet, und dann können sie es ja trotzdem weiter bearbeiten, damit dann niemand sagen kann: ,Ja, warum hast du jetzt eine Stunde gebraucht, und nicht – wie kalkuliert – eine Dreiviertelstunde?' Kann ja auch […] wirklich Gründe geben. […] Dann kann man auch die Teile nachkalkulieren, um auch vielleicht das richtige Geld zu kriegen vom Kunden. […] Klar, ich kann die Kollegen verstehen: Da fühlt man sich kontrolliert. Aber andersrum ist es auch vom Kaufmännischen her eigentlich nur richtig, wenn die sich vernünftig anmelden und wir vernünftige Belegzeiten haben, um gegebenenfalls auch beim Kunden einfach zu sagen: ,Hier, statt einer brauchen wir drei Stunden, wir brauchen von dir zwei Stunden mehr Kostensätze.' […] Wir müssen da ja auch belegen können, warum. Das ist halt das

4 Dieser Grund ist offensichtlich im Unternehmen nicht so kommuniziert worden, dass er bei allen Beschäftigten „angekommen" ist.

> Problem mit dieser Technik, was alles aufzeichnet, wo man immer noch wieder Nachweise hat.“

Die von uns untersuchten Unternehmen stellen nicht nur Produkte ‚von der Stange’ her, sondern produzieren in unzähligen, nicht vorhersehbaren Varianten im Kundenauftrag. Unter diesen Voraussetzungen können nicht alle Daten im Vorhinein auf das Genaueste erfasst werden. So müssen die Kalkulationsgrundlagen nicht immer stimmen, wie aus einem Unternehmen mit kundenspezifischer Einzelfertigung berichtet wird. Für die dort hergestellten Produkte werden Materialien verwendet, die in unterschiedlich großen Stücken aus dem notwendigen Rohmaterial herausgeschnitten werden. Dabei gibt es immer eine bestimmte Menge an Verschnitt, d.h. an Material, das sich aufgrund seiner zu geringen Größe nicht mehr für die Produktion verwenden lässt. Aber wie groß der Verschnitt sein wird, ist nicht vorhersehbar. Man kann zwar grob mit 20 Prozent kalkulieren, aber dieser Wert kann bei einer Einzelteilfertigung je nach realisierten Aufträgen auch von der tatsächlichen Menge abweichen. Hier müssen die im System vorhandenen immer wieder mit den tatsächlich verfügbaren Beständen abgeglichen werden, wie eine Einkäuferin berichtet:

> „Das Problem ist halt bei dem System auch: Der rechnet quer über die sechs Meter hinweg. Also der sagt jetzt nicht: ‚Ich habe jetzt vier Schnitte à 1,30 Meter, da kriege ich eben bloß vier Schnitte aus der Lagerlänge.’ Sondern der rechnet dann die Schnitte darüber weg und rechnet das alles zusammen. Und […] dann muss ich mindestens – sage ich mal – 20 Prozent mehr im Jahr bestellen, weil ich mir dann sage. ‚Wir haben – sage ich mal – pro Auftrag immer so einen Verschnitt, der täglich ausgebucht wird. Aber das passt nicht immer ganz.’“

Es kann auch ganz andere Gründe für eine Abweichung der erfassten von den realen Daten geben. So muss der Ort, an dem die Ware systemseitig verzeichnet ist, nicht unbedingt der Ort sein, an dem sie sich tatsächlich befindet. Diese Differenz kann verschiedene Ursachen haben: So kann beispielsweise Ware nicht auf einen LKW verladen werden, weil dieser schon voll ist, oder es wurde schlicht vergessen, die Ware aufzuladen:

> „Sie haben vorher gefragt, ob wir wissen, wo die Ware ist. Das ist ein Knackpunkt. Da sind wir gerade am Diskutieren, wie wir das beheben können. Weil: Wir haben den Lieferschein da, wir haben im System alles so für uns quasi ersichtlich: ‚Hey, die Ware muss in A (dem Hauptsitz des Unternehmens) sein.’ Ist aber nicht immer der Fall. Also es passiert immer, dass Ware einfach oben (im Zweigwerk) liegenbleibt. Also dass sie von B (dem Zweigwerk) nicht hergebracht wurde. Systemseitig hergebracht wurde, ja! Aber physisch? Und das ist ärgerlich,

> weil erstens, wir haben den Lieferschein da, wir haben es im System drin, also in unserem Planungsprogramm, verplanen es (beispielsweise zur Auslieferung an den Kunden) und so weiter. [...] Zum Beispiel wurde die Ware verpackt, die haben‘s einfach nur stehenlassen, wirklich nur stehenlassen: Die ging nicht mehr auf den LKW.“

Die Differenz kann aber von den Beschäftigten auch mit Absicht hergestellt werden, beispielsweise um einen Auftrag bei Zeitknappheit trotzdem termingerecht ausliefern zu können. In einem Unternehmen vermelden die Beschäftigten aus der Fertigung auf Bitten der Logistik bei besonders eiligen Aufträgen bestimmte Waren schon als fertig produziert, obwohl der Auftrag noch nicht abschließend bearbeitet ist. Der Grund dafür: Die Lieferscheine können systemseitig erst dann ausgedruckt werden, wenn der Fertigungs- und Verpackungsprozess für diese Waren tatsächlich beendet ist. Und nur wenn die Lieferscheine vorhanden sind, kann diese Ware in die Tourenplanung für den LKW aufgenommen werden. Falls sich nun die Fertigung der Ware verzögert, sie aber auf jeden Fall mit auf den LKW geladen werden soll, müssen die Beschäftigten jenseits der systemseitigen Vorgaben einen Weg finden, damit die Ware trotzdem pünktlich ausgeliefert werden kann:

> „Auf der anderen Seite kann [...] man systemisch die Ware so abbilden, als wäre sie verpackt, fertig und so weiter, wenn‘s pressiert. Das heißt, die Ware soll dringend noch nach A (Stammsitz des Unternehmens) runter. Die melden das in der Fertigung als fertig produziert. Geben das aber noch nicht vor (zur Verladestelle), weil sie irgendwas noch nachmontieren, irgendwas noch dazugeben müssen. Dann steht das systemseitig in der Verpackung, die lassen da schon den Lieferschein raus, weil sie wissen: Das muss noch auf den LKW und die Lieferscheine in den roten Koffer. Sie geben alles schon mit, aber die Ware ist im Prinzip noch in der Fertigung.“

6. Fehlende oder falsche Daten

In den Unternehmen werden ERP-Systeme eingeführt, um größere Transparenz, bessere Kontrolle und mehr Planungssicherheit zu erlangen. Die generierten Daten erwecken dabei den Anschein von Unfehlbarkeit. Dabei gibt es eine Reihe von Gründen für Abweichungen zwischen Systemdaten und konkreten Zuständen und Zusammenhängen, beispielsweise: Teile aus dem Lager werden – weil es nicht anders möglich ist – nicht ausgebucht, sobald sie entnommen werden, sondern erst dann, wenn die Teile verbaut sind; der Verschnitt von Materialien kann systemseitig nicht adäquat erfasst werden; Lieferscheine und Waren laufen auf unterschiedlichen Wegen durch das Unternehmen; die tatsächlichen Arbeitszeiten entsprechen nicht den erfassten usw. Manche Abweichungen beruhen darauf, dass bestimmte Daten unternehmensseitig absichtlich nicht erfasst werden; andere darauf, dass bestimmte Daten aktuell nicht erfasst werden können.

In der Regel können Betroffene sehr genau erklären, warum Abweichungen zwischen Systemdaten und konkreten Zuständen bestehen und warum diese nicht ohne weiteres behoben werden können. Zumeist handelt es sich dabei um technische oder organisatorische Problemstellungen. Es kommen aber auch Fehler im physischen Arbeitsprozess vor, die negative Auswirkungen auf die Effektivität des digitalen Systems haben. Weit weniger häufig gründen die Abweichungen in Unkenntnis relevanter Systemzusammenhänge und daraus resultierendem falschem Umgang mit dem System.[5] In jedem Fall erfordern jedoch aus Abweichungen resultierende fehlende und falsche Daten eine unmittelbare Reaktion der Beschäftigten.

Fehlende oder falsche Daten können auf kritischen Entscheidungen bei der Konfiguration des ERP-Systems beruhen: Um die Datenmengen nicht ins Unendliche anwachsen zu lassen und den Aufwand zur Speicherung, Analyse und Bereitstellung überschaubar zu halten, hat man in einem mittelständischen Unternehmen entschieden, die Zahl der Abschnitte, an denen Daten erfasst werden, möglichst klein zu halten. Damit wollte man verhindern, dass das System zu komplex wird und zu weit ausufert: Wenn man im Produktionsprozess stattfindende Änderungen an jedem physischen Prozesspunkt erfasst, bedeutet dies einen Aufwand, der sowohl Zeit (man muss die Materialbewegung erfassen) als auch Geld (das System wird komplexer) kostet. Diese rationale Entscheidung hat aber dazu geführt, dass die tatsächlichen von den im System abgebildeten Lagerbeständen abweichen: Im Lager fehlt Material, das schon verbraucht wurde, obwohl es im System als noch vorhanden dargestellt wird. In der Konsequenz bewirken solche Abweichungen eine Unsicherheit, ob die Kundenaufträge auch wirklich termingerecht abgearbeitet werden können:

> „Wir sind von der Materialwirtschaft schlecht eingestellt. Das […] liegt einfach aktuell daran, dass es keine andere Lösung vom ERP-System her gibt. Also die IT unten, die sind schon dran. […] Das ist ein Realtime-System, aber wir haben zu wenige Abschnitte definiert im System, um unsere Lagerbestände besser zu überprüfen. Wir haben 20 Stück da liegen, haben einen Plantag und das System will zehn Stück (für einen Auftrag) haben. Es liegen aber (laut ERP-System) immer 20 da, solange

5 Eine aktive Widerständigkeit der Beschäftigten im Umgang mit dem System, beispielsweise im Sinne einer Veränderungsaversion, wurde in unseren Untersuchungen dagegen empirisch kaum festgestellt.

der Auftrag nicht auf dem LKW liegt. Und das ist für uns ein großes Problem, weil wir manchmal wirklich nur fünf Stück da haben."

Die Entscheidung, die Zahl der Abschnitte zu begrenzen, wurde im Prozess der Einführung des ERP-Systems getroffen. Die Konsequenzen dieser Entscheidung[6] sind erst im täglichen Umgang zutage getreten. Allerdings sind spätere Änderungen am System nicht von heute auf morgen zu realisieren. Aber sie sind notwendig, wie eine Key-Userin berichtet:

> „Das ist damals, ich will das jetzt nicht Fehlentscheidung nennen, das ist damals so entschieden worden, dass der Auftrag oder der Verbrauch der Materialien erst bei Fertigstellung des Produktes ausgebucht werden. […] Wir sind so schwammig. Du kannst nicht an den Platz (im Lager) gehen und sagen: ‚Ich sehe, hier sind jetzt noch zwölf drin.' ‚Nein, da liegen 30 drin (Lagerbestand laut ERP). Was ist das? Sind da jetzt wirklich welche im Umlauf oder war hier eine Inventur nicht richtig?' Das ist das, wo ich sage: ‚Da müssen wir noch gläserner werden.'"

Die ursprünglich getroffene Entscheidung wurde in Abwägung verschiedener konkurrierender Werte wie Echtzeitabbildung, handhabbare Datenmengen und Kosten getroffen. Die Priorisierung eines gemäßigten Umgangs mit knappen Ressourcen führte zur getroffenen Entscheidung, die nicht falsch war, die aber natürlich nicht alle Anforderungen erfüllen konnte. So werden nun – obwohl es sich in dem Unternehmen um ein sog. Echtzeitsystem handelt – die Daten nur zweimal am Tag aktualisiert. Eine wirkliche Echtzeitaktualisierung würde die Kapazitäten der zur Verfügung stehenden Server übersteigen. Das schon konfigurierte ERP-System kann also nicht ohne weiteres verändert werden: Eine Umprogrammierung ist nicht nur mit viel Aufwand verbunden, die vorhandene Hardware bietet auch nicht den notwendigen Spielraum für eine entsprechende Änderung.

Das Beispiel steht exemplarisch für ein in mittelständischen Unternehmen weit verbreitetes Dilemma: Nicht alles, was technisch (grundsätzlich) möglich ist, kann unter den gegebenen Rahmenbedingungen umgesetzt werden. In der Konsequenz müssen die Beschäftigten wissen, wo und wie sie in das ERP-System und jenseits des ERP-Systems eingreifen müssen. In dem genannten Beispiel gehen einige Planer*innen regelmäßig vor Ort, beobachten, ob bestimmte Lagerbestände plötzlich knapp werden, und teilen dies den anderen Abteilungen per E-Mail mit:

---

6 Es ist das Wesen von Entscheidungen, dass sie unter Unsicherheit getroffen werden. Vgl. dazu Neumer 2012 und 2013.

> „Wenn du das nicht übers E-Mail als direkten Hinweis mitbekommen würdest, dann kriegst du das nicht mit. Oder zu spät. Weil das System ja trotzdem so eingestellt ist, dass das jetzt nicht rund um die Uhr aktualisiert. Funktioniert nicht, solche Server können wir hier nicht reinstellen. […] Zweimal am Tag hast du diesen ERP-Lauf und zweimal diesen Wandlungslauf von Planauftrag in Fertigungsauftrag und über Nacht läuft ja immer der Job, dass der Kundenauftrag erstmal ein Planauftrag wird."

Dies ist ein geradezu klassisches Beispiel für die Notwendigkeit von Workarounds: Die bei der Einführung getroffene Entscheidung bezüglich der definierten Abschnitte bedeutet, dass sich die Beschäftigten nicht auf die im System hinterlegten Daten verlassen können und ihre Kolleg*innen per E-Mail über die tatsächlichen Ist-Bestände informieren müssen. Allerdings: Die Beschäftigten kennen die Hintergründe dieses Mankos und wissen, dass es nicht mit einem Federstrich abzustellen ist („Solche Server können wir hier nicht reinstellen"). Deshalb akzeptieren sie, dass in der aktuellen Situation Workarounds in Form von E-Mails notwendig sind.

Ein ERP-System muss gepflegt und bedient werden. Auch simple Fehler wie die falsche Hinterlegung eines Lagerortes können zu Problemen führen, die dann wiederum aufwendige Nacharbeiten nach sich ziehen:

> „Wir haben das Thema, was bei uns immer wieder vorkommt: Wir können unsere (LKW-)Tour nicht abschließen. Das heißt, wir wollen den Warenausgang buchen, und es ist nicht möglich, weil auf dem Lager, das für diese Lieferung hinterlegt wurde, kein Bestand drauf ist. Oder es ist das falsche Lager hinterlegt. Es greift dann auf einen Nullbestand zu, und dann kann man nichts ausbuchen. […] Dann schauen wir in den Auftrag vom Vertrieb, gucken uns das Lager an, springen in die Lieferung zurück, müssen alles ausbuchen, neues Lager hinterlegen, wieder einbuchen, kommissionieren und können es dann ausbuchen. Eigentlich nicht unsere Aufgabe. Machen wir trotzdem."

„Machen wir trotzdem": Dieser Satz weist darauf hin, dass die Beschäftigten hier wirklich mit dem System und nicht gegen das System arbeiten. Sie nehmen einen Extra-Aufwand in Kauf, ohne nach Schuldigen zu suchen, und beweisen damit Engagement und Verbundenheit. Dies kann ein Resultat der Tatsache sein, dass in diesem Unternehmen – im Vergleich zu anderen Firmen – doch relativ viele Beschäftigte an der Einführung des ERP-Systems beteiligt waren.

7. Fazit

Mit den hier exemplarisch beschriebenen, ganz alltäglichen Grenzen der Digitalisierung im praktischen Arbeitsprozess wird deutlich, dass trotz aller Strukturierung, formalen Regelung und Effizienzsteigerung der inner- und überbetrieblichen Abläufe durch digitale Technologien – insbesondere im Zusammenhang mit der Einführung und Weiterentwicklung von ERP-Systemen – die Beschäftigten dennoch in der Lage sein müssen, auch an den Grenzen des digitalen Systems und jenseits der formalen digitalen Strukturen verantwortlich zu handeln. Die Beispiele zeigen, dass der Einsatz digitaler Technik vielfältigen Einfluss auf Arbeitstätigkeiten und -prozesse hat und auch oftmals an ein und demselben Arbeitsplatz mit heterogenen Anforderungsentwicklungen einhergeht: Einerseits werden Beschäftigte in ihrem Arbeitshandeln zunehmend an teilautomatisierte Vorgaben und Ablaufstrukturen gebunden, andererseits erfordert der Einsatz digitaler Technik den täglichen Umgang mit spezifischen Herausforderungen und Unwägbarkeiten, die erst im Arbeitsprozess selbst zutage treten und situativ bearbeitet werden müssen. Beschäftigte müssen grundsätzlich aber gerade auch beim Umgang mit digitaler Technik aufgaben- und situationsbezogen handlungsfähig sein.

Grundlage dieser Handlungsfähigkeit sind zunächst einmal das auf den eigenen Arbeitsplatz bezogene fachliche Wissen und Können sowie das Wissen um die Funktionsweisen der digitalen Tools und deren Beherrschung.[7] Zugleich ist aber auch – mehr denn je – ein erfahrungsbasiertes Kontextwissen (vgl. Kapitel V) notwendig: Als ein praktisches, auf Erfahrung beruhendes Wissen über die Kontexte, die für die Erfüllung der eigenen Aufgaben zu berücksichtigen sind, sowie über Kooperationen, die zum Erwerb dieses Wissens notwendig sind, ist es besonders beim Umgang mit unvorhergesehenen Ereignissen und Unwägbarkeiten von genereller Bedeutung. Damit erhält dieses erfahrungsbasierte Kontextwissen gerade in Kontext der Digitalisierung und digitalen Vernetzung von Arbeit eine besondere Relevanz.

Beschäftigte benötigen also erfahrungsbasiertes Kontextwissen, um unter den Bedingungen der Digitalisierung aufgaben- und situationsbezogen handlungsfähig zu werden oder zu bleiben. Ihre eigene Arbeit steht immer mehr im Kontext von Informationen und Anforderungen aus anderen unternehmensinternen sowie -übergreifenden Arbeitsbereichen: Arbeit wird zunehmend digital vernetzt.

---

7 Diese Feststellung hat wichtige Konsequenzen für die Debatte um den Facharbeitermangel und aktuell zu beobachtende Strategien zum Umgang damit (Stichworte sind beispielsweise die „menschenleere Fabrik“, der „digitale Taylorismus“ oder auch die Idee der Produktion ohne Facharbeit), die an dieser Stelle jedoch nicht diskutiert werden können.

Gleichzeitig sorgt die zunehmende Überführung und Abbildung physischer Prozesse in digitale Anwendungen dafür, dass praktische Bedingungen und Gegebenheiten mit der Datenlage im digitalen System permanent in Abgleich gebracht und auftretende ‚Abstraktionslücken' bearbeitet werden müssen.

Diese Arbeit in und mit sich laufend weiterentwickelnden digitalisierten Systemen kann nur dann erfolgreich sein, wenn den Beschäftigten nicht nur die virtuelle, sondern auch die physische Welt sowohl im eigenen als auch in den vernetzten Arbeitsbereichen bekannt ist. Das hierfür notwendige erfahrungsbasierte Kontextwissen, das über die direkte eigene Arbeit hinausreicht, kann nur im Prozess der Arbeit im direkten Kontakt zu anderen Arbeitsbereichen erworben werden. Doch selbst bei qualifiziert-selbstverantwortlicher Arbeit bestehen diesbezüglich zum Teil massive Lernhemmnisse (vgl. Kapitel VIII), denen durch spezifische Ansätze lernförderlicher Arbeitsgestaltung begegnet werden muss: Formen des begleiteten Lernens sowie der Einsatz organisationaler und personalpolitischer Modelle können diesen Lernprozess der Beschäftigten unterstützen (vgl. Kapitel X und XII).

Lernförderliche Arbeit
und Lernhemmnisse bei wissensintensiver Arbeit

VII Wie kann Arbeiten lernförderlicher werden? Zur Neubestimmung des traditionellen Konzepts der lernförderlichen Arbeitsgestaltung

Jost Buschmeyer, Claudia Munz
(unter Mitarbeit von Elisa Hartmann und Nicolas Schrode)

Vor dem Hintergrund der sich verändernden Perspektive auf Wissensarbeit (siehe Kapitel IV bis VI), der zunehmenden Individualisierung von Dienstleistungen (vgl. Munz/Wagner/Hartmann 2012) und der Veränderung der Anforderungen im Alltagsbetrieb auch an Produktionsmitarbeitende (vgl. Buschmeyer/Gasch/Munz 2016) erhält der Ruf nach arbeitsintegrierten Lernformen in der Debatte um betriebliche Aus- und Weiterbildung neuen Nachdruck.

Dabei treten häufig zwei Missverständnisse auf, die in der Folge die Umsetzung von arbeitsintegriertem Lernen in der Praxis behindern. Erstens wird zwar oft von arbeits*integriertem* Lernen gesprochen – was dann allerdings umgesetzt wird, sind eher arbeitsplatz*nahe* Lernformen, die sich von klassischen Lehrformaten weniger durch eine andere Art des Lernens, sondern vor allem durch eine räumliche Nähe zum Arbeitsplatz und eine zeitlich kleinere Gliederung von Lerneinheiten unterscheiden: Statt ein Seminar zu besuchen, schaut sich der oder die Lernende auf einem Tablet ein Lehrvideo an (vgl. z.B. Ahrens 2018). Dabei bleibt aber oft die Trennung zwischen Arbeiten und Lernen bestehen. Wenn wir von arbeitsintegriertem Lernen sprechen, so meinen wir damit die tatsächliche *Verbindung von Arbeiten und Lernen*: Lernende lernen zu tun, was sie noch nicht können, *indem* sie *tun*, was sie noch nicht können, sie erwerben die erforderlichen Kompetenzen durch Tun – so lässt sich der Lernansatz als pädagogisches Paradox der Kompetenzentwicklung formulieren (vgl. Bauer et al. 2010). Der eigene Arbeitsprozess wird zum Lernanlass und zur Lerngelegenheit, die Lernenden lernen im Arbeitsprozess selbst und sollten dabei berufspädagogisch begleitet werden.

Dies führt zum zweiten Missverständnis: Oft trifft man in der Praxis auf die Vorstellung, arbeitsintegriertes Lernen könne „en passant" geschehen und bedürfe keiner gesonderten Aufmerksamkeit, didaktischen Gestaltung und geeigneten Rahmenbedingungen. Natürlich lernen Menschen vieles nebenher – jedoch bleibt dabei fraglich, ob dies tatsächlich zum Erwerb der fachlich benötigten neuen Kompetenzen führt. Insbesondere angesichts der zunehmenden Komplexität von Arbeitszusammenhängen, der hohen Arbeitsdichte und der zunehmend engen Taktung von Arbeitsprozessen ist Lernen am Arbeitsplatz in der Regel kein Selbstläufer. „Ohne didaktischen und organisatorischen Aufwand ist […] auch das Lernen im Arbeitsprozess nicht zu realisieren“ (Severing 2003). Erprobte und wirksame Konzepte zur didaktischen Gestaltung arbeitsintegrierter Lernprozesse liegen vor (Buschmeyer 2015). Und auch die Debatte um die notwendigen Rahmenbedingungen, die Lernen im Prozess der Arbeit unterstützen, ist schon viele Jahre alt. Seit den 1970er Jahren findet sie unter dem Label der ‚lernförderlichen Arbeitsgestaltung‘ statt.

Während sich die berufspädagogische Didaktik immer weiter entwickelt und arbeitsintegrierte Lernformen vielfach diskutiert sind, scheint die Debatte um eine lernförderliche Arbeitsgestaltung seltsam ‚altbacken‘ und hat nur wenig Einfluss auf aktuelle Bildungsdebatten. Entweder taucht die Perspektive gar nicht auf – wie etwa im aktuellen Weißbuch Arbeiten 4.0 des Bundesarbeitsministeriums (BMAS 2016) – oder sie ist einer gewissen Resignation über die ‚Lernfeindlichkeit‘ von modernen Arbeitsbedingungen gewichen (vgl. z.B. Ahrens 2018).

1. Das traditionelle Konzept lernförderlicher Arbeitsgestaltung und seine Defizite

Tatsächlich entwickelte sich das traditionelle Konzept lernförderlicher Arbeitsgestaltung in den 1960er und 1970er Jahren vor dem Hintergrund tayloristischer Arbeitsverhältnisse (Stichwort Fließbandarbeit) und der Beobachtung, dass diese Art des Arbeitens zu Dequalifizierung und Abstumpfung der Beschäftigten, zu Belastungen und gesundheitlichen Gefährdungen führt. Daher wurden erste Kriterien für lernförderliche Arbeit entwickelt, die sich vor allem auf die Arbeitsaufgaben, die Arbeitsorganisation und die Arbeitsumgebung richteten.

Zwar bildete das übergeordnete Ziel der Persönlichkeitsentwicklung der Arbeitenden einen wesentlichen Kern der Bemühungen um eine Humanisierung der Arbeitswelt. Bezogen auf die konkreteren Ziele eines Lernens im Prozess der Arbeit jedoch dominierte ein zweckrationales Verständnis, d.h. das Gelernte sollte sich einem unmittelbaren arbeitsbezogenen Verwertungskontext zuführen lassen. Im Zuge der Debatte um lebenslanges Lernen seit den 1990er Jahren verstärkte sich wieder die Sichtweise, Arbeitsgestaltung solle auch die persönliche Entfaltung der Arbeitenden fördern. Gleichzeitig wurde nun auch thematisiert, dass es einer bestimmten Unternehmenskultur bedarf, um Arbeit möglichst lernförderlich zu gestalten.

Von Anfang an kennzeichnen jedoch zwei entscheidende Defizite das traditionelle Konzept der lernförderlichen Arbeitsgestaltung: Zum ersten beinhaltete es keinerlei fundierte Aussagen über Lernen, also darüber, wie Lernen als Ereignis im Zusammenspiel zwischen Subjekt, Arbeitsprozess, Organisation und Rahmenbedingungen überhaupt stattfindet. Vielmehr blieb Lernen die theoretische

Leerstelle im Modell: Man nahm an, es würde schon irgendwie eintreten, wenn die Rahmenbedingungen nur die richtigen seien. Tatsächlich lässt sich aber in der Bildungspraxis beobachten, dass selbst unter den besten Rahmenbedingungen Beschäftigte nicht unbedingt lernen und dass Lernen umgekehrt auch unter unfreundlichsten Bedingungen dennoch stattfinden kann. Nun lässt sich natürlich einwenden, lernfreundliche Arbeitsgestaltung sei eben eine notwendige, aber nicht hinreichende Bedingung für Lernen. Aus unserer Sicht bleibt aber damit das Modell einem traditionellen Lernverständnis verhaftet, das wesentliche Erkenntnisse moderner Lernforschung außer Acht lässt und damit auch zu nicht zufriedenstellenden Ergebnissen kommt.

Inzwischen wissen wir, dass Lernen ein selbstgesteuerter und selbstbestimmter Prozess des oder der Lernenden ist. Er kann zwar von außen beeinflusst, gefördert oder behindert, jedoch nicht „herbeiorganisiert" werden – Lernen kann nur die Person, die sich zum Lernen entschließt. Damit Lernen stattfindet, bedarf es also deutlich mehr als einer bestimmten strukturellen Gestaltung: Es bedarf eines bestimmten Handelns in und mit diesen Strukturen, das einerseits durch die Art der Aufgabe und die sie rahmenden Bedingungen beeinflusst werden kann, das aber andererseits durch den Lernwillen des oder der Handelnden bestimmt und umgesetzt wird – was wiederum die Aufgabe und rahmenden Bedingungen beeinflusst.

Zum zweiten war das traditionelle Verständnis von lernförderlicher Arbeitsgestaltung ein Modell, das Arbeit *für* die Beschäftigten gestalten will. Dies wird dem Prozess der Arbeit nicht gerecht, der sich ja gerade im praktischen Tun der oder des Arbeitenden realisiert. Wie Arbeit konkret aussieht, was konkret im Prozess der Arbeit geschieht, ergibt sich in modernen Arbeitsverhältnissen ja gerade nicht quasi deduktiv aus den rahmenden Bedingungen, der Arbeitsplatzbeschreibung, dem Aufgabenprofil oder der Organisationsstruktur. In der aktuellen Arbeitswelt sind die meisten Arbeitsaufgaben und die dafür notwendigen Handlungsweisen und Arbeitsschritte nicht klar determiniert, sondern eher diffus: Die Aufgabenfelder sind dynamisch und werden an immer schnellere Veränderungen angepasst. Daher besteht in diesen unübersichtlichen und komplexen Aufgabenfeldern für die arbeitenden Menschen immer wieder die Notwendigkeit, Aufgaben zu interpretieren und sie auf die spezifische Handlungssituation hin zu konkretisieren. Damit aber gestalten faktisch die Beschäftigten ihre Arbeit selbst! Und damit besteht auch die Chance und Notwendigkeit, Arbeit im Vollzug der Arbeitssituationen selbst lernförderlicher zu gestalten.

Beides zeigt, dass der traditionelle Ansatz, Arbeit lernförderlich für jemanden gestalten zu wollen, zu kurz greift. Denn unterschiedliche Menschen lernen in unterschiedlichen Rahmenbedingungen und unterschiedlichen strukturellen Settings unterschiedlich und Unterschiedliches (zum konstruktivistischen Lernverständnis vgl. Arnold 2012). Damit aber muss sich das Augenmerk lernförderlicher Arbeitsgestaltung wesentlich deutlicher auf das arbeitende und lernende *Subjekt* richten und ihm die Möglichkeit geben, seine Arbeits- und Lernprozesse entscheidend mitzugestalten. Denn seine Interpretation der Strukturen, seine Disposition und Haltung und auch seine (Lern-)Kompetenz bestimmen nicht nur den Arbeitsprozess selbst, sondern auch die Lernförderlichkeit von Arbeit in hohem Maße.

2. Das Subjekt in den Blick nehmen

Betrachtet man das Thema aus der Perspektive des heutigen Standes der Lern- und Kompetenzforschung sowie der subjektorientierten Berufs- und Arbeitsforschung, so ergibt sich ein Bild, das dieses traditionelle Verständnis von lernförderlicher Arbeitsgestaltung „vom Kopf auf die Füße" stellt.

Ausgehend von der Erkenntnis, dass Menschen nicht zum Lernen gezwungen werden können (allenfalls zum Antrainieren bestimmter Fertigkeiten), bedeutet dies, dass zum einen die Bedingungen der von Seiten der Organisation gestellten Arbeiten/Aufgaben, zum anderen jedoch auch die von Seiten der Person gewünschten Entwicklungsziele und Lerninteressen in den Blick genommen werden müssen. Neben dieser Weitung des Blickes verschiebt sich aus unserer Sicht auch der Fokus: Lernförderlich oder nicht ist damit nicht (nur) „die" Arbeit (*was* gearbeitet wird), sondern insbesondere der Prozess der Arbeit, also die Art und Weise, *wie* gearbeitet wird. Es geht also letztendlich nicht um lernförderliche Arbeit, sondern um lernförderliches *Arbeiten*, als Prozess, als Handlungsweise, die sich zwischen dem handelnden Subjekt und der von ihm zu bearbeitenden Aufgabe über die Zeit aufspannt. Die Lernförderlichkeit des Arbeitsprozesses wird dabei im Spannungsfeld und Zusammenspiel der Person, die handelt (Haltung, Werte, Wissen und Kompetenzen, Lernstil etc.), durch die Art und Weise der Aufgabe (Sinn, Vollständigkeit, Erfahrungsoffenheit etc.) und von rahmenden Aspekten wie der Arbeitsumgebung, den Arbeitsmitteln, der Arbeitsorganisation und der Unternehmenskultur gestaltet (Abbildung 4).

Lernförderlichkeit von Arbeiten entsteht somit im Spannungsfeld dieser Aspekte. Sie dürfen dabei nicht additiv verstanden werden, sondern auch gerade in der Beziehung zueinander. Natürlich kann der Aufgabenzuschnitt ganzheitlicher und damit lernfreundlicher gestaltet werden. Gleichzeitig hängt es aber auch von der Interpretation der Aufgabe durch die Arbeitenden sowie von den rahmenden strukturellen und kulturellen Bedingungen ab, inwiefern Lernen tatsächlich eintritt: Selbst ganzheitliche Aufgaben können mit „Dienst nach Vorschrift" abgearbeitet werden. Andererseits können auch enge Aufgabenzuschnitte von Lernenden als Anlass genommen werden, sich mit ihrer Rolle im Unternehmen stärker zu beschäftigen – wenn dies etwa von der Unternehmenskultur begünstigt wird.

Ein Beispiel: Eine Ingenieurin hat die Aufgabe, in der Entwicklung einer neuen Produktionsanlage einen bestimmten Produktionsschritt zu planen und umzusetzen. Durchaus eine Arbeitsaufgabe, die die klassischen Kriterien der Lernförderlichkeit (vgl. Dehnbostel 2008b) erfüllt, da sie eine gewisse Vollständigkeit umfasst, komplex ist, Handlungsspielräume eröffnet und eine Chance für die Ingenieurin bietet, Neues auszuprobieren und zu lernen. Tatsächlich hängt aber die Frage, ob der Arbeitsprozess tatsächlich lernfreundlich ist, also Lernen stattfindet, stark von der Art und Weise ab, wie die Ingenieurin diese umsetzt. Geht sie einfach nur nach technischem Verständnis vor oder bezieht sie z.B. Sichtweisen und Erfahrungen von Kolleginnen und Kollegen ein, die später mit der Anlage arbeiten müssen? Sucht sie schnell nach Lösungen und legt sich fest oder lässt sie sich Zeit, zunächst einmal die Anforderungen genau zu analysieren und so vielleicht zu innovativeren Lösungsansätzen zu kommen? Nutzt sie das Projekt, um sich fachlich weiterzubilden und sich in unbekannte Gebiete zu begeben, oder versucht sie nur ihre bereits vorhandene fachliche Expertise umzusetzen? All diese Aspekte hängen nicht (nur) von der Arbeitsaufgabe ab, sondern (auch) stark von der Haltung und den Werten der Ingenieurin, von ihren Kompetenzen, sich auf unsichere und offene Prozesse einzulassen, mit interdisziplinären Austauschprozessen umzugehen, und von ihrer Bereitschaft, sich erfahrungsoffen auf den Prozess einzulassen, statt ihn nur einfach abzuarbeiten. Inwieweit ihr das gelingt, hängt aber wiederum von den rahmenden Bedingungen ab und der Frage, inwiefern diese die lernförderliche Umsetzung des Arbeitsprozesses fördern oder eher behindern (vgl. Kap. VIII): Ist die abteilungsübergreifende Kooperation überhaupt erwünscht oder gar zulässig? Lassen Zeitdruck und Zielsystem innovative Vorgehensweisen zu oder drängen sie zu einem kurzfristigen Abarbeiten von festgelegten Meilensteinen? Gibt es Kommunikationsräume und -gelegenheiten, in denen sich Betroffene und Planende begegnen, oder geht man sich traditionell eher aus dem Weg?

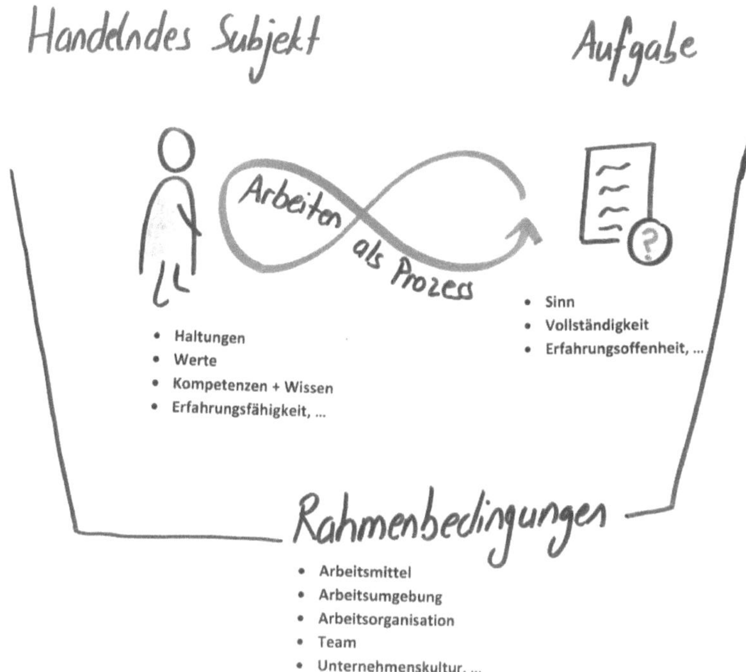

Abbildung 4: Lernförderliches Arbeiten als Spannungsfeld

Das Beispiel zeigt: Die Lernförderlichkeit des Arbeitens hängt davon ab, inwiefern Mitarbeitende ihren Arbeitsprozess als Lernprozess gestalten können und wollen. Sie sind nicht Zielobjekte von Lernfreundlichkeit, sondern Subjekte, die diese umsetzen und gestalten. Der Blick auf die Rahmenbedingungen sollte daher u.E. vom Subjekt her gedacht werden: Was braucht die oder der einzelne Mitarbeitende in einer bestimmten Arbeitssituation an Rahmenbedingungen und an Arbeitsaufgaben, um das von ihr oder ihm initiierte Lernen zu realisieren?

Diese Umkehrung der Perspektive macht aber auch zwei Dinge klar: Zum einen ist die Gestaltung der Lernförderlichkeit des Arbeitsprozesses eben keine organisatorische Aufgabe, die von Dritten für andere „getan" werden kann. Vielmehr erfordert sie die Kooperation unterschiedlichster Akteure, insbesondere aber der Mitarbeitenden selbst. Zum anderen lässt sich Lernförderlichkeit nicht generell und abstrakt quasi top-down regeln, sondern bedarf immer wieder der Klärung, Veränderung, Anpassung in unterschiedlichsten Situationen vor Ort. Sie ist also kein statischer Zustand, sondern realisiert sich vielmehr immer wieder neu in einem dynamischen Prozess. Im Zentrum steht dabei das arbeitende Subjekt, von dem aus der Prozess her gedacht wird und das auch zum Ausgangspunkt von Gestaltungsmaßnahmen genommen werden sollte (bottom-up).

Damit eine subjektorientierte Neufassung der bisherigen Ansätze lernförderlicher Arbeitsgestaltung möglich wird, ist es zunächst erforderlich zu fragen, welche neuen bzw. erweiterten Grundsätze und Kriterien dabei leitend sein sollen, und sodann diese Grundsätze in ein Modell zur Gestaltung und Koordination lernförderlichen Arbeitens zu überführen.

Im Projekt LerndA – Erfahrungsgeleitetes Lernen durch Arbeit wurden auf Grundlage der Ergebnisse der empirischen Erhebungen sowie auf Basis breiter theoriegeleiteter Arbeiten seitens der wissenschaftlichen Partner ISF München und GAB München die bisher vorliegenden Grundsätze bzw. Kriterien lernförderlicher Arbeitsgestaltung mit Bezug auf erfahrungsgeleitetes Arbeiten und Lernen bei wissensintensiven Tätigkeiten erweitert. Besonders hervorzuheben ist, dass die reformulierten Kriterien aktives Erfahrung-Machen im Arbeitsprozess betonen, da dieses für die Bewältigung der Arbeitsanforderungen unbedingt benötigt wird. Sie grenzen sich daher gegen die häufig vertretene Zielstellung einer allgemeinen Persönlichkeitsentwicklung ab, schließen jedoch die individuelle Kompetenzentwicklung ein, die im Ergebnis Kompetenzen hervorbringt, die über den spezifischen Arbeitsrahmen hinaus einsetzbar sind. Die neu entwickelten Grundsätze werden im folgenden Kapitel näher erläutert.

VIII Lernhemmnisse und Kriterien lernförderlicher Arbeitsgestaltung bei qualifiziert-selbstverantwortlicher Arbeit

Judith Neumer

Qualifizierte und selbstverantwortliche Arbeit bietet gegenüber repetitiv-tayloristisch organisierter Arbeit deutlich lernförderlichere Bedingungen (vgl. Bergmann 1996). Dennoch bestehen auch hier strukturelle Lernhemmnisse, die allerdings nicht ohne Weiteres erkennbar sind. Sie beziehen sich zum einen auf den Erwerb von Erfahrungswissen und zum anderen auf die klassischen Kriterien[1] lernförderlicher Arbeitsgestaltung, die bei qualifizierter, selbstverantwortlicher Arbeit erfüllt zu sein scheinen, wie Vollständigkeit der Arbeitstätigkeit, Handlungsspielräume und Selbstständigkeit, Information, Kooperation und Kommunikation, Variabilität, Komplexität, Feedback und Reflexivität (vgl. Bergmann 1996, S. 173 ff.; Dehnbostel 2008a, S. 6; Frieling et al. 2006, S. 44; Hacker 2015, S. 7).

Doch diese Kriterien lernförderlicher Arbeitsgestaltung bedürfen einer differenzierteren Betrachtung. Die Notwendigkeit einer jeweils arbeitsplatz- und situationsspezifischen Betrachtung und Konkretisierung wird in der einschlägigen Debatte seit geraumer Zeit formuliert. Frieling et al. (2006, S. 70f.) konstatieren, dass die einzelnen Kriterien nicht per se lernförderlich wirken, sondern sich sowohl wechselseitig positiv wie negativ beeinflussen können als auch in direkten Widerspruch zueinander geraten können. So kann beispielsweise eine hohe Komplexität überlastend wirken, kann negatives Feedback die Motivation zu selbstständigem Handeln verringern oder können permanente Kommunikationsanforderungen die Ressourcen zur individuellen Reflexion reduzieren. Die Auslegung und Wirkungsweise der Kriterien ist zudem stark von Fragen der Unternehmensstruktur (Zentralisierung/Dezentralisierung, Hierarchieebenen) und des Führungsstils abhängig sowie von individuellen Dispositionen der Arbeitenden (vgl. Dehnbostel 2008a, S. 6).

Mit den weiteren Ausführungen werden entsprechende Ambivalenzen und Schwierigkeiten bei der Durchsetzung lernförderlicher Arbeitsgestaltung genauer betrachtet, um anschließend Erweiterungen der Kriterien lernförderlicher Arbeitsgestaltung bei qualifizierter selbstverantwortlicher Arbeit vorzunehmen.

---

1 Es kann nicht behauptet werden, dass es eine allgemein akzeptierte Auflistung spezifischer Kriterien lernförderlicher Arbeitsgestaltung gebe. In der Literatur finden sich unterschiedliche Auflistungen und Benennungen von Kriterien, die sich jedoch inhaltlich hinreichend überschneiden, um „klassische" Kriterien benennen zu können.

Empirische Grundlagen für die folgenden Ausführungen sind die im Vorhergehenden dargestellten Untersuchungen. In ihrem Rahmen erfolgte neben der Analyse des Erfahrungswissens auch eine Analyse der Möglichkeiten und Hemmnisse für dessen Erwerb.

1. Lernhemmnisse bei qualifiziert-selbstverantwortlicher Arbeit

Technische Fachkräfte, die mit Entwicklungsaufgaben betraut sind (wie etwa im Betriebsmittelbau, aber auch in der Produktentwicklung oder Anlagenplanung) sind in ihrer täglichen Arbeit insbesondere mit Hindernissen für den Erwerb erfahrungsbasierten Kontextwissens konfrontiert. Da dieses spezifische Erfahrungswissen eine wichtige Grundlage für die sachgerechte Ausführung der eigenen Aufgaben bildet (vgl. Kapitel III bis VI), haben hierauf bezogene Lernhemmnisse einen äußerst kritischen Einfluss sowohl auf das subjektive Empfinden als auch auf die Effizienz und Effektivität von Arbeitsprozessen.

Eine grundlegende Herausforderung für Lernen im Prozess qualifiziert-selbstverantwortlicher Arbeit stellt die Ausbalancierung des Verhältnisses von Entwicklung eines umfangreichen Qualifikations- und Kompetenzportfolios einerseits und Spezialisierung bzw. Vertiefung in bestimmten Fachgebieten oder Anwendungsbereichen andererseits dar. Beschäftigte geraten hier in einen motivationalen Konflikt, wenn der Wunsch und/oder die inhaltliche Notwendigkeit der Vertiefung in einzelne Themengebiete die Chancen auf beruflichen Aufstieg verringert, so meint ein Ingenieur: „Länger als ein paar Jahre in einem Bereich ist schon gegen deine Karriere.“ Demgegenüber führt jedoch eine ‚Generalistenlaufbahn‘ ohne spezifische Vertiefungsgebiete zu der Problematik, sich in keinem Bereich grundlegend auszukennen. Technische Fachkräfte stehen hier vor der schwierigen Aufgabe, sich zwischen zwei potenziell gleichermaßen unbefriedigenden Entwicklungswegen zu entscheiden: der Entwicklung fachlicher Expertise auf Kosten des hierarchischen Aufstiegs einerseits und der Managementkarriere auf Kosten der fachlichen Expertise andererseits. Das klassische Modell des beruflichen Aufstiegs durch eine Führungskarriere und somit durch die immer weitere Entfernung aus dem operativen Bereich dominiert nach wie vor. Alternative Karrierepfade wie etwa der der Fachkarriere sind demgegenüber noch kaum etabliert. Beschäftigte im Bereich qualifiziert-selbstverantwortlicher Arbeit müssen sich daher in der Regel nach wie vor zwischen Karriere und fachlicher Expertise entscheiden. Dies macht es erforderlich, die Aufmerksamkeit für Lerninhalte nicht nur zu priorisieren (was grundlegend für jeden Lernprozess ist), sondern sich auch von spezifischen Lernfeldern bewusst abzuwenden, trotz bestehender arbeitsinhaltlicher Interessen.

Die Handlungsspielräume bei hochqualifizierten Tätigkeiten sind vergleichsweise groß. Vor allem in Projektarbeit sind IngenieurInnen zumeist mit komplexen Aufgaben betraut. Allerdings geht dies häufig einher mit engen Zuständigkeitsbereichen, die durch Abteilungsgrenzen definiert sind. Nicht die inhaltlich vollständige Arbeitsaufgabe, sondern organisationale Logiken bestimmen die Schneidung einzelner Abteilungen. Im Arbeitsalltag sind Berührungspunkte beispielsweise zwischen Betriebsmittelbau und Produktion mitunter kaum vorhanden. Aussagen wie „da gibt es dicke Mauern“[2] sind kennzeichnend für eine strikte Abgrenzung zwischen den Bereichen. Scheinbar ‚unüberwindliche Mauern‘ ruhen auf dem Fundament grundlegend unterschiedlicher inhaltlicher Foki und Arbeitskulturen in so verschiedenen Bereichen wie Entwicklung und Fertigung. Sie sind aber oft auch von Führungsseite induziert, indem vermittelt wird: „Mit denen sollen wir nicht reden.“ Dies erschwert wechselseitiges bereichsübergreifendes Lernen in Arbeitsprozessen und die Entwicklung eines umfassenden Blicks auf den eigenen Arbeitsgegenstand.

Der inhaltliche Austausch zwischen Beschäftigten unterschiedlicher Bereiche ist in einem solchen Umfeld auf stark formalisierte Meetings beschränkt. Arbeitsgegenstände und -prozesse können hier jedoch nur abstrakt in den Blick genommen werden, mikropolitisch aufgeladene Diskussionen erschweren die inhaltliche Kooperation zusätzlich. Ein informeller Austausch ‚vor Ort‘, also am Arbeitsplatz, an der Maschine, am Prüfstand o.Ä. ist hingegen organisational und unternehmenskulturell häufig nicht vorgesehen. Wenn in laufenden Prozessen (bei der Ausführung von konkreten Arbeitshandlungen) jedoch kaum bereichsübergreifend kooperiert wird, können Perspektiven und Hilfestellungen aus anderen Zusammenhängen kaum erfahren und integriert werden.

Ferner führen hoher, tendenziell zunehmender Leistungsdruck und indirekte Kontrolle durch Kennzahlensteuerung dazu, dass Problemstellungen nicht umfassend geklärt und bearbeitet, sondern unter Zeitdruck ‚abgearbeitet‘ oder mit nur kurz- bis mittelfristig wirksamen Behelfslösungen ‚umgangen‘ werden. Wenn „halt einfach gefühlt utopische Ziele gestellt“ werden und die Beschäftigten permanent „fire fighting“ betreiben müssen, können Fehler nicht gründlich eruiert und bearbeitet werden. Ungeplante Ereignisse erzeugen dann erheblichen Stress und zeitlichen Druck, sodass ein souveräner Umgang schwierig wird. Gerade der Umgang mit Fehlern und Unwägbarkeiten beinhaltet in der Regel beträchtliche Lern- und Reflexionspotenziale, die jedoch nicht genutzt werden kön-

---

2 Dieses und die weiteren Zitate sind wörtliche Aussagen von Interviewpartnern aus dem Betriebsmittelbau im Automotivebereich. Die Untersuchung von Lernhemmnissen konzentrierte sich speziell hierauf. Doch auch in den weiteren genannten Untersuchungsbereichen wurden die hier aufgeführten Lernhemmnisse identifiziert.

nen, wenn die Erreichung von Zielmarken permanent dringender ist als die Entwicklung guter Lösungen.

Das Denken in Bereichslogiken und eine mangelnde produktive Fehlerkultur führen schnell dazu, dass vor allem bei bereichsübergreifenden Fragestellungen Schuldzuweisungen dominieren, „da wird nicht nach Verbesserungen gesucht, sondern nach dem Schuldigen“. Konstruktives Feedback, das dazu dient, Sachfragen auf den Grund zu gehen, wird in einem solchen Zusammenhang schwierig, insbesondere wenn Beschäftigte mit der prinzipiellen Vorgabe einer Null-Fehler-Toleranz konfrontiert sind. Auch hier steht oft wiederum nicht die Lösung eines Problems, sondern das Abweisen von Verantwortung im Vordergrund. Aufgetretene Probleme werden daher mitunter verschwiegen. Dies stellt den Nährboden einer Angstkultur dar, die keinen Raum lässt, Wissenslücken zu benennen, Bedarfe zu deren Schließung zu formulieren und entsprechend lernförderlichen Austausch zu initiieren.

Die genannten Lernhemmnisse führen dazu, dass betroffenen Beschäftigten ein notwendiger Gesamtüberblick fehlt. Dies ist zu einem erheblichen Teil begründet im Mangel an informellem Austausch, der außerdem auch für die Klärung situativer Bedarfe unerlässlich ist. So wird trotz Aufgabenvielfalt und erweiterten Verantwortungsbereichen dann auch bei qualifiziert-selbstverantwortlicher Arbeit Isolation und Monotonie erfahren: „Man ist halt nur so ein Rädchen und hat selten sichtbare Ergebnisse.“ Bei qualifiziert-selbstverantwortlicher Tätigkeit sind es jedoch weniger aufgabenbezogen-inhaltliche Beschränkungen als vielmehr Hindernisse in der Arbeits- und Unternehmensorganisation, die Lernchancen drastisch verringern. In den beschriebenen Arbeitskontexten verlieren sich daher auch prinzipiell gesteigerte Partizipationschancen durch inhaltliche Beteiligung oftmals in Widersprüchen fremdorganisierter Selbstorganisation. Zeitdruck, Ressourcenknappheit sowie eine Verengung der Perspektive führen dazu, dass Fachkräfte sich auf ‚bekanntes Terrain‘ zurückziehen, anstatt inhaltlich produktive Lernerfahrungen zu machen. Das für die Erfüllung der eigenen Aufgaben notwendige erfahrungsbasierte Kontextwissen kann somit nur sehr begrenzt erworben und auch nur begrenzt laufend aktualisiert werden.

So kommt es trotz auf den ersten Blick lernförderlicher Rahmenbedingungen zu Lernhemmnissen bei qualifiziert-selbstverantwortlicher Arbeit, die im Folgenden tabellarisch aufgeführt sind (Tabelle 1). Im Vergleich mit repetitiv-tayloristischer Arbeit wird deutlich, dass bei qualifiziert-selbstverantwortlicher Arbeit einige Kriterien lernförderlicher Arbeit zwar erfüllt sind, zugleich aber dennoch – unter Bezug auf den Erwerb erfahrungsgeleiteten Kontextwissens – Lernhemmnisse bestehen.

Kriterien lernförderlicher Arbeit	Repetitiv-tayloristisch	Qualifiziert-selbstverantwortlich	
	Lernhemmend auf den ersten Blick	Lernförderlich auf den ersten Blick	Lernhemmend auf den zweiten Blick
Vollständiger Aufgabenzuschnitt und Variabilität	Inhaltlich begrenzte Einzeltätigkeiten	Vertiefte und erweiterte Aufgaben	Konflikt Spezialisierung vs. Generalistenlaufbahn
Handlungs- und Entscheidungsspielraum	Vorgegebene Handlungsweisen, geringe Entscheidungsspielräume	Mehr Handlungs- und Entscheidungsspielräume	Konflikt zw. Handlungs- und Entscheidungsspielräumen
Kommunikation und Kooperation	‚Austausch' durch Organisation und Technik	Kooperation als Teil der Arbeit	Extensive und belastende Meetingkultur
Zeitliche und leistungsbezogene Dispositionsspielräume	Leistungsverausgabung unter strikter Zeitvorgabe	Leistungsverausgabung mit Dispositionsspielräumen	Leistungsverausgabung unter permanentem Druck
Eigenkontrolle	Engmaschige Fremdkontrolle	Indirekte Kontrolle und Selbstkontrolle	Permanente Verschärfung von Benchmarks
Feedback und Fehlerkultur	Geringes Feedback; Fehlerbehebung nicht im eigenen Zuständigkeitsbereich	Feedback durch gesteigerte Kommunikation und Kooperation; Fehlerbehebung im eigenen Zuständigkeitsbereich	Wechselseitige Schuldzuweisungen bei Null-Fehler-Toleranz
Information und Transparenz	Informationszuteilung ohne Eingriffsmöglichkeit	Information und Transparenz durch Kooperation und Wissensaustausch	Fehlender Gesamtüberblick, Mangel an informellem Austausch
Partizipation	Geringe Gestaltungsmöglichkeiten	Freiräume in der Gestaltung der eigenen Arbeit	Widersprüche fremdorganisierter Selbstorganisation

Tabelle 1: Lernhemmnisse bei repetitiv-tayloristischer und bei qualifiziert-selbstverantwortlicher Arbeit (eigene Darstellung)

Obwohl die bekannten einschlägigen Kriterien der Lernförderlichkeit bei qualifiziert-selbstverantwortlicher Arbeit im Gegensatz zu tayloristisch organisierter Arbeit deutlich besser durchgesetzt sind, finden sich auch für diesen Bereich spezifische, strukturell angelegte Lernhemmnisse. Dies verweist auf die Notwendigkeit, die Kriterien lernförderlicher Arbeitsgestaltung für den Bereich qualifiziert-selbstverantwortlicher Arbeit zu erweitern.

2. Begründung einer Erweiterung der Kriterien lernförderlicher Arbeitsgestaltung

Die klassischen Kriterien der Lernförderlichkeit wurden mit kritischem Blick auf repetitiv-tayloristische Arbeitsorganisationsformen erarbeitet und sind auch bei moderner Arbeitsgestaltung nach wie vor maßgeblich. Gerade mit ihrer tendenziellen Durchsetzung im Bereich qualifizierter Arbeit wird jedoch deutlich, dass sie notwendig, aber nicht hinreichend sind. Sie bedürfen einer inhaltlichen Detaillierung, die sich sowohl auf das ‚Was' als auch auf das ‚Wie' des Lernens im Arbeitsprozess bezieht.

In der Diskussion um Lernhemmnisse und Lernförderlichkeit bei repetitiv-tayloristischen Tätigkeiten ging es seit den Anfängen der Debatte zur Humanisierung der Arbeit neben der Anforderung, Arbeitsinhalte und Handlungsspielräume zu erweitern und so fachliche Kompetenzen zu befördern, vor allem auch darum, Chancen für den Erwerb personaler und sozialer Kompetenzen zur Förderung der Persönlichkeitsentwicklung zu bieten. Dieser Anspruch nimmt seitdem einen prominenten Platz ein und ist eng mit der gesellschaftlichen Forderung nach einem emanzipatorischen Potenzial von Arbeit verbunden. Der traditionell starke Fokus auf den Aspekt der Persönlichkeitsförderlichkeit ist ohne Zweifel gerechtfertigt, führte jedoch auch dazu, dass bezüglich Lernen im Prozess der Arbeit die Frage nach den Chancen für den Erwerb sachlich-fachlichen Wissens in den Hintergrund trat. Dieser wurde überwiegend der formalen Fort- und Weiterbildung überantwortet, die in der Regel – selbst in einer arbeitsplatznahen oder -integrierten Ausgestaltung – jenseits der eigentlichen Ausführung der Arbeitstätigkeit angesiedelt ist. Hinsichtlich des ‚Was' muss es den vorliegenden Untersuchungsergebnissen zufolge aber wieder auch um ein Lernen im Prozess der Arbeit gehen, das für die fachliche Bewältigung der Arbeit selbst notwendig ist, insbesondere um den Erwerb von erfahrungsbasiertem Kontextwissen. Mit dieser neuen Perspektive darauf, was im Arbeitsprozess gelernt werden kann und muss, wird erst sichtbar, wie dieses Lernen vonstattengehen kann[3] und an welchen Kriterien sich eine entsprechende Arbeitsgestaltung orientieren sollte.

Die Akteure der Arbeitsgestaltung – Führungskräfte, Personalverantwortliche, Verantwortliche für die Organisation der Arbeitsprozesse, aber auch Beschäftigte selbst – erzeugen permanent Lern*bedingungen.* Ob diese der Bewältigung der Arbeit zuträglich sind, steht auf einem anderen Blatt. Arbeitsgestaltung, die, wie oben beschrieben, zwar deutliche Elemente von Lernförderlichkeit aufweist, gleichzeitig aber dennoch den Erwerb erfahrungsbasierten Kontextwissens verhindert oder erschwert, führt nachweislich dazu, dass andere („falsche")

---

[3] Für Beispiele konkreter Arbeitsgestaltungsmaßnahmen siehe die Kapitel X und XI.

Verhaltens- und Vorgehensweisen erlernt werden, wie beispielsweise Abschottung, Schuldzuschreibung usw. Auch dies sind individuelle Bewältigungsstrategien, die Beschäftigte im Prozess der Arbeit erlernen können. Die Frage nach dem ‚Wie' einer lernförderlichen Arbeitsgestaltung ist also mit dem Verweis allein auf Aspekte wie erweiterte Handlungsspielräume, Aufgabenvielfalt, gesteigerte Eigenkontrolle, erweiterte Kooperations- und Kommunikationsmöglichkeiten etc. noch nicht hinreichend geklärt. Im Folgenden werden die Kriterien lernförderlicher Arbeitsgestaltung daher bezüglich qualifiziert-selbstverantwortlicher Arbeit weiter ausbuchstabiert.

3. Erweiterung der Kriterien lernförderlicher Gestaltung von qualifiziert-selbstverantwortlicher Arbeit

Vollständiger Aufgabenzuschnitt und Variabilität: Umfassende und abwechslungsreiche Aufgabenzuschnitte müssen flankiert sein von der Möglichkeit, diese subjekt- und zielbezogen ausbalancieren zu können. Beschäftigte müssen also Einfluss darauf haben, mit welchen vielfältigen Aufgaben sie betraut werden. Hier geht es zum einen darum, eine Aufgabenzusammenstellung zu finden, die den individuellen inhaltlichen Interessen sowie subjektiven Lerndispositionen entspricht, also weder in Unterforderung verharrt noch permanente Überforderung induziert. Zum anderen darf ein vielfältiger Aufgabenzuschnitt nicht zu strukturellen Widersprüchen im Arbeitsprozess und zwischen evtl. zu differenzierenden Zielen führen. Schließlich sollten inhaltliche Interessen und Möglichkeiten für berufliche Weiterentwicklung, Anerkennung und Aufstieg nicht in grundlegende strukturelle Konflikte miteinander geraten. Dies erfordert eine Personalentwicklungsstrategie, die über das klassische Bild der Karriere durch hierarchischen Aufstieg hinausweist und ergänzende organisationale Strukturen der Anerkennung und Weiterentwicklung bietet.

Handlungs- und Entscheidungsspielraum: Der Handlungsspielraum im Rahmen der eigenen Tätigkeit (am eigenen Arbeitsplatz) muss im Sinne der Lernförderlichkeit um Zugangsmöglichkeiten zu anderen Arbeitsbereichen, in denen relevantes Kontextwissen erworben werden kann, ergänzt werden. Dies bedeutet in erster Linie, einen selbstbestimmten Zugang zu Kollegen anderer Bereiche zu haben, deren Vorgehensweisen und Arbeitsergebnisse für die eigene Tätigkeit relevant sind oder für die umgekehrt die eigenen Vorgehensweisen und Arbeitsergebnisse von Relevanz sind. Hierdurch erschließen sich wechselseitig immaterielle und materielle Ressourcen für den besseren Vollzug der je eigenen Arbeitsaufgaben. Die klassische Anforderung, im Sinne einer vollständigen Handlung möglichst umfassend auf die eigene Arbeit Einfluss nehmen zu können (Zielsetzung, Planung, Vorbereitung, Durchführung, Nachbereitung, Kontrolle, vgl.

Bergmann 1996, S. 175) muss also entsprechend um die Einbettung in eine betriebliche Organisation ergänzt werden, die eine kommunikative und handlungsbezogene Durchlässigkeit zwischen Bereichs- und Abteilungsgrenzen ermöglicht, um zielgerichteter und passgenauer auf die eigene Arbeit Einfluss nehmen zu können.

Kommunikation und Kooperation: Es ist weithin zu beobachten, dass betriebliche Kooperation und Kommunikation in inhaltlich und zeitlich vorab geplanten Abteilungs-, Projekt-, Teammeetings etc. stattfindet. Entsprechend haben Meetings und Besprechungen in der Regel einen formalen, planungsorientierten Charakter und sie finden jenseits der Kernarbeitstätigkeit in Besprechungsräumen statt, was oftmals zur Folge hat, dass spezifische Arbeitsgegenstände nur abstrakt in den Blick genommen werden können. Diese Umstände begrenzen die Chancen für den Erwerb erfahrungsbasierten Kontextwissens erheblich. Formaler Austausch ist notwendig und bezüglich vieler Themenstellungen sinnvoll. Dennoch kann er auch mit Schwierigkeiten einhergehen, die umso massiver wirken, je weniger Alternativen es zum formalen Austausch gibt, und die sich wiederum negativ auf den Erwerb relevanten Kontextwissens auswirken können.[4] Für eine lernförderliche Gestaltung von Kommunikation und Kooperation ist es daher zunächst ausschlaggebend, dass die Form des Austausches den konkreten Bedarfen und Themenstellungen entspricht – und dies können die Beteiligten selbst am besten beurteilen. Alternativen zum formalen Austausch sind Formen der informellen Kooperation und Kommunikation, die einen besseren Zugang zu impliziten Wissensbeständen eröffnen, beispielsweise im Rahmen von Communities of Practice oder durch die Praxis des Story Telling (vgl. Porschen 2008, S. 160ff.). Insbesondere die informelle Kommunikation und Kooperation in laufenden Arbeitsprozessen stellt einen guten Rahmen für den Erwerb erfahrungsbasierten Kontextwissens dar. Hier können Lernen im Prozess der Arbeit und „kooperativer Erfahrungstransfer“ (Porschen 2008, S. 202ff.) durch den gemeinsamen direkten Umgang mit dem Arbeitsgegenstand am Ort und im Prozess seiner Entstehung oder seines Einsatzes gelingen. Allerdings sind auch informelle Prozesse des Austausches und der Zusammenarbeit nicht per se lernförderlich. Sie bedürfen, ebenso wie formale Kooperation und Kommunikation, einer Haltung der Betei-

4 So sind typische Probleme in Unternehmen, die interne Kommunikation und Kooperation überwiegend formal organisieren – neben dem Abstrahierungsgrad und den oben benannten betriebspolitisch aufgeladenen Diskussionen, die sachlichem Austausch im Weg stehen –, die zeitliche Extensivierung (‚permanent in Besprechungen sein‘), die Verschiebung von dringenden Entscheidungen in folgende Besprechungen, der permanente Druck zur Absicherung von Aussagen und Rechtfertigung gegenüber den weiteren Teilnehmer*innen sowie die Generierung neuer Problemstellungen durch in diesem Sinne schwierige Gesprächsdynamiken (vgl. Bolte/Neumer/Porschen 2008).

ligten, die von wechselseitiger Wertschätzung sowie Bereitschaft zur Information und Unterstützung geprägt ist.

Zeitliche und leistungsbezogene Dispositionsspielräume: Das Verhältnis von zeitlichen Vorgaben und Leistungsanforderungen, bzw. zeitlichen und leistungsbezogenen Dispositionsspielräumen muss so beschaffen sein, dass Beschäftigte ihre Arbeit reflektierend begleiten, also Fragen erörtern können wie beispielsweise ‚Was tue ich?‘, ‚Wie tue ich etwas?‘, ‚Was kann ich wie beeinflussen?‘, ‚Worauf muss ich besonders achten?‘ etc. Dies muss sowohl jenseits der konkreten Arbeitshandlung, also als vor- oder nachgelagerte „reflection on action“ (Schön 1983) möglich sein. Aber vor allem auch während der Arbeitsausführung selbst ist es notwendig, sein Tun wahrnehmen zu können. Dies kann in Form einer kognitiven Reflexion erfolgen, als ein „reflection in action“ (ebd.), kann aber auch als eine spürende Wahrnehmung stattfinden oder damit verbunden sein, bspw. wenn Arbeitsmaterialien und Gegenstände (gleichsam ihre „Reaktionen“ und ihr „Verhalten“ im Bearbeitungsprozess) über die körperlichen Sinne erspürt werden (insb. Gehör und Tastsinn). Um bei der Arbeit lernen zu können, muss also die Möglichkeit bestehen, die eigene Leistungsverausgabung individuell zu regulieren, sowohl in zeitlicher als auch in inhaltlicher Hinsicht, so dass ein je situativ angemessenes Zusammenspiel von Aktion und Reflexion, also eine angemessene reflektierende Begleitung des eigenen Tuns, hergestellt werden kann. Dies ist die Voraussetzung für Korrigieren und Ausprobieren im eigenen Rhythmus, für die Bestimmung und Beeinflussung des Was und Wie der erfolgreichen Erledigung von Arbeit.

Eigenkontrolle: Die Möglichkeiten zur Eigenkontrolle im Rahmen indirekter Steuerung beziehen sich vor allem auf abstrakte Größen (Kennzahlen, Benchmarks) und (Teil-)Zielgrößen, sie abstrahieren daher vom eigentlichen Arbeitsprozess und seinen konkreten Gegebenheiten und Anforderungen. Dies lenkt den Blick systematisch weg von Möglichkeiten und Erfordernissen des Lernens im Prozess der Arbeit. Notwendig ist daher zumindest eine Flankierung abstrakter Kontroll- und Steuerungsmechanismen durch inhaltliches und prozessbezogenes Feedback über das eigene Arbeitshandeln. Das erfordert inhaltlichen Austausch mit KollegInnen, sowohl solchen, die eine besondere Nähe zum eigenen Arbeitsbereich aufweisen als auch solchen, die mit einem ganz unbefangenen Blick auf die eigene Arbeit schauen können. Besonders relevant ist die Möglichkeit, Rückmeldungen vom Arbeitsgegenstand und Arbeitsergebnis selbst zu erhalten. Hierfür muss man die Möglichkeit haben, zu erfahren, wie das eigene Arbeitsergebnis an anderer Stelle zum Einsatz kommt, wie damit umgegangen wird und welche Anforderungen daran gestellt werden. Der hierfür notwendige Austausch mit Kolleg*innen sollte also möglichst am Arbeitsgegenstand selbst erfolgen und nicht im Rahmen formaler Austauschrunden jenseits der eigentlichen Arbeitsvollzüge. Als sehr wertvoll zeigt es sich, vor Ort auch einmal selbst ausprobieren zu können, wie die eigenen Arbeitsergebnisse weiter genutzt werden.

Ein weiterer Aspekt von Eigenkontrolle allein anhand abstrahierender Werte und Ergebnisse ist der dadurch gesteigerte Zwang, eigene Leistungen permanent abstrahierend darstellen zu müssen. Wenn „unter dem Strich" nur das Ergebnis zählt, kann das für den Arbeitsprozess relative Freiheit bedeuten, so dass auch neue Wege ausprobiert werden können, ohne erst Erlaubnis einholen zu müssen, so dass auftretende Fehler bearbeitet und behoben werden können, ohne dass unmittelbar Sanktionen drohen. Derlei Möglichkeiten geraten jedoch bei hohem Zeit- und Leistungsdruck stark unter Druck. Zudem schränkt es den Raum für gemeinsame Reflexion ein, je mehr die Darstellung der eigenen Leistung vom Konkreten abstrahiert. Je weniger Relevanz die Gegebenheiten des Arbeitsprozesses für die Selbstdarstellung gegenüber KollegInnen und Vorgesetzten haben (bzw. haben darf), desto weniger Erkenntnisse können aus dem Arbeitsprozess für einen selbst, aber auch für andere gezogen werden. In diesem Zusammenhang suggerieren Aussagen wie „Wir wollen keine Rechtfertigungen, sondern Lösungen" eine konstruktive Fehlerkultur, dahinter steckt jedoch oftmals das Gegenteil: Es wird nicht die Möglichkeit gegeben, ein Problem zu durchdringen und zu beheben, sondern es werden schnelle Lösungen gefordert. Der Lösungsweg und die Frage der fachlichen Angemessenheit der Lösung bleiben dabei oft unterbeleuchtet, so dass wertvolle Lerninhalte verloren gehen. Insbesondere wird dadurch verpasst, den Umgang mit ungewissen Entwicklungen und uneindeutigen Problemlagen zu erlernen. In erster Linie wird dann gelernt, die Zahlen und Zielvorgaben zu bedienen. Der Blick auf das, was für das Gelingen des Arbeitsprozesses selbst notwendig wäre, gerät hierbei ins Hintertreffen.

Feedback und Fehlerkultur: Lernförderliches Feedback schließt Resonanz ein und das meint mehr als eine kategoriale Einordnung (beispielsweise: gut, verbesserungswürdig, schlecht etc.). Resonanz erfolgt unmittelbar auf das eigene Handeln, sie kann äußerst vielschichtig und komplex sein, etwa in der Kommunikation mit Kolleg*innen, Vorgesetzten und Kunden, bei der Rückmeldung durch den eigenen Arbeitsgegenstand während der Arbeitsausführung oder durch das eigene Arbeitsergebnis im Einsatz sowie beim Einblick in andere Arbeitsbereiche „vor Ort". Hierbei werden immer auch implizite Inhalte vermittelt wie z.B. Sinneseindrücke, Stimmungen oder auch Ambivalenzen und Uneindeutigkeiten, die nicht ohne weiteres expliziert werden können. Derlei Informationen sind diffus, stellen aber dennoch relevante Hinweise dar, deren Berücksichtigung ebenso wichtig sein kann wie die Berücksichtigung expliziter Hinweise. Resonanz kann am besten wahrgenommen werden, wenn das Feedback nicht nur formal und jenseits des Arbeitsprozesses erfolgt (etwa durch formale Beurteilungsinstrumente, Mitarbeitergespräche oder formale Besprechungen mit Kolleg*innen anderer Bereiche oder Kunden), sondern wenn auch im informellen Austausch im Arbeitsprozess selbst erfahren werden kann, was gut funktioniert und wo es Probleme gibt.

Eine produktive Fehlerkultur benötigt neben resonanzreichem Feedback auch eine konstruktive Reflexionskultur im Rahmen von alltäglicher Kooperation und Kommunikation. Es geht bei der Fehlerkultur also nicht nur darum, wie Fehler beurteilt werden (sind sie inakzeptabel oder werden sie als Lernchance begriffen?), sondern auch darum, in welcher Weise über Fehler nachgedacht wird. Eine konstruktive Reflexionskultur räumt der Klärung von Fehlern angemessene Zeit ein, erkennt den funktionalen Wert informellen Austausches und etabliert tragfähige wechselseitige Vertrauensverhältnisse, sodass Fehler und Probleme unmittelbar und angstfrei angesprochen sowie sachorientiert diskutiert werden können. Eine konstruktive Reflexionskultur erkennt Fehler als ein Grundelement sowohl menschlichen Handelns als auch technischer Entwicklungsprozesse an und betont die gemeinsame Verantwortung für einen produktiven Umgang mit ihnen.

Information und Transparenz: Die Bereitstellung von Informationen und die Herstellung von Transparenz durch a priori geplante Maßnahmen und in formal geregelten Abläufen ist ein bewährtes Mittel. Dies allein deckt in der Regel jedoch noch nicht die Bedarfe der Beschäftigten in laufenden Arbeitsprozessen ab, was sich insbesondere in vier Aspekten zeigt: Zum einen muss die Frage der Angemessenheit in den Blick genommen werden. Sowohl Informationsüberflutung als auch ein Mangel an aktuellen und relevanten Informationen behindern den Lernprozess. Wann welche Informationen jedoch zu viel sind oder ein Mangel besteht, wird in mancherlei Hinsicht erst im Arbeitsprozess selbst deutlich. Zum zweiten haben Informationsaustausch und die Erzeugung von Transparenz immer auch eine implizite Ebene, die – wie oben bezüglich Resonanz bereits dargestellt – durchaus eine fachliche Relevanz aufweist, insofern etwa die Wahrnehmung von Sinneseindrücken, Stimmungen und Uneindeutigkeiten sich auf Arbeitsgegenstände und -prozesse sowie Kommunikations- und Koordinationszusammenhänge bezieht. Der Austausch von derlei impliziten Informationen funktioniert vor allem im persönlichen Gespräch vor Ort. Zum dritten stellt Transparenz keinen Wert an sich dar. Es gilt also nicht: „je mehr Transparenz, desto besser“, das wird aktuell unter den Vorzeichen der zunehmenden Digitalisierung (nicht nur) der Arbeitswelt immer offensichtlicher. Transparenz kann auch zu einem Problem beim Lernen werden, sie kann zu viel oder an der falschen Stelle erzeugt werden, sie kann instrumentalisiert und gar zu einem Druckmittel werden. So kann es unter Umständen wichtig sein, eine Frage erst einmal unter vier Augen stellen zu können oder Lernbedarfe nur in ausgewählte Richtungen deutlich werden zu lassen. Meetings und Besprechungsrunden erweisen sich diesbezüglich in der Regel als unpassend und auch digitale Wissensmanagementsysteme sind zumeist auf größtmögliche Transparenz ausgelegt und vernachlässigen Bedarfe an Eingrenzung von Transparenz. Viertens schließlich werden einige Informationsbedarfe erst im laufenden Arbeitsprozess offensichtlich oder konkretisieren sich hier erst. All diese Aspekte machen deutlich, dass Informationsaustausch und Transparenz als wichtige Voraussetzungen von Lernprozessen nicht allein in geplanten Prozeduren und mittels formaler Festlegungen befördert werden sollten. Sie müssen zusätzlich auch von den Beschäftigten selbst in laufenden Arbeitsprozessen gestaltet werden können. Dies bedeutet in erster Linie, dass Beschäftigte einen selbstgesteuerten Zugang zu Informationen erhalten müssen, die im Arbeitsprozess für sie zusätzlich zu bereits formal erteilten Informationen relevant werden. Sie müssen als Expert*innen ihrer eigenen Arbeit Einfluss nehmen können auf Art, Inhalt und Umfang von Informationsaustausch und Transparenz. Der persönliche Austausch im nahen Umfeld, aber auch über weitere Bereiche hinweg ist hierfür maßgeblich.

Partizipation: In Unternehmen bedeutet Partizipation klassischerweise die Teilhabe an betrieblichen Entscheidungen. Teilhabe kann dabei Unterschiedliches bedeuten. Sie kann für eine bloße Information über anstehende Entscheidungen stehen, ohne Beteiligung an der Entscheidungsfindung selbst. Sie kann mit der Einholung der Meinung der Beschäftigten verbunden sein, die im Management dann bei der Entscheidungsfindung berücksichtigt wird. Sie kann für eine tatsächliche Beteiligung an der Entscheidungsfindung stehen. Partizipation im Sinne von Lernförderlichkeit muss den vorliegenden Erkenntnissen nach jedoch deutlich weiter gefasst werden. Es kann dabei nicht nur um die wie auch immer geartete Teilhabe an punktuellen betrieblichen Entscheidungen gehen. Um Lernen in der Arbeit nachhaltig zu verankern, müssen diese Modelle zwingend ergänzt werden: Lernförderliche Partizipation zeichnet sich dadurch aus, dass Beschäftigte zu Akteuren ihrer eigenen Arbeitsgestaltung werden und somit an der Gestaltung lernförderlicher Arbeit teilhaben. Nur wenn sie die Arbeitsbedingungen und deren Lernförderlichkeit faktisch mitgestalten können, erzeugt Partizipation Lernförderlichkeit und erzeugen lernförderliche Arbeitsbedingungen wiederum Partizipation. Partizipation ist in diesem Sinne nicht ein Kriterium unter vielen, sondern grundlegendes Moment von Lernförderlichkeit insgesamt und Voraussetzung zur Belebung aller zuvor diskutierten Kriterien lernförderlicher Arbeitsgestaltung.

Tabelle 2 fasst abschließend die erweiterten Kriterien lernförderlicher Arbeitsgestaltung bei qualifiziert-selbstverantwortlicher Arbeit zusammen.

Vollständiger Aufgabenzuschnitt und Variabilität	+	subjekt- und zielbezogene Balance
Handlungs- und Entscheidungsspielraum		selbstbestimmter Zugang zu Personen und Bereichen
Kommunikation und Kooperation		in laufenden Prozessen, wertschätzend, unterstützend
Zeitliche und leistungsbezogene Dispositionsspielräume		Aktion und Reflexion
Eigenkontrolle		Inhalte und Prozesse
Feedback und Fehlerkultur		Resonanz und Reflexionskultur
Information und Transparenz		selbstgesteuerter Zugang zu Informationen
Partizipation		Beschäftigte als Gestalter lernförderlicher Arbeit

Tabelle 2: Erweiterung der Kriterien lernförderlicher Arbeitsgestaltung (eigene Darstellung)

IX Lernförderliche Gestaltung des Arbeitsprozesses: Handlungsfelder und Akteure

Jost Buschmeyer, Claudia Munz, Judith Neumer

Mit den im vorhergehenden Kapitel dargelegten Ausführungen wird deutlich: Wenn es um lernförderliche Arbeitsgestaltung geht, ist es sinnvoll, das lernende Subjekt in den Mittelpunkt der Kriterien und der konkreten Arbeitsgestaltung zu stellen. Das bedeutet jedoch keineswegs, dass Beschäftigte für die Lernförderlichkeit ihrer Arbeit allein verantwortlich sind. Im Gegenteil ist es zwingende Unternehmensaufgabe, dafür Sorge zu tragen, dass Beschäftigte die *Möglichkeit* haben, ihre Arbeit lernförderlich zu gestalten. Damit ist eine Vielzahl von Personen(gruppen) adressiert, die je nach Unternehmen unterschiedliche sein können: Führungskräfte, Personalverantwortliche, aber auch Verantwortliche für Projektmanagemententwicklung und Prozessgestaltung oder die Entwicklung von Produktionssystemen. All diejenigen, die auf irgendeine Art und Weise mit der Gestaltung von organisatorischen, technischen und kulturellen Bedingungen befasst sind, setzen dabei auch die Eckpfeiler für Handlungsoptionen von Beschäftigten im Zusammenhang mit Lernen in laufenden Arbeitsprozessen. Sie bestimmen den Raum, in dem Beschäftigte als Expert*innen ihrer eigenen Arbeit handeln können – oder eben nicht.

Dabei können auch von den in Kapitel VIII vorgenommenen Erweiterungen der Kriterien lernförderlicher Arbeitsgestaltung keine objektiven und absoluten Zielmarken abgeleitet werden. Diese verweisen vielmehr auf Aspekte notwendiger Verständigungsprozesse unter den Akteuren lernförderlicher Arbeitsgestaltung. Letztendlich ist damit die Relevanz einer übergreifenden Lernkultur angesprochen. In der betrieblichen Praxis dominiert aktuell jedoch ein technizistischer Blick auf Lernen im Prozess der Arbeit, der vor allem durch technische Ansätze im betrieblichen Wissensmanagement geprägt ist. Wissensdatenbanken und betriebsinterne Social-Media-Angebote zielen vor allem darauf ab, passende oder ergänzende personelle Expertisen zusammenführen. Solche Instrumente können ein wichtiger Bestandteil lernförderlicher Arbeitsbedingungen sein, sie reichen allein jedoch nicht aus. Unabdingbar ist eine rahmende Lernkultur, als „Gesamtheit der Wertvorstellungen, Denkmuster, Handlungsweisen und Rahmenbedingungen" (Schmidt-Rathjens 2007) in einem Unternehmen, die sich radikal an den tatsächlichen Bedarfen der lernenden Subjekte orientiert und einen Sensus für die immer wieder notwendige Ausbalancierung von ‚Zuviel' und ‚Zuwenig' hat. Die am lernenden Subjekt ausgerichtete Ausbalancierung von Information und Transparenz, formaler und informeller Kooperation und Kommunikation, zeitlichen und leistungsbezogenen Anforderungen usw. ist wiederum ohne Dialog, Vertrauen und wechselseitige Anerkennung nicht zu bewältigen.

Nimmt man die in Kapitel VII angesprochene Bottom-up-Orientierung ernst, dann lassen sich zunächst folgende Ebenen und Handlungsfelder mit typischen Frage- und Aufgabenrichtungen unterscheiden:

1. *Ebene der Einzelperson.* Inwiefern stellen sich an die Person Anforderungen, ihre Arbeit selbst zu gestalten? Welcher Spielraum für eigenverantwortliches Handeln besteht? Welche Kompetenzen sind dafür bei der Person vorhanden und wie können diese gefördert werden? Welche strukturellen Bedingungen braucht die Person, um gut arbeiten und lernen zu können? Was kann sie selbst zum Erreichen dieser Bedingungen beitragen? Hier geht es z.B. um Aspekte wie: Was kann ich selbst tun, um meine Kompetenzentwicklung voranzubringen? Wie organisiere ich meinen Arbeits-Lern-Prozess so, dass ausreichend Raum für Erfahrung-Machen und Reflexion besteht? Kann ich eigenverantwortlich Kontakt zu angrenzenden Bereichen aufnehmen, um mehr über vor- und nachgelagerte Prozesse zu erfahren?
2. *Ebene der Zusammenarbeit mit anderen.* Hier sind Aspekte angesprochen wie: Welche verschiedenen Sichtweisen auf eine Sache gibt es, und wie tauschen wir uns darüber aus? Was können wir voneinander lernen? Was können wir zur Verbesserung unserer Arbeits- und Lernbedingungen aus eigener Kraft beitragen? Welche Lernhemmnisse identifizieren wir gemeinsam? Wie können wir diese dokumentieren, belegen und mit Vorgesetzten kommunizieren?
3. *Ebene der Organisationsstruktur.* Hier geht es um diejenigen strukturellen Bedingungen, die die Beschäftigten nicht allein gestalten können und für die der Austausch mit Vorgesetzten erforderlich ist.

Wie Abbildung 5 zeigt, ergeben sich aus den Fragen bzw. Aufgaben auf diesen drei Ebenen Anforderungen an organisationale Maßnahmen, die jeweils die Lernförderlichkeit von Unternehmenskultur, Arbeitsorganisation, Arbeitsaufgaben, Arbeitsprozess und Arbeitsmitteln sowie von Zusammenarbeit, Austausch und Feedback unterstützen.

Um einen solchen umfassenden Prozess der Neupositionierung lernförderlicher Arbeitsgestaltung in Organisationen anzustoßen und dauerhaft zu verankern, ist es aus unserer Sicht notwendig, die organisationale Verantwortung für lernförderliches Arbeiten neu zu definieren. Es reicht nicht aus, sie als eine Aufgabe unter vielen anderen beispielsweise in der Organisationseinheit Personal(entwicklung) anzusiedeln. Will man wirklich Ernst machen mit der lernförderlichen Gestaltung von Arbeiten, dann muss diese als *Querschnittsaufgabe* gesehen werden – analog zu Themen wie Gesundheit, Umweltschutz und Qualität –, die alle betrieblichen Bereiche umfasst.

Auf diesem Weg geben die beschriebenen Fragen und Aufgaben auf den drei Ebenen Individuum, Zusammenarbeit mit anderen und betriebliche Rahmenbedingungen Hinweise darauf, welcher Unterstützungsbedarf zur Realisierung lernförderlichen Arbeitens bestehen kann. Daraus ergeben sich dann auch die Ansprechpartner*innen, die entsprechende Maßnahmen einleiten: Gruppensprecher*innen, Teamleiter*innen, Fach- und disziplinarische Vorgesetzte. Diese allerdings können vermutlich nur auf jeweils ganz konkrete Lernhemmnisse bzw. Verbesserungsideen eingehen. Darüber hinaus braucht es eine formell verankerte, übergreifende betriebliche Verantwortung dafür, Arbeiten lernförderlicher zu gestalten.

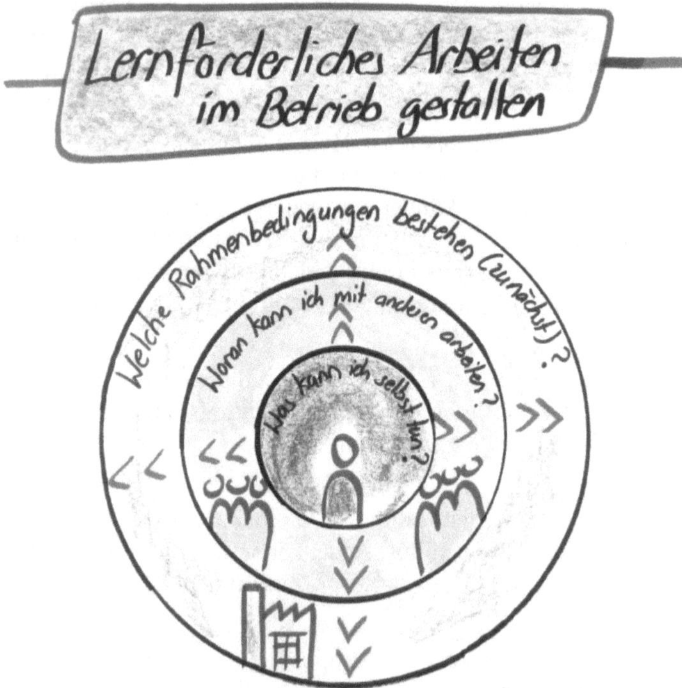

Abbildung 5: Gestaltungsmodell „Lernförderliches Arbeiten im Betrieb"

Wir sehen hier eine Parallele zur Qualitätssicherung und -entwicklung (QSE): Auch sie kann nicht verordnet, sondern muss von allen Beteiligten gelebt werden. Dennoch braucht es eine moderierende, koordinierende und initiative Funktion, im Fall QSE die Koordinator*innen. Ihre Aufgabe besteht kurz gefasst darin, das Thema, in diesem Fall Qualitätsarbeit, im Unternehmen als Verantwortliche zu vertreten, bei entsprechenden Fragen zu beraten, interne Maßnahmen unter dem Qualitätsgesichtspunkt zu prüfen, ggf. Vorschläge zu einer besseren Berücksichtigung zu machen und als koordinierende Anlaufstelle für Mitarbeitende der genannten drei Ebenen zu fungieren (vgl. Maurus et al. 2016).

Ein ähnliches Modell mit der Funktion einer „Koordination lernförderlicher Arbeitsgestaltung" könnte die Bemühungen um lernförderliches Arbeiten verantwortlich voranbringen, indem Erkenntnisse aus den Ebenen 1 und 2 kommuniziert und gebündelt werden. Eine solche Funktion könnte als Vermittlerin zwischen Beschäftigten und Organisation fungieren und dementsprechend auch Initiativen in Richtung Führung vorantreiben. Sie könnte darüber hinaus die Aufgabe eines Monitorings des Prozesses der Förderung lernförderlichen Arbeitens übernehmen, turnusmäßig an Beschäftigte und Führung berichten etc. Die Kernaufgaben einer solchen „Koordination lernförderlicher Arbeitsgestaltung" bestehen über alle drei Ebenen hinweg darin,

- Lernhemmnisse auf allen drei Ebenen zu identifizieren, zu dokumentieren und sie an die betrieblichen Entscheider*innen zu kommunizieren,
- Entscheider*innen die Auswirkungen von Lernhemmnissen auf Motivation und Produktivität der Mitarbeitenden zu verdeutlichen,
- Vorschläge zur Behebung der Lernhemmnisse mit den Betroffenen zu erarbeiten, diese Vorschläge den betrieblichen Entscheider*innen zu präsentieren und fachliche Unterstützung bei der Behebung zu leisten,
- in enger Zusammenarbeit mit Personalverantwortlichen besonderes Augenmerk auf die individuelle Kompetenzentwicklung der Mitarbeitenden zu legen und fachliche Unterstützung zu leisten,
- Lernende auf deren Initiative hin zu begleiten, sei es mittels individueller oder gruppenbezogener (Lerngruppen) Lernbegleitung,
- den sozialen Austausch zwischen Kolleg*innen sowie zwischen Mitarbeitenden und Vorgesetzten unter Lerngesichtspunkten zu fördern,
- maßgeblich zur Schaffung entsprechender Ermöglichungsstrukturen beizutragen und dabei insbesondere Perspektivenvielfalt und eine konstruktive Lern- und Fehlerkultur zu fördern.

Damit die Arbeit der „Koordination lernförderlicher Arbeitsgestaltung" tatsächlich zu Ergebnissen führt, ist es erforderlich, die Funktion mit entsprechenden Befugnissen auszustatten und auf hierarchisch höherer Stufe anzusiedeln.

Arbeitsintegriertes Lernen, also die Verbindung von Arbeits- und Lernprozessen, ist eine der effektivsten Lernformen, da sie unmittelbar berufliche Handlungskompetenzen fördert, Mitarbeitende befähigt, mit höchst unterschiedlichen und überraschenden Situationen professionell umzugehen, und in der Regel die Zufriedenheit von Mitarbeitenden deutlich erhöht. Allerdings ist sie in der Gestaltung durchaus anspruchsvoll, erfordert sie doch auch Strukturen, die selbst ein (organisationales) Lernen ermöglichen und fördern.

Modelle lernförderlicher Arbeitsgestaltung

X Kontextwissen erfahrungsgeleitet erwerben

Elisa Hartmann, Nicolas Schrode

XI Personengebundene Simulation als erfahrungsgeleitetes Lernen

Eckhard Heidling, Barbara Klug, Werner vom Eyser

XII Personalpolitische Modelle,
die den Erwerb von Kontextwissen unterstützen

Annegret Bolte

X Kontextwissen erfahrungsgeleitet erwerben

Elisa Hartmann, Nicolas Schrode
(unter Mitarbeit von Jost Buschmeyer und Claudia Munz)

In allen beruflichen Tätigkeiten ist Fachwissen von (hoher) Bedeutung. Zugleich gilt: Fachwissen reicht nicht aus, um handlungsfähig zu werden. Zum einen ist Wissen noch keine Kompetenz (Arnold/Erpenbeck 2014), denn diese umfasst über Wissen hinaus Fähigkeiten, Fertigkeiten und verinnerlichte Werte (vgl. Erpenbeck/Rosenstiel 2017, S. XIII). Zum anderen ist Fachwissen auch nicht das einzige Wissen, das menschliches Handeln orientiert. Dass wir vieles auch tun können, ohne es in Worten ausdrücken zu können, verweist auf die Existenz von implizitem Wissen (Polanyi 1966).

Um beruflich handlungsfähig zu werden, braucht es unterschiedliche Arten von Wissen. Darunter ist auch ein umfassendes Wissen über den Kontext, in dem man beruflich handelt. Wir bezeichnen dieses Wissen als Kontextwissen.

In diesem Beitrag wird ein (Lern-)Konzept für den erfahrungsgeleiteten Erwerb von Kontextwissen vorgestellt, das im Rahmen des Projekts „LerndA – Lernen durch Arbeit“ entwickelt und in einem beteiligten Betrieb erprobt wurde. An eine Klärung der Begriffe schließt eine konkrete Darstellung des Lernkonzepts an. Abschließend werden mögliche Beiträge des Konzepts zu betrieblichem Lernen skizziert.

1. Was ist erfahrungsgeleitetes Kontextwissen?

Bei einer Befragung des ISF München und der GAB München im Rahmen des Projekts „LerndA – Lernen durch Arbeit“ (siehe Kapitel V) nannten Berufspraktiker*innen aus dem Betriebsmittelbau eines Automobilherstellers folgende Wissensinhalte, die – jenseits ihres Fachwissens – für ihre Handlungsfähigkeit entscheidend seien:

- Wie wirken sich die vor- und nachgelagerten Prozesse auf meine Arbeit aus? Wie wirkt sich meine Arbeit auf sie aus?
- Wie ticken die angrenzenden Bereiche? Was ist den Kolleg*innen dort wichtig und warum? Was sind die Interessenlagen und Ziele einzelner Personen und Abteilungen?
- Wie sind die (informellen) Rollen und Zuständigkeiten verteilt?
- Wie wird mit betrieblichen Standardprozessen in der Realität umgegangen?
- Wie groß sind meine Freiheitsgrade und welche Leitplanken brauche ich?

- Wer ist der richtige Ansprechpartner wofür?

All dies sind Wissensinhalte, die in keinem Lehrbuch (objektives bzw. objektiviertes Wissen), aber auch in keinem betrieblichen Regelwerk im Sinne von Standards und Verfahrensbeschreibungen etc. (Regelwissen) nachgelesen werden können (Buschmeyer et al. 2018). Erfahrungsgeleitetes Kontextwissen ist ein ‚Wissen'[1], das die anderen Wissensformen um eine Erfahrungsdimension ergänzt: Es wird durch das Machen von Erfahrungen erworben (ebd.). Es ist ein Wissen, das implizit ist. Die Berufspraktiker sind sich der Relevanz dieses Wissen bewusst: „Wir brauchen Kontextwissen" (vgl. Heidling et al. 2018b, S. 42f.).

2. Wie kann Kontextwissen erworben werden?

Das Kontextwissen ist beschreibbar, aber nicht formalisierbar. Es ist subjektiv unterschiedlich gefärbt und kann durch Erfahrung erworben werden. Der Weg zum Kontextwissen, so die landläufige Meinung, ist ein eher ungeplanter und unsystematischer. Der eine ‚hat's schneller raus' oder ‚schneller drauf', der andere braucht länger, ein Dritter ‚lernt's nie'.

Versuche der Formalisierung, um auf diese Weise einen systematischen Lernweg anzusetzen, bleiben oft ergebnislos: Digitale Plattformen zur Weitergabe von Erfahrungen entfalten nur eingeschränkt die gewünschte Wirkung; in Simulationen und Planspielen gelingt es nur bedingt, Kontextwissen zu vermitteln, weil sie darauf beruhen, Komplexität zu reduzieren. Sie sind immer nur eine Nachbildung von realen Kontexten, in denen die Komplexität der realen Arbeitsverhältnisse nie vollständig berücksichtigt werden kann. Der Erwerb von Kontextwissen setzt aber gerade diese Komplexität voraus.

Wege, die versuchen, Kontextwissen zu abstrahieren und zu verdinglichen, um es in gewohnte Lern-Settings zu überführen, wie Fortbildungen oder E-Learning-Programme, verkennen die Wesensmerkmale des Kontextwissens: hochgradige Individualität und Dynamik.[2]

---

1 Es ist zu diskutieren, ob der Begriff des Wissens überhaupt hinreichend ist, da, wie weiter unten ersichtlich wird, auch Aspekte des Könnens hinzutreten.

2 Es ist *individuell* und lebendig, weil es in einem Prozess des aktiven physischen und psychischen Erfahrung-Machens eines Menschen (mit all seinen Stärken, Fähigkeiten, Ecken und Kanten und sonstigen Eigenschaften) auf dessen ganz eigene Art und Weise erworben und verinnerlicht wird. Es ist *dynamisch*, weil Menschen immer lernen (heute sagt man auch gern: lebenslang lernen) und sich ihr Wissen damit in einem ständigen Umbauprozess befindet. Nur niedergeschriebenes Wissen verliert – ab dem Zustand des Niedergeschriebenseins – seine Dynamik, wird statisch, da es nun in diesem Zustand fixiert ist.

Doch bedeutet dies, dass der Erwerb von Kontextwissen nicht systematisierbar ist? Ja *und* nein. Denn es kommt für die Beantwortung dieser Frage zum einen darauf an, was man unter „systematisierbar" versteht, und zum anderen darauf, *was* man für den Erwerb von Kontextwissen systematisieren will: das Kontextwissen selbst oder dessen Erwerb. Im Folgenden wird ein im Projekt LerndA entwickeltes Konzept beschrieben, in dem ein systematischer arbeitsintegrierter und erfahrungsgeleiteter Erwerb des Kontextwissens erarbeitet wurde, mit Berücksichtigung der Eingebundenheit des Kontextwissens in die Arbeitsrealität. Damit wurde ein Weg gefunden, in dem Kontextwissen systematisch erlernt werden kann, ohne es durch Formalisierung auszuhöhlen und damit seines eigentlichen Wesens zu berauben.

3. Das Lernkonzept

Didaktisch gesehen folgt das Erlernen von Kontextwissen einem Doppeldecker-Modell des Kompetenzlernens: Zum einen wird im Handeln und Machen von Erfahrungen Kontextwissen erworben, zum anderen entsteht *in* diesem Erwerb von Kontextwissen zunehmend die Fähigkeit, Kontextwissen erfahrungsgeleitet zu erwerben. Das zugrunde gelegte „erfahrungsgeleitete Arbeiten und Lernen" (Bauer et al. 2006) bedeutet, sich aktiv Erfahrungsgelegenheiten zu erschließen und sich von diesen Erfahrungen in seinem Handeln leiten zu lassen. Objektivierende (auf Exaktheit, Fachwissen, analytischem Denken, planmäßigem Vorgehen und auf einer Beziehung der Sachlichkeit beruhende) und subjektivierende (auf Sinnesempfindungen, Assoziationen und Gefühl, einem dialogisch-explorativen Vorgehen und einer Beziehung der Nähe beruhende) Anteile werden dabei situativ verbunden und gleichberechtigt eingesetzt (vgl. Kapitel III).

Indem also Lernende sich unter Nutzung dieser beiden menschlichen Vermögen Kontextwissen selbst aktiv im Betrieb erschließen, erwerben sie dieses und lernen im Reflektieren ihres Vorgehens dabei, *wie* sie sich Kontextwissen effektiv erschließen können (und wo mögliche Fallstricke hierfür liegen).

Der erfahrungsgeleitete Ansatz ist für diesen Lernprozess zentral, denn: Wie beispielsweise bestimmte Unternehmensbereiche ‚ticken' oder was in vor- oder nachgelagerten Prozessen wichtig ist, kann schlicht nicht nachgelesen oder vermittelt werden. Es muss selbst erfahren werden. Der erfahrungsgeleitete Lernansatz baut daher in Anlehnung an Action Learning auf dem Grundsatz auf, dass „echte Menschen echte Probleme in Echtzeit bewältigen" (Revans 1999, S. 31).

Von hoher Bedeutung für jedwedes Handlungslernen ist die Reflexion der im Handeln gemachten Erfahrungen als Möglichkeit, daraus Erkenntnisse, Wissen, bewusste Fähigkeiten oder Haltungen und Werte zu generieren.

Vor dem Hintergrund dieser Überlegungen enthält das Umsetzungskonzept für den erfahrungsgeleiteten Erwerb von Kontextwissen folgende Elemente:

- Lerngruppe mit regelmäßigen Treffen in Workshops,
- Vor-Ort-Erkundungen,
- individuelle Praxisprojekte.

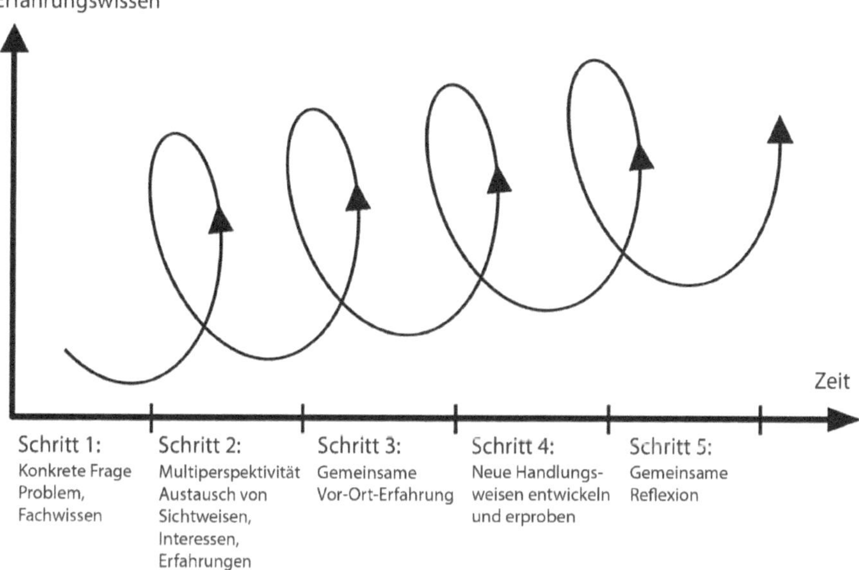

Abbildung 6: Fünfstufige Lernspirale (Quelle: Buschmeyer et al. 2018)

Ausgangspunkt für den erfahrungsgeleiteten Erwerb von Kontextwissen ist die eigene Fragestellung oder ein spezifisches Problem (Schritt 1 in Abbildung 6). Hieraus definieren die Lernenden ein Praxisprojekt, in dessen Erarbeitung sie handelnd ein für sie relevantes Problem lösen bzw. einer Fragestellung nachgehen. Unter einem individuellen Praxisprojekt ist also die arbeitsintegrierte Bearbeitung einer Herausforderung in der eigenen Arbeit zu verstehen.

Die Vor-Ort-Erkundungen sind als vorbereitende Elemente und erste Schritte für das individuelle Praxisprojekt zu begreifen. Sie erlauben es, andere Sichtweisen auf die eigene Fragestellung oder das eigene Problem kennenzulernen und Erfahrungen und Interessen dazu auszutauschen (Schritt 2). Bei den Erkundungen schärft sich gewöhnlich die individuelle Frage- oder Problemstellung aus. Da eine Vielzahl von individuellen Frage- oder Problemstellungen im betrieblichen

Alltag auch für andere (z.B. Kolleg*innen aus angrenzenden Bereichen) handlungsrelevant ist, macht der oder die Lernende im nächsten Schritt gezielt Vor-Ort-Erfahrungen (beispielsweise ein Ingenieur in der Fertigung oder eine Entwicklerin im Vertrieb; Schritt 3).

Auf Grundlage der gemachten Erfahrungen und deren individueller Reflexion, die durch die Lerngruppen kollektiv unterstützt werden kann, entwickelt der oder die Lernende neue Handlungsweisen und erprobt diese (z.B. beachten ein Ingenieur oder eine Entwicklerin bestimmte neu in Erfahrung gebrachte Aspekte bei der Planung, die sie bisher nicht im Blick hatten, weil ihnen ihre Bedeutung nicht klar war; Schritt 4). Abgeschlossen wird ein solcher erfahrungsgeleiteter Lernzyklus mit einer gemeinsamen Reflexion (Schritt 5). Reflexionspartner*innen sind dabei zum einen diejenigen Personen, mit denen man die Vor-Ort-Erfahrungen gemacht hat, zum anderen die Teilnehmerinnen und Teilnehmer der Lerngruppe, die selbst ein solches individuelles Praxisprojekt durchgeführt haben.

Begleitet wird der gesamte Prozess von Lernbegleiter*innen (LB), die das Konzept des erfahrungsgeleiteten Arbeitens und Lernens praktisch und theoretisch kennen und Kompetenzen in der Lernprozessbegleitung mitbringen.

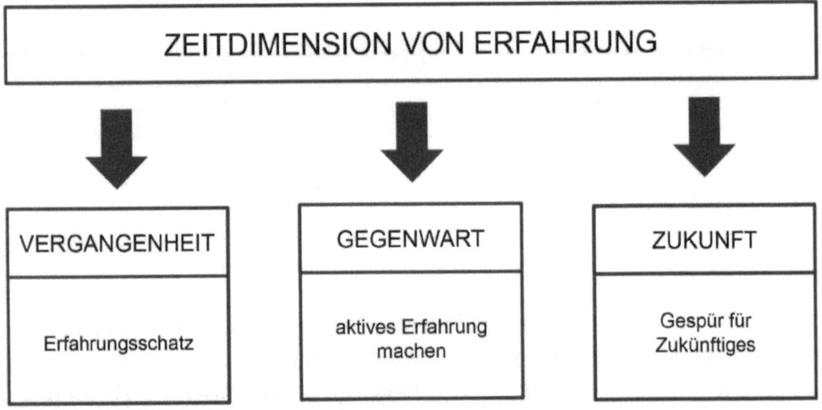

Abbildung 7: Zeitdimensionen von Erfahrung

Ein entsprechender Lernprozess zielt also auf Erfahrung – und dabei keineswegs nur auf die Aktivierung vorhandener Erfahrung der Lernenden in der Vergangenheit, sondern insbesondere auch auf das konkrete ‚Erfahrungen-Machen' im Kontext der eigenen Arbeit (Gegenwart) sowie die Förderung eines proaktiven, stärker intuitions- und wahrnehmungsgeleiteten Gespürs für sich abzeichnende Entwicklungen und Möglichkeiten (Zukunft) (siehe Abbildung 7).

4. Der Lernweg

Wird Kontextwissen als wesentlich für die berufliche Handlungsfähigkeit angesehen und erkannt, dass dessen Erwerb systematisiert werden kann, stellt sich die Frage, wie ein konkreter Lernweg aussehen kann. Im Folgenden zeigen wir beispielhaft eine Lösung auf. Diese zeichnet sich aus durch einen Wechsel von Workshops und Praxisphasen, in denen die Lernenden an ihren eigenen Praxisprojekten arbeiten und Erfahrung sammeln können. In den Workshops werden die Erfahrungen reflektiert und somit der Lernertrag gesichert, aber auch die Vorteile des Lernens in der Gruppe genutzt. Es handelt sich damit um eine selbstorganisierte, durch Gruppenlernen und didaktisch organisierte Reflexionssettings unterstützte Weiterbildungsform.

Abbildung 8 zeigt das im Folgenden beschriebene Umsetzungskonzept für den erfahrungsgeleiteten Erwerb von Kontextwissen.

4.1. Erfolgskriterien der Weiterbildung

Für eine erfolgreiche Umsetzung der Weiterbildung sind folgende Kriterien relevant:

Die Zahl der Teilnehmer*innen sollte zwischen sechs und zwölf liegen, damit sowohl die Arbeit in Kleingruppen als auch die punktuelle individuelle Begleitung möglich sind. Zudem sollte eine regelmäßige Teilnahme an den Workshops gegeben sein. Um in den Praxisphasen neue Ansätze ausprobieren zu können, benötigen die Teilnehmer*innen ausreichende zeitliche Ressourcen und Handlungs- und Gestaltungsspielräume. Hilfreich ist zudem, wenn einerseits die Teilnehmer*innen selbst ein Interesse daran mitbringen, arbeitsintegrierte Lernansätze kennenzulernen, um an ihren Fragestellungen zu arbeiten, andererseits aber auch das Unternehmen signalisiert, dass diese Relevanz haben.

Von Vorteil ist zudem eine gewisse Heterogenität in Alter bzw. Betriebszugehörigkeit, denn vom Austausch zwischen ‚Neuen‘ und ‚alten Hasen‘ können beide Seiten profitieren.

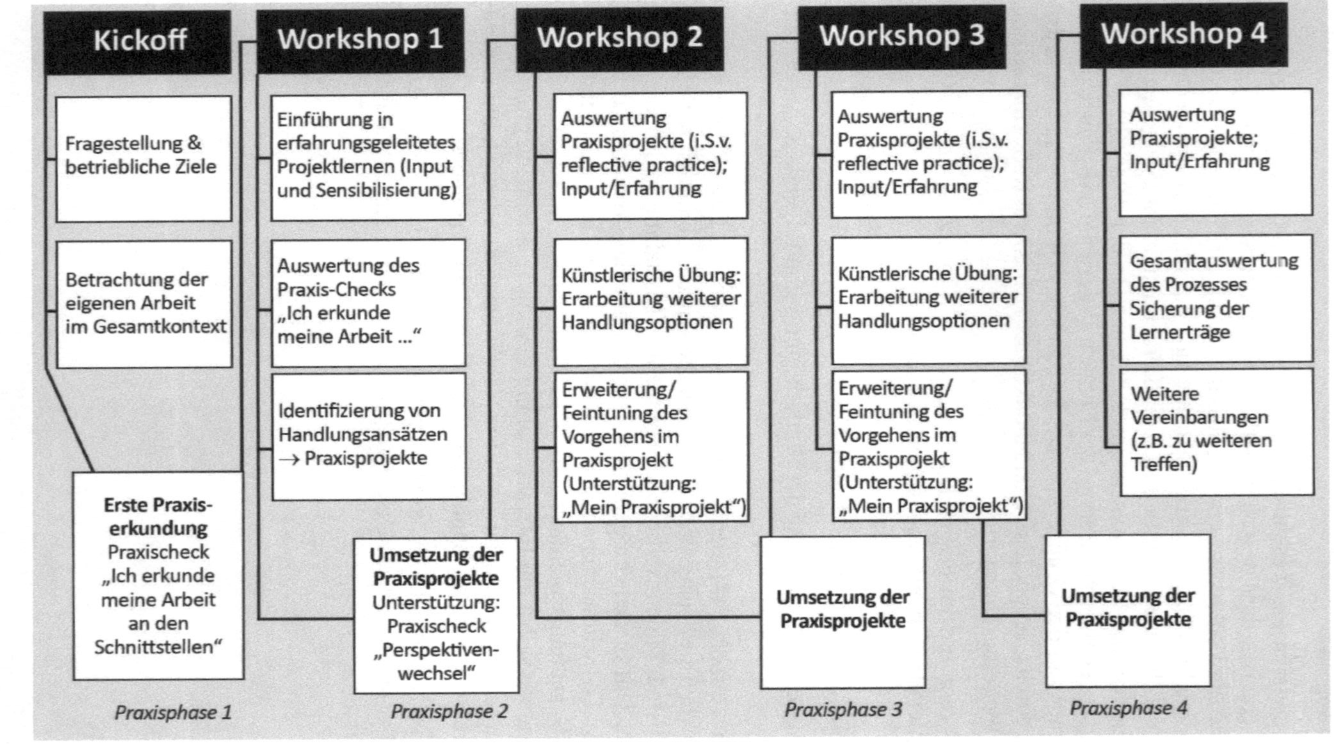

Abbildung 8: Beispielhaft: Umsetzungsdesign für den erfahrungsgeleiteten Erwerb von Kontextwissen

4.2. Das Praxisprojekt

Der Ansatzpunkt für den erfahrungsgeleiteten Erwerb von Kontextwissen ist die komplexe Arbeitspraxis der Teilnehmerinnen und Teilnehmer. Diese wird durch die Arbeit an individuellen Praxisprojekten von Beginn an und durchgängig in die Weiterbildung einbezogen. Die Teilnehmer*innen lernen neue Handlungsansätze, Haltungen und Methoden nicht abstrakt kennen, sondern erarbeiten und erproben diese immer in Bezug auf ihre konkreten Arbeitsaufgaben. Die Praxisprojekte finden also nicht „on top" zur eigentlichen Arbeit statt. Es geht vielmehr darum, aus der eigenen Arbeit eine Fragestellung herauszunehmen, an der aktuell gearbeitet wird, und diese zu nutzen, um neue Wege zu erproben, wie sie bearbeitet werden kann. Das Praxisprojekt bildet sich also um eine Frage, die einen in der Arbeit sowieso gerade beschäftigt, die ohnehin ansteht und bearbeitet werden muss. Die Konkretisierung dieses Praxisprojektes bedarf großer Aufmerksamkeit und muss gut lernbegleitet werden, weil dieses Vorgehen nicht Usus ist und Teilnehmer*innen tendenziell damit überfordert sind, selbstständig eine passende Fragestellung zu finden.

Zur *Annäherung an ein individuelles Praxisprojekt* eignet sich die Betrachtung der eigenen Arbeitstätigkeit im Gesamtkontext des Betriebs. Beispielsweise können die Teilnehmerinnen und Teilnehmer hierfür im ersten Schritt darum gebeten werden, mit Hilfe von Strukturlege- oder Prozessdarstellungstechniken ihre Arbeit im Gesamtkontext zu verorten. Die Schnittstellen zwischen den einzelnen Bereichen oder Prozessschritten werden so sichtbar und die Teilnehmer*innen können ihre Arbeit im Gesamtprozess verorten. Im nächsten Schritt können sie erarbeiten, an welchen Stellen sie etwas verändern oder optimieren wollen. Hierfür helfen ihnen z.B. folgende Fragen: „Wo läuft es gut? Wo nicht so gut? Und wo läuft es gar nicht?" Um zu einem passenden Praxisprojekt zu kommen, das an der eigenen konkreten Arbeitstätigkeit ansetzt, hilft es, die eigene Arbeit genauer zu betrachten. Dies kann auch in Form eines „Praxis-Checks" erfolgen, der die Teilnehmer*innen dabei unterstützt, Schnittstellen zu anderen Bereichen oder Prozessabschnitten zu analysieren (siehe Abbildung 9).

Praxis-Check: "Ich erkunde meine Arbeit an den Schnittstellen" (SPOT-Analyse)

Lernd A – Lernen durch Arbeit

Fragen Sie sich, wie Sie selbst Ihre Arbeit an den Schnittstellen einschätzen. Nutzen Sie dazu die SPOT-Analyse (S: satisfactions, p: problems, o: opportunities, t: threats) und nehmen Sie damit ganz spezifische Situationen in den Blick. Tauschen Sie sich mit Ihren Kollegen aus!

Arbeitssituation an Schnittstelle:

Situationsbeschreibung:

Zufrieden bin ich mit… (S)

Mögliche wäre… (O)

Probleme sehe ich bei… (P)

Vorsicht ist geboten bei… (T)

Abbildung 9: „Praxis-Check“ zur eigenen Arbeit an Schnittstellen

Da für viele Teilnehmer*innen das Lernen mit individuellen Praxisprojekten im Arbeitsprozess ungewohnt ist, hat es sich als hilfreich erwiesen, *Beispiele* für solche Selbstlernprojekte vorzustellen.

Fallbeispiel für ein individuelles Praxisprojekt (Buschmeyer et al. 2018, S. 98)
Ein Ingenieur aus der Fertigungsplanung soll eine neue Lösung für ein Montageteil eines Fahrzeugs planen. Alle technischen Voraussetzungen hierfür sind gegeben, allerdings besteht dennoch ein Problem: Während eines relevanten Schritts in der Montage kann dieses Teil noch nicht endgültig verbaut werden, sondern muss zunächst provisorisch befestigt werden. Dabei allerdings zeigt sich, dass das Teil 70 Zentimeter aus dem Fahrzeug herausragt. Die Frage ist nun: Auf welchem Weg kann das neue Teil prozesssicher durch die Montage gebracht werden (Schritt 1)? Hierzu gibt es keine vorhandenen Erfahrungen, auf die zurückgegriffen werden könnte. Daher entschließt sich der Ingenieur, vor Ort in die Fertigung zu gehen. Zur Vorbereitung auf den Austausch mit den Kolleg*innen in der Montage nutzt er eine Selbstlernaufgabe, um sich zum einen über seine Fragen und Beobachtungsrichtungen, zum anderen über seine

Art der Kommunikation mit den Kolleg*innen, deren Interessen etc. klar zu werden.

Vor Ort spricht der Ingenieur dann mit Kolleg*innen über Möglichkeiten und Hindernisse in der Fertigung (Schritt 2). Gemeinsam schauen sie sich den entsprechenden Fertigungsabschnitt an, um genauere Vorstellungen darüber zu bekommen, welche Möglichkeiten der Montage bestehen (Schritt 3). Dieser gemeinsame Erfahrungsprozess führt zu neuen Ansätzen, die der Ingenieur in seine Planung integriert (Schritt 4). Dies wiederholt sich so lange, bis er eine tragbare Lösung findet: ein Stabilisierungsstab, der das heraussstehende Teil so weghält, dass der Produktionsprozess nicht gestört wird. Froh über diese Lösung reflektiert der Ingenieur gemeinsam mit seinen Kolleg*innen, wie er auf diese Lösung gekommen ist (Schritt 5). Dabei stellt sich heraus, dass dieser Stab, der ein sogenanntes Umlaufteil ist, vielfach verwendet werden und damit im Produktionsprozess immer wieder zurück von Ort X zum Ausgangspunkt A gelangen muss. Dies stellt ein größeres logistisches Problem dar, das es zu lösen gilt (Schritt 1 eines neuen Praxisprojekts).

So entsteht durch erfahrungsgeleitetes Lernen in der Arbeit eine Lösung, die das Problem noch nicht endgültig behebt, aber einen wichtigen Schritt darstellt. Das nächste Problem – in unserer Diktion also: die nächste Lernfrage – schließt unmittelbar an. Für diesen nächsten Schritt kann der Ingenieur wieder die fünf Schritte erfahrungsgeleiteten Lernens durchlaufen, um zu einer adäquaten Lösung zu kommen. Der Lernprozess kann dabei erneut durch schriftliche Selbstlernmaterialien unterstützt werden, etwa zur differenzierten Wahrnehmung vor Ort, zur Reflexion der Erfahrungen, zur gezielten Beobachtung bestimmter Reaktionen und Interessenlagen.

4.3. Die Praxisphasen

Die Praxisphasen sind wesentlicher Bestandteil der Weiterbildung. In ihnen erproben die Lernenden neue Handlungsansätze, machen konkrete Erfahrungen damit, was in der Arbeitsrealität an neuen Wegen möglich ist, welche Widerstände entstehen können und auch, welche Wirkungen ihr neues Vorgehen erzeugt. Sie können positive Wirkungen ihres Vorgehens nutzen und negativen versuchsweise entgegenwirken, indem sie ihr Handeln ändern. In den Workshops werden diese Erfahrungen ausgewertet und auch danach gefragt, welche Erkenntnisse die Lernenden aus dem Gesamtprozess ziehen und wie sie diese im zukünftigen Verlauf berücksichtigen wollen. Die nächsten Schritte werden konkretisiert und in der folgenden Praxisphase erprobt. Durch dieses Vorgehen gelingt die Verzahnung neuer Anregungen aus den Workshops mit der konkreten Anwendung anhand der eigenen Fragestellung im Praxisprojekt. Der für andere Lernformate typischen Transferproblematik, die den Lernertrag stark einschränkt und Ressourcen bindet, wird somit von Grund auf entgegengewirkt.

Praxis-Check: „Perspektivwechsel"

LerndA Lernen durch Arbeit

Besprechen Sie die folgenden Fragen mit einem Kollegen, der an der Fragestellung Ihres Praxisprojektes beteiligt ist. Wählen Sie dazu möglichst einen Kollegen, mit dem Sie noch nicht so oft gesprochen haben.

Mein Praxisprojekt: ______

Was ist bereits gelaufen?	
Was sind die Herausforderungen?	
Wer sind die relevanten Beteiligten?	
Wer sind die „wirklichen" Know-How-Träger? /Wer hat wirklich zu dem Thema was zu sagen?	
Wo gibt es Spannungen?	
Wo könnte es Fettnäpfchen geben?	
Was ist noch wichtig, worüber wir noch nicht gesprochen haben?	
Was wissen wir beide (noch) nicht? Wer könnte mehr darüber wissen?	

Abbildung 10: „Praxis-Check" Perspektivwechsel

In den Praxisphasen bearbeiten die Teilnehmerinnen und Teilnehmer ihre individuellen Praxisprojekte. Unterstützt werden sie dabei auch durch weitere „Praxis-Checks". Diese Tools helfen ihnen dabei, bewusst weiter gefasste Perspektiven einzubeziehen (siehe Abbildung 10) und ihre Projekte konkret zu planen und auszuwerten (siehe Abbildung 11).

Mein Praxisprojekt: Die nächsten drei Schritte - Planung

Lernd A
Lernen durch Arbeit

Vor dem Hintergrund meiner bisherigen Erfahrungen und den Erkenntnissen aus dem Workshop:
Was sind die nächsten drei Schritte, die ich in meinem Praxisprojekt angehen werden?

1.

2.

3.

GAB

Mein Praxisprojekt: Die nächsten drei Schritte - Umsetzung

Lernd A
Lernen durch Arbeit

Bitte reflektieren Sie während der Praxisphase zu den von Ihnen geplanten Umsetzungsschritten jeweils folgende Fragen:

Was habe ich konkret getan?	Welche Erfahrungen habe ich dabei gemacht?	Welche Schlüsse ziehe ich daraus?
1.		
2.		
3.		

GAB

Abbildung 11: „Mein Praxisprojekt" (Vorder- und Rückseite)

4.4. Die Workshops

In den Workshops werden die Erfahrungen aus der Praxis ausgewertet und neue Handlungsansätze auch dadurch gefunden, dass Erfahrungsübungen gemacht werden und Input zu möglichen Vorgehensweisen und theoretischen Hintergründen gegeben wird. Sie zeichnen sich durch drei wesentliche Elemente aus.

Element 1: Die Auswertung

Die Auswertung der Erfahrungen spielt beim erfahrungsgeleiteten Erwerb von Kontextwissen eine zentrale Rolle. Ohne Auswertung ist kein bewusstes Lernen möglich und somit auch kein bewusstes Anwenden von Gelerntem. Erfahrungen, die in den Praxisphasen gemacht wurden, werden in den Workshops systematisch ausgewertet, sowohl individuell als auch in der Gruppe. Als Grundlage hierfür dienen die Phasen der *reflective practice* im Sinne von Donald Schön (1983). Es wird also zunächst ausgewertet, wie vorgegangen wurde, welche Wirkungen im Prozess des Handelns wahrgenommen wurden und wie das Verhalten daraufhin verändert wurde, bevor im Rückblick auf die abgeschlossene Handlung gefragt wird, welche Erkenntnisse daraus entspringen (vgl. Abbildung 12).

Element 2: Künstlerische Übungen

Die Workshops werden auch dafür genutzt, zu relevanten Fragestellungen künstlerische Übungen zu machen. Diese zielen darauf ab, den Teilnehmer*innen die Möglichkeit zu bieten, in einem anderen Medium neue Erfahrungen zu machen, um diese dann daraufhin zu befragen, welche Relevanz sie für die eigene Arbeit oder Fragestellung haben. Ein Beispiel hierfür ist die Frage der Kooperation mit anderen unter Berücksichtigung der Wahrung der gegenseitigen Interessen. Diese Frage tauchte in mehreren Praxisprojekten auf und wurde von den Teilnehmerinnen und Teilnehmern als erfolgskritisch für ihre Praxisprojekte angesehen.

Auswertung meines Praxisprojektes

Action:

- Was habe ich seit dem letzten Workshop konkret gemacht?

Reflection in Action:

- Was tauchte währenddessen in mir auf? (Kopf, Bauch, Körper)
- Was fiel mir besonders auf?
- Welche Reaktionen kamen von Kolleginnen und Kollegen?
- Was hat mich überrascht? Was hat mich irritiert?

Correction:

- Was habe ich daraufhin verändert / anders gemacht?
- Welche Wirkungen dieser Änderungen habe ich beobachtet?

Reflection on action:

- Was habe ich gelernt?
- Was waren Erfolgsfaktoren?
- Was würde ich bei einem nächsten Mal anders machen?

GEFÖRDERT VOM

BETREUT VOM

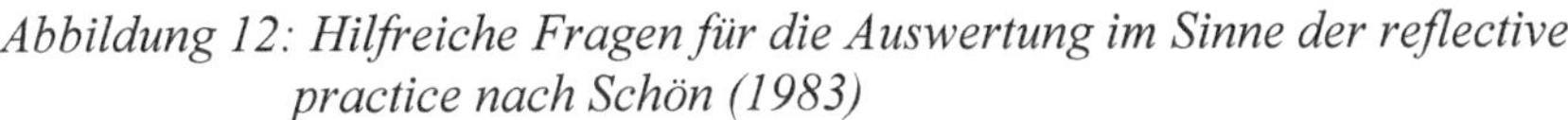

Abbildung 12: Hilfreiche Fragen für die Auswertung im Sinne der reflective practice nach Schön (1983)

Künstlerische Übung – Kooperation – Gemeinsam ein Bild malen

Ziel: Materialisierung verschiedener Formen des Kooperationsprozesses als Grundlage der Auswertung von Kooperationsherausforderungen und -chancen, des eigenen Kooperationsverhaltens und dessen Wirkungen.

Ablauf: An einem langen Tisch sitzen sich je zwei Personen gegenüber, zwischen ihnen liegt jeweils ein längliches Blatt Papier, dessen mittleres Drittel mit einem Karton bedeckt ist. Daneben liegen Kreiden. Die Lernbegleiterin gibt eine Einführung in die Übung, zeigt unterschiedliche Anwendungen der Kreiden und weist darauf hin, dass es in dieser Übung nicht darum geht, ‚gut' oder ‚schön' zu malen. Sie bittet die Teilnehmer*innen, mit den Kreiden nur auf ihrer Seite des Blattes zu malen und während der ganzen Übung nicht miteinander zu sprechen. Nach ca. fünf Minuten deckt die Lernbegleiterin die mittleren Flächen auf und bittet die Teilnehmer*innen, jetzt gemeinsam mit ihrem Partner oder ihrer Partnerin ein gemeinsames Bild zu malen. Sprechen ist dabei nicht erlaubt, es soll über das Bild kommuniziert werden.

Auswertung:

Prozess:

- Wie ging es Ihnen bei der Übung?
- Wie war der Anfang?
- Wie war es, als die Mitte aufgedeckt wurde? Was haben Sie dann gemacht?

- Was war für Sie schwierig? Was ist gut gelungen?

Ergebnis:

- Wenn Sie jetzt die Bilder anschauen: Was sehen Sie?
- Wo, würden Sie sagen, ist es gelungen, ein gemeinsames Bild zu malen?
- Wo sind Ähnlichkeiten/Unterschiede?

Transfer:

- Wenn Sie jetzt auf Ihre Arbeit schauen: Gibt es da ähnliche Momente/Herausforderungen/Vorgehensweisen/Strategien?
- Gibt es etwas, das Sie aus dieser Übung für Ihr Praxisprojekt/Ihre Arbeit mitnehmen können?

Das Potenzial dieser künstlerischen Erfahrungsübungen liegt darin, dass ein immaterieller Prozess – die Kooperation – durch Farben und Papier materialisiert wird und somit eine Grundlage entsteht, die dafür verwendet werden kann, darüber in einfachen Worten zu sprechen. Es muss nicht mehr nach abstrakten Begriffen gesucht werden, um ein Phänomen im Kooperationsprozess zu umschreiben, vielmehr kann beispielsweise gesagt werden: „Als ich dein Bild sah, hab ich Angst gekriegt, weil es so anders als meines war. Dann hast du mein Grün genommen und es bei dir reingesetzt und der Anfang war gemacht"; oder: „Ich wollte nicht, dass du bei mir reinmalst, deswegen habe ich diesen Strich gezogen."

Auch kann auf Grundlage des gemeinsamen Erlebnisses eine konkrete Reflexion stattfinden. Es geht um konkrete Regungen, Handlungen, die konkrete Wirkungen erzeugt haben. Dies verhindert die rein kognitive oder appellative Betrachtung eines Zusammenhangs, die nicht selten in Spekulationen endet.

Erkenntnisse, die Teilnehmerinnen oder Teilnehmer aus dieser Erfahrung ziehen konnten, waren beispielsweise, „dass es immer einen braucht, der den Anfang macht", „dass es nur möglich ist zusammenzukommen, wenn man Teile des anderen übernimmt – diesen also wirklich versteht – und es zulässt, dass etwas Drittes entsteht". Oder: „Dies ist nur möglich, wenn Eigenes auch losgelassen wird."

Element 3: Input und Sensibilisierung

In den Workshops wird auch Input gegeben, sowohl zum erfahrungsgeleiteten Vorgehen als auch zu theoretischen und methodischen Hintergründen. Aber auch hierbei wird ein erfahrungsgeleiteter Zugang bevorzugt und, wenn möglich, der Theorie eine praktische Erfahrung vorangestellt. Dabei geht es auch darum, für die subjektivierende Seite des erfahrungsgeleiteten Arbeitens und Lernens zu sensibilisieren, da diese „verborgene Seite professionellen Handelns“ (Böhle 2010a, S. 36) für viele Teilnehmerinnen und Teilnehmer ungewohnt ist, aber von großem Mehrwert sein kann. Beide Ansprüche – praktische Erfahrung vor Theorie sowie Sensibilisierung – sind beispielsweise möglich, indem der erfahrungsgeleitete Ansatz über eine Erfahrungsübung eingeführt wird, etwa die „Stuhl-Übung“.

Die Stuhl-Übung

Ziel: Den Unterschied zwischen „objektivierendem“ und „subjektivierendem“ Handeln erfahrbar machen.

Ablauf: Die Teilnehmer*innen werden dazu aufgefordert, einen Stuhl für jemanden zu beschreiben, der nicht weiß, was ein Stuhl ist:

> „Betrachten Sie die Stühle hier im Raum und suchen Sie sich einen Stuhl aus. Beschreiben Sie diesen so, dass jemand, der noch nie einen Stuhl gesehen hat, versteht, was ein Stuhl ist!“

Nachdem die Teilnehmer*innen diesem Auftrag nachgekommen sind, wird ihnen eine weitere Frage in Bezug auf einen Stuhl gestellt:

> „Stellen Sie sich nun vor, Sie bekommen ein neues Büro und sollen sich in der Arbeitsmittelausgabe einen Stuhl aussuchen, der die nächsten 20 Jahre Ihrer ist. Versuchen Sie möglichst viel über den Stuhl zu erfahren. Wie gehen Sie vor?“

Auswertung: Bei der Beschreibung des Stuhls in der ersten Runde werden objektive Wahrnehmungen genannt:

> „vier senkrechte Streben“, „eine gepolsterte waagrechte Fläche“. Es wird neutral und sachlich beschrieben: „überzogen mit einem blauen Stoff“, „Metallstreben“, „rechter Winkel zwischen waagerechter Fläche und senkrechten Streben“ usw.

In der zweiten Runde beziehen die Teilnehmer*innen auch die subjektivierende Seite ein: Sie setzen sich auf den Stuhl, wippen hin und her, kippen ihn, schieben ihn an einen Tisch und schauen, ob die Höhe auch passend für das Brotzeitmachen ist. Sie erweitern also ihre Wahrnehmung von der optischen in andere sinnliche Dimensionen, wie z.B. die taktile. Vielleicht klopfen sie auch auf die Sitzfläche oder hören, ob der Stuhl quietscht, wenn man sich darauf bewegt, beziehen also auditive Wahrnehmung mit ein.

Auf dieser Grundlage kann die Gegenüberstellung von objektivierendem und subjektivierendem Handeln (Kapitel III) und deren Verknüpfung erarbeitet werden.

5. Lernertrag der Teilnehmerinnen und Teilnehmer und Beitrag zum betrieblichen Lernen

*5.1. Lernerträge der Teilnehmer*innen*

Um Kompetenzentwicklung zu ermöglichen, ist es unerlässlich, die Lernerträge auszuwerten, also auf den Lernprozess zurückzublicken und der Frage nachzugehen, welche Erkenntnisse daraus gezogen werden konnten.

Lernerträge der Teilnehmerinnen und Teilnehmer
O-Töne zu Lernerträgen: „Es ist so wichtig, über die Abteilung hinweg zu denken und miteinander zu reden." „Der *persönliche* Austausch ist wichtig!" „Partizipation – aktiver Einbezug aller Betroffenen ins Projekt, das hilft immens." „Die Diskussion mit den Kolleg*innen hilft, neue Perspektiven reinzuholen." „Perspektivwechsel – das hilft sehr fürs gegenseitige Verständnis!" „Nicht nur Statusberichte, sondern Kommunikation schaffen!" „Sich von den Ideen der Vorgesetzten nicht zu sehr einschränken lassen, diese nicht als gegeben annehmen, sondern sich trauen, darüber zu diskutieren, in inhaltlichen Austausch zu gehen!" „Das Projekt muss noch nicht fertig ausgeplant sein – einfach mal anfangen!" „Viel Austausch hilft! Erwartungen verstehen und zusammenführen!" „Gute Terminvorbereitung wichtig, das heißt beispielsweise: Anschauungsmaterial mitbringen!" „Auch nach „Projektvergabe" ist es wichtig, Kontakt zu halten, vor Ort zu sein, nachzuschauen – da kommt vieles auf, wo man reagieren muss!" „Es ist wichtig, Verständnis für die einzelnen Anliegen zu entwikkeln … Bedenken werden oft viel zu spät geäußert." Die Aussage „Der *persönliche* Austausch ist wichtig!" begründet der entsprechende Teilnehmer damit, dass genau ein solcher in Zeiten von digitaler Kommunikation, definierter Dokumentenlenkung und elaboriertem Berichtswesen oftmals zu kurz komme. Er habe in seinem individuellen Praxisprojekt u.a. er-

lebt, dass im persönlichen Kontakt und Austausch vieles passiere, das über schriftliche Kommunikation nicht eintritt: der Aufbau einer persönlichen Beziehung und gegenseitigen Verständnisses. Aus ähnlichen Erfahrungen stammt die Aussage: „Nicht nur Statusberichte, sondern Kommunikation schaffen!"

Die Aussage „Das Projekt muss noch nicht fertig ausgeplant sein – einfach mal anfangen!" macht der entsprechende Teilnehmer vor dem Hintergrund, dass er sich genau das getraut, also getan hat – und daraufhin erkannt hat: Das geht!

Dass es wichtig ist, sich in die Perspektive anderer, vom eigenen Anliegen Betroffener wirklich hineinzuversetzen – das wurde nicht aus einem Sozialpsychologie-Einführungsvorlesung oder einem Change-Management-Buch auswendig gelernt, sondern indem der/die Teilnehmende erlebt hat, dass genau das für seine Zielerreichung tatsächlich wichtig ist.

An den Aussagen und deren Hintergründen wird also die Wirksamkeit des didaktischen Konzepts der *Reflexion eines aktiven Erfahrungen-Machens* deutlich. Es handelt sich um individuell generierte Schlussfolgerungen aus eigenen Primärerfahrungen. Deutlich wird damit, dass die Teilnehmer*innen durch das Durchführen und Reflektieren ihrer individuellen Praxisprojekte und dem Austausch in der Lerngruppe nicht nur neue fachliche Inhalte und Kontextwissen erwerben konnten, sondern auch wesentliche Anhaltspunkte entwickelten, wie sie erfahrungsgeleitet bei deren Erwerb vorgehen können.

5.2. Weitere Beiträge zum betrieblichen Lernen

Der hier beschriebene erfahrungsgeleitete Ansatz erlaubt es den Teilnehmer*innen, das für ihre Arbeit relevante Wissen und Können arbeitsintegriert zu erwerben. Die Reflexion der gemachten Erfahrungen ist dafür unabdingbar und kann in Workshops stattfinden sowie durch Instrumente angeregt werden. Die fünfschrittige Lernspirale gibt ein Geländer für diesen Lernprozess und enthebt den Erwerb von Kontextwissen (und anderem implizitem Wissen) seiner Situativität und Zufälligkeit.

Die Lernenden erwerben in diesem Prozess zum einen Kontextwissen, zum anderen bilden sie zunehmend die Fähigkeit aus, sich Kontextwissen (und anderes Wissen) erfahrungsgeleitet zu erschließen. In einer Arbeitswelt, in der offene, unwägbare Situationen zunehmend Normalität geworden sind, ist darin eine kaum zu überschätzende Kompetenz zu sehen.

XI Personengebundene Simulation als erfahrungsgeleitetes Lernen

Eckhard Heidling, Barbara Klug, Werner vom Eyser

Eine lernförderliche Arbeitsgestaltung ist dadurch gekennzeichnet, dass das Lernen in den Arbeitsprozess eingebettet ist. Für die Projektarbeit liegen dazu bisher kaum Konzepte vor. Ein früher entwickelter Ansatz für erfahrungsgeleitetes Lernen in Projekten ist das prospektive Erfahrungslernen auf Grundlage von Prozess-Simulationen (Abschnitt 1). Mit der personengebundenen Simulation wurde im Projekt LerndA ein neuer Lehr- und Lernansatz für Projektarbeit entwickelt, der im Mittelpunkt der folgenden Ausführungen steht. Dabei geht es zunächst um eine Klärung der Begriffe Claiming im Projektgeschäft, Coaching und Rollenspiel. Es werden Unterschiede und Gemeinsamkeiten zwischen dem klassischen und dem für die personengebundene Simulation entwickelten Begriffsverständnis herausgearbeitet (Abschnitt 2). Darauf folgt die Darstellung des exemplarischen Ablaufs einer personengebundenen Simulation im Projektgeschäft (Abschnitt 3). Anschließend geht es um die organisatorischen, kulturellen und personellen Voraussetzungen zur erfolgreichen Implementierung in den jeweiligen Unternehmenskontexten (Abschnitt 4). Darauf folgen Hinweise zur Umsetzung und Verbreitung in weiteren Unternehmensbereichen (Abschnitt 5). Abschließend werden die wichtigsten Ergebnisse zusammengefasst (Abschnitt 6).[1]

1. Prospektives Erfahrungslernen in Projekten

Ein verschränktes professionelles Arbeitshandeln stellt die Fähigkeit der Beschäftigten in den Mittelpunkt, jeweils situationsspezifisch wissenschaftlich fundiertes Fachwissen und planmäßig-rationales Handeln zu nutzen und mit einem besonderen Erfahrungswissen und erfahrungsgeleitetem Handeln zu verbinden (vgl. Kapitel IV). Damit wird auf einen Zusammenhang von Arbeiten und Lernen verwiesen, der über ein Verständnis von ‚Erfahrung als Routine' als Grundlage für einen wachsenden ‚Erfahrungsschatz' hinausreicht. Im Mittelpunkt steht das ‚Erfahrung-Machen' im Arbeitsprozess, insbesondere in der Bewältigung unplanbarer und in die Zukunft gerichteter Situationen sowie in der Auseinandersetzung mit Neuem. Aus diesem Erfahrung-Machen entwickelt sich neues Wissen und entstehen neue Kompetenzen. Diese Perspektive gilt in besonderer Weise für Projektarbeit. Wie die Aussagen der Projektbeschäftigten zeigen, hat das in

1 Siehe dazu auch Heidling et al. 2018a.

der alltäglichen Projektarbeit erworbene Wissen für ihr Arbeitshandeln einen sehr hohen Stellenwert.

> „Wenn ich jetzt das Wissen von meiner Ausbildung hernehme und die 25, 30 Jahre lang Praxiserfahrung dazu nehme und das gewichte, dann ist vielleicht 20% Ausbildungswissen und 80% Praxiswissen.“[2]

Entscheidend beim Erwerb der unterschiedlichen Facetten des Erfahrungswissens ist die konkrete Arbeitserfahrung. Eine zentrale Rolle bei der Weitergabe des Wissens spielt dabei der interaktive Austausch zwischen den Beschäftigten.

> „90% oder 95% der Informationen kommen von Kollegen, die eben nicht das Ganze aus einem Lehrbuch abgelesen haben [...], sondern die es konkret gesehen haben, dieses Problem. [...] Sie können das nicht vorbeten, das muss man live erleben.“

Diese Aussage verweist darauf, dass erfahrungsgeleitetes Arbeitshandeln im klassischen Sinne kaum lehrbar ist, allerdings lernbar – durch praktisches Handeln. Erfahrung ist damit Ausgangspunkt, Methode und Ziel des Lernens. Die Beschäftigten lernen, indem sie Erfahrungen im praktischen Handeln aufbauen, diese mit allen Sinnen erschließen, sich bewusst machen und die implizit gewonnenen Erkenntnisse in neue Handlungsweisen umsetzen, wodurch neue Kompetenzen entstehen. Damit ist der Lernbegriff dynamisch und zielt darauf ab, kontinuierliche, spiralförmige Lernprozesse zu initiieren. Solche Lern- und Entwicklungsprozesse sind voraussetzungsvoll und an spezifische organisatorische Rahmenbedingungen gebunden. Eine wichtige Anforderung an die betriebliche und betriebsübergreifende Praxis besteht darin, für ein subjektivierendes Handeln gezielt Lernorte zu erschließen und entsprechende Lernsituationen zu ermöglichen.

---

2 Die Zitate beziehen sich hier und im Folgenden auf die Auswertungen der empirischen Erhebungen in LerndA. Die Projektarbeit ist durch unternehmensinterne Kooperation mit anderen Bereichen wie dem Vertrieb, der Logistik, dem Qualitätsmanagement sowie dem Service gekennzeichnet. Unternehmensübergreifende Kooperation findet in den untersuchten Bereichen mit Kunden, Zulieferern und ausführenden Gewerken an den Orten statt, an denen die technischen Objekte und Anlagen realisiert werden. Die empirischen Erhebungen umfassen 57 leitfadengestützte Interviews mit Beschäftigten unterschiedlicher Hierarchiestufen (Projektbeschäftigte, Projektleitung, Bereichsleitung) in Projekten der Bereiche Energieübertragung und Gebäudemanagement. Die Interviews dauerten jeweils etwa 1,5 Stunden. Die Interviews wurden transkribiert und mit der qualitativen Datenanalyse-Software MAXQDA inhaltsanalytisch ausgewertet. In den genannten Bereichen wurden außerdem sechs Feedback-Workshops durchgeführt. Im Rahmen der Konzeptentwicklung zur personengebundenen Simulation (s. Abschnitt 2) wurde darüber hinaus eine Reihe von sechs Workshops durchgeführt, in die auch die Projektbeschäftigten eingebunden waren.

Dies kann in konkreten Arbeitsprozessen sowie unter Bedingungen erfolgen, die mit der Arbeitspraxis vergleichbar sind. Entscheidend ist immer die Auseinandersetzung mit konkreten Gegebenheiten, Gegenständen, Situationen und Planungsverläufen (Bauer et al. 2012).

Ein Ansatz für selbstgesteuerte, erfahrungsgeleitete Lernprozesse in Projekten ist das „prospektive Erfahrungslernen" (Heidling/Meil/Rose 2004, S. 202). Grundlage dafür sind Prozess-Simulationen, in denen das selbstorganisierte Lernen im Vordergrund steht. Dabei wird der Vorstellung von Lernen als Abbildung einer objektiven Wirklichkeit eine Perspektive entgegengestellt, in der Lernprozesse als aktive, subjektive und kollektive Konstruktionsphasen von Lebenswelten aufgefasst werden. Ein zentrales Moment in diesem Verständnis weitgehend selbstorganisierten Lernens bildet die Annahme, dass Wissen in erster Linie durch die Umformung von Erfahrungen entsteht. Die transformative Wissensvermittlung findet also nicht nur – wie bei klassischen, traditionellen Lernmethoden – auf kognitiver Ebene statt, vielmehr können durch die aktiv-reflexive Umformung von Erfahrungen neue Verhaltensmuster eingeübt werden. Lernen fokussiert damit in erster Linie einen erfahrungsgeleiteten, interaktiven Prozess und zielt erst in zweiter Linie auf ein bestimmtes Ergebnis ab (Kriz/Nöbauer 2002). Die für das Arbeitshandeln in Projekten entwickelten Prozess-Szenarien sind geprägt durch die Parallelität von realem Handeln und inszeniertem Kontext, wodurch der Aufbau von Prozess- und Systemkompetenz über den Weg erfahrungsgeleiteten Lernens der Beschäftigten systematisch gefördert wird. Anders als bei theoretischen Lernprozessen versetzen diese Lernerfahrungen die Akteure in einem weitgehend selbstgesteuerten Kontext in die Lage, im betrieblichen Alltag besser als bisher mit unvorhergesehenen und kritischen Situationen umzugehen, was sich positiv auf ihre Problemlösungsfähigkeiten auswirkt (Heidling/Meil/Rose 2004).

2. Personengebundene Simulation als erfahrungsgeleitete Lehr- und Lernform

Die Ansätze zu Prozess-Simulationen für Projekte sind durch eine besondere Realitätsnähe gekennzeichnet. Davon zu unterscheiden sind unmittelbar in den Arbeitsprozess eingebettete selbstgesteuerte Formen erfahrungsgeleiteten Lernens, wie sie im Projekt LerndA identifiziert und systematisiert wurden. Dabei geht es mit der „personengebundenen Simulation" um eine Lehr- und Lernform, die zeigt, wie kritische Situationen von den Beschäftigten bewältigt werden können. In den folgenden Ausführungen geht es zunächst um eine Präzisierung der verwendeten Begriffe. Ausgehend von Erläuterungen zum Claiming im Projektgeschäft werden Unterschiede und Gemeinsamkeiten zwischen dem klassischen Verständnis von Simulationen etwa in der Personalentwicklung und der hier entwickelten personengebundenen Simulation herausgearbeitet.

2.1. Claiming im Projektgeschäft

Der Begriff „Claim“ bzw. „Anspruch“ bezeichnet eine während der Projektdurchführung auftretende zusätzliche Leistungsforderung in Höhe einer bestimmten Summe, die von einer der beiden Vertragsparteien (Auftraggeber oder Auftragnehmer) ausgeht. Auslöser für Claimingsituationen sind zu Projektbeginn nicht erwartete kritische und kaum abschätzbare Situationen im Projektverlauf. In einer Claimingsituation ergibt sich ein erweiterter Aufgabenumfang gegenüber dem geplanten, vertraglich festgelegten Projektumfang. Damit erhöht sich auch das Projektvolumen. Das Spektrum solcher Claimingsituationen reicht von einfach zu verhandelnden und zu realisierenden ‚Sachnachträgen‘ (erhöhte Nachfrage nach Produkten, die bereits zur Lieferung vorgesehen waren) bis zu schwierigeren Fragestellungen wie etwa Kostensteigerungen infolge von Änderungen im Projektverlauf, die zum Zeitpunkt der Projektplanungen nicht absehbar waren (erhöhter Zeitaufwand durch umfangreichere Klärungen, mehr Planungsaufwand, mehr Montagezeit, erhöhte Personalkosten). Daraus ergibt sich die Anforderung, den erweiterten Projektumfang, die damit verbundenen Kostensteigerungen sowie deren anteilsmäßige Verteilung zwischen Auftraggeber und Auftragnehmer auszuhandeln und festzulegen. Wie entsprechende Verhandlungen erfolgreich geführt werden können, hängt von der Erarbeitung entsprechender Strategien ab. Insbesondere für die schwierigeren Claimingsituationen existieren keine eindeutig festgelegten und vorgegebenen Handlungsstrategien. Erfolgreiche Strategien sind individuell sehr unterschiedlich und abhängig von einer ganzen Reihe spezifischer organisatorischer Voraussetzungen und Rahmenbedingungen. Entscheidend für die inhaltliche und strategische Ausrichtung der jeweiligen Vorgehensweisen sind die handelnden Akteure.

Um Claimingsituationen im Projektgeschäft erfolgreich zu gestalten, geht es um eine möglichst gute Vorbereitung der Projektmitarbeiter*innen für spezifische Kundensituationen. Der im Folgenden vorgestellte Ansatz einer personengebundenen Simulation im Projektgeschäft stellt beispielhaft dar, wie eine solche Vorbereitung mit einem spezifischen Lehr- und Lernansatz aussehen kann. Personengebundene Simulationen basieren auf erfahrungsbasierten Lernprozessen, die eine doppelte Wirkung haben: Sie erweitern die individuelle und organisationelle Basis erfahrungsgeleiteten Wissens und sie rechnen sich, sind also mit positiven ökonomischen Effekten verbunden.

> „Es ist wirklich zeitaufwendig, es ist mühsam [...], aber zu 75% funktioniert es.“

Wichtige Elemente personengebundener Simulationen in Projektteams sind das Coaching und der Einsatz von Rollenspielen. Der Lernprozess der personengebundenen Simulation zeichnet sich dadurch aus, dass er in den Arbeitsprozess eingebettet ist, wobei das Coaching und das Rollenspiel als dessen Kern durch eine erfahrene Führungskraft erfolgen. Betrachtet man den entsprechenden Ressourceneinsatz, zeigt sich eine gewisse Ähnlichkeit zu Training-on-the-job-Maßnahmen. Die für die personengebundene Simulation eingesetzte Zeit sowohl der Führungskraft als auch der Projektbeschäftigten kann als aufgewendete Zeit für die Weiterqualifizierung der Projektbeschäftigten verstanden werden. Deutliche Unterschiede zeigen sich zu gängigen Off-the-job-Qualifizierungsmaßnahmen wie etwa Verhandlungstrainings besonders darin, dass der hier vorgestellte Lehr- und Lernansatz durch seine Verankerung im Arbeitsprozess an den spezifischen Bedarfen und Bedürfnissen der jeweiligen Projektbeschäftigten und ihrer aktuellen Projektsituation ausgerichtet ist.

2.2. Coaching – klassisch und im Rahmen der personengebundenen Simulation

Um den Begriff Coaching zu erläutern und spezifische Kriterien im Rahmen einer personengebundenen Simulation herauszuarbeiten, wird im Folgenden an ein systemisch-konstruktivistisches Verständnis angeschlossen, das eine verbreitete Strömung in der professionalisierten Weiterbildung darstellt. Coaches und Berater*innen mit einer systemisch-konstruktivistischen Grundhaltung stellen sehr viel mehr Fragen, als dass sie Antworten geben. Grundlegend ist die Annahme, dass nur die zu coachende Person selbst in der Lage ist, ihr Problem zu lösen. Dies ist mit dem Verständnis von Coaching als Begleitung einer Person bei ihrer Problemlösung verbunden. Der Coach gestaltet den Prozess, indem er oder sie Problemlösungsmethoden wählt, tiefergehende Fragen stellt, immer wieder zusammenfasst und die jeweiligen Themen aufeinander bezieht. Auf diese Weise findet der Coachee selbst Lösungsansätze für sein oder ihr Problem und Antworten auf die eigene Fragestellung. Gemeinsam werden daraus Maßnahmen abgeleitet, die der Coachee selbstverantwortlich in seinem oder ihrem relevanten Bereich erprobt, um festzustellen, ob und inwieweit diese Maßnahmen zu veränderten Reaktionen im eigenen Umfeld führen. In der Regel ist der Coach hier meist eine externe Person und nicht firmenintern. Dem beschriebenen Coachingverständnis folgend lassen sich sechs Anwendungsbereiche für Coachings identifizieren (s. Tabelle 3).

Anwendungsbereiche	
Persönlichkeits-coaching	Fragestellungen bezogen auf persönliche Entwicklung und Werte
Karrierecoaching	Fragestellungen bezogen auf berufliche Weiterentwicklung
Führungscoaching	Fragestellungen bezogen auf Führungsaufgaben
Job Skills Coaching	Fragestellungen bezogen auf soziale Kompetenzen
Strategiecoaching	Fragestellungen bezogen auf Strategiethemen der Organisation
Privatcoaching	Fragestellungen im privaten Bereich

Tabelle 3: Anwendungsbereiche von Coaching (Radatz 2000)

In jedem dieser Anwendungsbereiche wird der Coachee als Experte für die eigene Fragestellung und das eigene Thema verstanden. Der Coach verfügt über Methoden- und Prozesswissen des Coachings sowie ggf. über Branchenwissen und -erfahrung sowie über Wissen um organisationale Strukturen und Arbeitsprozesse. In der Regel hat er bzw. sie darüber hinaus eine pädagogische, psychologische oder vergleichbare Aus- oder Weiterbildung absolviert und ist durch spezielle und meist zertifizierte Ausbildungslehrgänge zum Coach qualifiziert.

Der Ablauf des Coachingsprozesses beginnt mit einer Auftragsklärung, bei der es um die Formulierung und Präzisierung der Fragestellung geht. Diese in der Regel etwa kürzere Coachingsitzung umfasst einen zeitlichen Rahmen von etwa 1 bis 1,5 Stunden. Eine solche Einstiegsphase der Auftragsklärung hat häufig einen positiven Effekt auf die Problemlösung: Indem Klarheit über das eigentliche Problem geschaffen wird, wird bereits ein wesentlicher Beitrag zur Lösungsfindung geleistet. Wenn die Fragestellung klar formuliert ist, kann der Coach den Fahrplan für das weitere Vorgehen festlegen und abschätzen, wie viele Sitzungen benötigt werden und wie sie inhaltlich und methodisch gestaltet werden.

Im Vergleich zum klassischen Coaching ist das im LerndA-Projekt identifizierte Coachingverständnis anders ausgerichtet. Dies zeigt die Gegenüberstellung entlang ausgewählter Kriterien. Diese umfassen die Herkunft, das Selbstverständnis, die Auftragsklärung, den Aufbau, die Methodik, die individuelle Anpassung und den Transfer in den Arbeitsalltag (s. Tabelle 4).

Kriterien	*Klassisches Coaching*	*Coaching im betrachteten Bereich*
(1) Herkunft	Coach ist firmenfremd (extern)	Coach ist Führungskraft des Bereichs und Vorgesetzter des Coachees
(2) Selbstverständnis	Coach versteht sich als Prozessbegleiter	Coach ist Experte, der fachlich im Thema ist und Ratschläge resultierend aus seinem Erfahrungsschatz geben kann
(3) Auftragsklärung	Der Auftrag ist vor der ersten Sitzung nicht bekannt	Coach und Coachee ist der Gegenstand der Sitzung bekannt
(4) Aufbau	Coaching besteht aus mehreren Sitzungen und wird als Prozess verstanden	Coachingsitzungen sind in sich abgeschlossen
(5) Methodik	Jede Coachingsitzung ist methodisch spezifisch aufgebaut	Coachingsitzungen haben immer eine ähnliche Struktur, zentrale Methode ist das Rollenspiel
(6) Individuelle Anpassung	Jedes Coaching ist maßgeschneidert für den Coachee aufgesetzt	Coachingsitzungen unterscheiden sich hinsichtlich des jeweiligen Projektstands und Erfahrungsgrads des Mitarbeiters
(7) Transfer in den Arbeitsalltag	Coachee erprobt die Lösungsansätze und Maßnahmen in seinem realen Umfeld selbstverantwortlich	Coachee arbeitet die finale Strategie selbstständig aus und erprobt diese in der Realität

Tabelle 4: Klassisches Coaching – Coaching im betrachteten Bereich (LerndA) (eigene Darstellung)

Wie die vergleichende Übersicht entlang der genannten Kriterien zeigt, sind die Coachingsitzungen im Rahmen einer personengebundenen Simulation im hier betrachteten Bereich (LerndA) anders strukturiert.

(1) Der Coach ist in diesem Falle die Führungskraft des Bereichs und Vorgesetzter bzw. Vorgesetzte des Coachees. Weder ein Coach aus einem anderen Bereich oder der Personalabteilung noch ein externer Coach führen die Coachingsitzungen durch.

(2) Dem Selbstverständnis der Führungskraft folgend, versteht sich diese zwar einerseits als Coach und Kollege bzw. Kollegin, was auf eine Prozessbegleitung ohne Ratschlag hinweisen könnte. Andererseits sieht sich die Führungskraft eindeutig in der Expertenrolle. In dieser Rolle verfügt er bzw. sie über eine umfangreiche und langjährige Erfahrung im Projektgeschäft des Bereichs, ist fachlich im Thema stark verankert und kann auf dieser Basis vielfältige Ratschläge und Empfehlungen geben.

> „Die Erfahrung meinerseits ist in den Belangen, die wir zu verhandeln haben, doch sehr groß. […] Coach ist für mich in dem Zusammenhang jemand, der als Trainer Leute auf gewisse Situationen vorbereitet […] und auch in gewissen Situationen Ratschläge erteilen kann, weil er mehr Erfahrung hat.“

(3) Den beiden Beteiligten an der Coachingsitzung – die Führungskraft in der Rolle als Coach und der oder die Mitarbeitende in der Rolle als Coachee – ist der Gegenstand der Coachingsitzung bekannt. In der Regel geht es darum, eine Verhandlungsstrategie für Claimingsituationen gemeinsam auszuarbeiten.

> „Und mit diesen Informationen kommt ein Mitarbeiter [...], sofern er den Bedarf sieht, zu mir und sagt, […] ich habe da ein Problem vor Ort [..]. Dann versuche ich, wenn's irgendwie machbar ist, unverzüglich den Termin machbar zu machen.“

Nebenprodukte der Coachingsitzungen sind häufig eine verbesserte Sicht auf die Zusammenhänge einzelner Projektabschnitte sowie eine klarere Einschätzung zur Stellung und dem Bedarf der Stakeholder.

(4) Die Führungskraft coacht ihre Mitarbeiter*innen jeweils bezogen auf konkrete Problemstellungen und die damit verbundenen Verhandlungssituationen, die im jeweiligen Projekt entstehen. Die Coachingsitzungen sind in sich abgeschlossen, wobei dies die Phasen der Nachbetrachtung und des Feedbacks zwischen Coach und Coachee im Anschluss an die jeweilige Verhandlungssituation einschließt. Nur in Ausnahmefällen wie etwa bei großen komplexen Projekten bleibt die Führungskraft als Coach im Prozess involviert, so dass im Verlauf auf-

einander folgender Coachingsitzungen zu einer Problemstellung ein Coachingprozess entstehen kann.

> „Wenn Sie größere Aufträge haben, bei denen meist [...] strittigere Entscheidungen zu treffen sind, wo um mehr Themen dieser Art und Weise diskutiert wird, [...] da haben wir uns teilweise täglich abgestimmt."

(5) Der Coach orientiert sich in den Sitzungen an einer von ihm bzw. ihr entwickelten, immer ähnlichen Struktur, auch wenn keine Sitzung im Detail gleich abläuft. Die zentrale Methode in diesen Sitzungen ist das Rollenspiel. Entscheidend ist, dass dieses Rollenspiel keinen vorher festgelegten oder von Dritten vorgegebenen Skripten oder Beschreibungen folgt (z.B. der Personalabteilung, Vorgaben aus entsprechenden Weiterbildungen, Seminaren). Die Inhalte und der Ablauf der Rollenspiele beruhen allein auf den Erfahrungen des Coaches, sind schriftlich nicht kodifiziert und werden entsprechend der jeweiligen Projektfragestellung situativ angepasst. Insofern entwickelt der Coach diese Rollenspiele ausschließlich erfahrungsbasiert weiter.

> „Das Thema selbst, eine Art Rollenspiel zu machen, [...] ja man redet miteinander. [...] In der Art und Weise des Coachinggesprächs, so, wie das jetzt momentan ist. Meine Mitarbeiter, glaube ich, sehen das als Standard an."

(6) Die inhaltliche Gestaltung der einzelnen Coachingsitzungen orientiert sich am jeweiligen Projektstand und dem Erfahrungsgrad des Mitarbeiters bzw. der Mitarbeiterin. Daraus resultieren entsprechende Anpassungen des Coaches und Unterschiede zwischen den Sitzungen. Während die Methode des Rollenspiels weitgehend konstant bleibt, passt der Coach die Art und Weise der Interaktionen mit den Coachees bezogen auf deren persönliche Voraussetzungen und die konkrete Projektsituation jeweils an. Insofern ist das Coaching maßgeschneidert auf die Person des Coachees und den jeweiligen Projektgegenstand.

> „Wenn jetzt ein junger oder jüngerer Mitarbeiter kommt, der das Geschäft noch nicht so lange betreut oder macht, wie ich das mache, dann kann ich dem im Normalfall sehr wohl Tipps geben, die ihm in einem Gespräch vor Ort beim Kunden von Vorteil sein werden. [...] Je erfahrener oder je langjähriger die Mitarbeiter den Job machen, desto besser wird es automatisch."

(7) Nach der Coachingsitzung ist es am Coachee, also an den Mitarbeiter*innen, die entwickelte Strategie final auszuarbeiten und in der Realität des Projektgeschäfts umzusetzen. Meist folgt nach der Verhandlung mit dem Kunden ein Feedbackgespräch mit dem Coach, in dem der Coachee berichtet, ob und inwieweit

die Strategie aufgegangen ist. Dies entspricht einer gemeinsamen Abschlussreflexion und ist in ähnlicher Weise so auch im klassischen Coachingkontext zu finden.

> „Was da abgelaufen ist, wie es abgelaufen ist, wie haben sich denn die anderen Leute verhalten. Weil, ich möchte ein bisschen rauskriegen, ob das, was wir uns im Vorfeld [...] erdacht haben, ob das denn auch so ähnlich eingetreten ist. [...] Das will ich schon wissen."

Insgesamt zeigt der Vergleich, dass die inhaltliche Bedeutung derselben Begriffe – Coaching, Coachingsitzung, Coach und Coachee – zwischen dem klassischen und dem Coaching im betrachteten Bereich neben einigen Gemeinsamkeiten deutliche Unterschiede aufweist. Diese Unterschiede beziehen sich insbesondere auf den Aufbau des Coachings und die eingesetzten Methoden. Wie die Gegenüberstellung zeigt, besteht das klassische Coaching aus mehreren Sitzungen. Jede Sitzung wird vom Coach mit Blick auf die Bedarfe des Coachees durch unterschiedliche Methoden und Interventionen gestaltet. Dazu zählen etwa Problembegehungen durch zirkuläre Fragen, Stärkenanalyse, Verdeutlichung von Verhaltensmustern durch Entpersonalisierung oder hypnotherapeutische Methoden.

Das „Coaching in personengebundenen Simulationen im Projektgeschäft" stellt einen eigenständigen, erfahrungsbasierten Lehr- und Lernansatz dar. Kennzeichnend ist, dass das Coaching meist aus einer Sitzung besteht, in der ausschließlich die Methode des Rollenspiels eingesetzt wird. Auf die Methode des Rollenspiels wird deshalb in den weiteren Ausführungen, wiederum in vergleichender Perspektive zwischen „klassischem" und dem Ansatz im hier betrachteten Bereich, genauer eingegangen.

2.3. Das Rollenspiel – klassisch und im Rahmen der personengebundenen Simulation

Das Rollenspiel als Methode wird im Weiterbildungskontext häufig in Kommunikationstrainings zur Einübung von Gesprächstechniken und zur Verdeutlichung von Einstellungen und Verhaltensweisen eingesetzt. Indem sich die Teilnehmer*innen im Training emotional und körperlich in eine bestimmte (soziale) Rolle im Kontext von Konfliktsituationen, Verhandlungssituationen oder Mitarbeitergesprächen hineinversetzen, können sie erlernte Techniken und Strategien im Gespräch ausprobieren und in einem geschützten Raum an ihrem Gegenüber „testen". Feedback durch den Trainer und durch andere Teilnehmer*innen, die das Rollenspiel beobachten, zeigt Ansatzpunkte für Veränderungen auf. Durch solche Rollenspiele werden komplexe Situationen simuliert, durch die die Vielschichtigkeit und Dynamik von Lebens- und Arbeitssituationen bewusst gemacht, eine Situation aus verschiedenen Perspektiven analysiert, eigene Befindlichkeiten, Gefühle, Ziele und Wertvorstellungen konkretisiert sowie neue Verhaltensweisen ausprobiert werden. Auf diese Weise dienen Rollenspiele zur Initiierung von Lernprozessen.

Das Rollenspiel ist eine Methode, bei der die Lebenswirklichkeit mit spielerischem Agieren verbunden wird. Die Verbindung zwischen Spielen und Lernen im Rollenspiel besteht darin, „spielend ein anderer zu sein" (Warwitz/Rudolf 2004, S. 78). Dabei geht es um die Gelegenheit, spielend einen Rollentausch vorzunehmen, sich spielerisch in fremde Personen hineinzuversetzen, sich mit ihnen zu identifizieren, in ihre Denk- und Fühlweise einzuleben und deren Handlungen zu vollziehen.

Zur Vorbereitung des Rollenspiels werden die einzunehmenden Rollen (Charaktere) besprochen, das Setting wird im Raum nachgestellt und wichtige Requisiten bereitgestellt (Bühne). Die Vorlage für das Rollenspiel liefert die Realität, also real erlebte Situationen aus dem Arbeitskontext. Rollenspiele lassen sich im Trainingskontext auf zwei Arten realisieren: entweder indem die Spielenden leibhaftig in die Rolle einer anderen Person schlüpfen, z.B. in die des Vorgesetzten, des Kunden, der Kollegin. Diese Rolle können sie aufgrund realistischer Erfahrungen nachspielen, sie karikieren sowie mit wünschenswerten Verhaltensweisen ausfüllen, Alternativen ausprobieren und diese diskutieren. Oder sie spielen sich selbst in der jeweiligen Situation, verhalten sich ‚wie immer' oder erproben im Gegenteil ein vorher ausgearbeitetes verändertes Verhalten und bekommen daraufhin Feedback von den Beobachter*innen. Insbesondere die Möglichkeiten, innere Wirklichkeiten – die innere Landkarte – anderer Personen zu erkunden und Perspektivwechsel vorzunehmen, machen Rollenspiele zu einer wirkungsvollen Methode.

Nun handelt es sich im Training um einen Gruppenkontext, in dem die Rollenspiele in der Regel in Kleingruppen durchgeführt und ausgewertet werden. Um von den positiven und erhellenden Effekten auch im Coachingkontext zu profitieren, muss der Coach unterschiedliche Rollenspiele einsetzen und ausgestalten. Beispiele zum Einsatz von Rollenspielen im Coaching sind in der folgenden Übersicht zusammengefasst (s. Tabelle 5).

Rollentausch	Coach und Coachee tauschen die Rollen, indem der Coachee die Rolle seines Gesprächspartners spielt und der Coach in die Rolle des Coachees schlüpft.
Spiegeltechnik	Die Rolle des Coachees wird vom Coach oder einer anderen Person wahrgenommen. Der Coachee beobachtet die Szene.
Doppeln	Der Coachee spielt sich selbst, der gesprochene Text wird zunächst vom Coach gesprochen und anschließend vom Coachee wiederholt. Idealerweise steht eine dritte Person zur Verfügung.
Verfremden	Der Coachee spielt verschiedene Varianten in einer Situation durch. Diese dürfen auch sehr extrem und scheinbar unrealistisch mit verbalen oder gestischen Übertreibungen sein.
Modellieren	Der Coachee kennt ein alternatives Vorgehen, hat z.B. ein Rollenmodell im Kopf und möchte dies ausprobieren.
Leerer Stuhl	Der Stuhl übernimmt die Rolle des Gesprächspartners. Dies gibt dem Coachee die Möglichkeit und Erlaubnis, dem Stuhl – stellvertretend für den Konfliktpartner – all das zu sagen, was er bisher heruntergeschluckt hat.

Tabelle 5: Einsatz von Rollenspielen im Coaching (Becker 2013)

Für Rollenspiele im Coaching sprechen ihre breiten Einsatz- und Wirkungsmöglichkeiten. Rollenspiele können als

- Diagnosehilfe dienen, um den Ist-Zustand von Fähigkeiten zu ermitteln;
- Kreativitätstechnik eingesetzt werden, um mit dem Coachee neue Verhaltensweisen zu entwickeln und damit erweiterte Spielräume für Verhaltensentscheidungen zu eröffnen;
- ‚Generalprobe' für zukünftige Situationen eingesetzt werden, um ein neues Verhalten auszuprobieren und auf Stimmigkeit zu überprüfen;
- ‚Spiegel' für den Coachee dienen, um sich Feedback für das eigene Verhalten einzuholen, Selbst- und Fremdbild abzugleichen und dadurch persönliche Sicherheit und Sozialkompetenz zu entwickeln.

In der *personengebundenen Simulation* im Projektgeschäft sind Rollenspiele *das* zentrale Element der Coachingsitzungen. Das Rollenspiel beginnt, wenn es um die Entwicklung einer konkreten Argumentationsstrategie für die jeweilige Claimingsituation geht. Dabei bringt zunächst der Coachee seine Argumente vor. Der

Coach nimmt die Rolle des Kunden ein und fordert den Coachee mit entsprechenden Gegenargumenten heraus. Oftmals kann es dann sogar ‚heiß hergehen'.

> „Grundsätzlich ist es dann so, dass man sagt, ich spiele jetzt den Auftraggeber [...]. Da merkt man dann auch, wenn es ein bisschen härter zur Sache geht. [...] Es kann im Coaching auch sein, dass man mal bewusst lauter wird. Ist auch für mich ein gutes Training. Der wird lauter, denke ich mir, okay, hoppala. Ist nicht, dass er es persönlich meint, sondern das hast du ja auf der Baustelle auch."

Diese Aussage verweist auf die großen spielerischen Potenziale des Rollenspiels. Diese entfalten sich besonders dann, wenn die Rollenspieler in einen ‚Flow' geraten und das Spiel als Realität erlebt wird und Emotionen erzeugt. Um das Gegenüber im Rollenspiel bestmöglich imitieren und den Coachee fachlich und in seiner Gesprächsführung herausfordern zu können, bedient sich die Führungskraft ihres breiten Erfahrungswissens aus ähnlichen Verhandlungssituationen, die sie selbst als Projektleiter erlebt hat. Durch den erfahrungsbasierten Einsatz des Rollenspiels wird festgestellt, wo der Coachee mit seiner Argumentationskette und seinem strategischen Vorgehen steht.

Die Besonderheit des Rollenspiels liegt darin, dass diese Strategie lediglich einen bestimmten Rahmen bzw. Korridor vorgibt und die Realisierung situativ im späteren konkreten Gesprächsverlauf erfolgt. Im Coaching wird das Rollenspiel immer wieder unterbrochen, um zu besprechen, mit welchen Argumenten agiert und reagiert wird. Deshalb handelt es sich nicht um ein in sich abgeschlossenes Rollenspiel. Im Mittelpunkt stehen vielmehr kürzere Rollenspielsequenzen, in denen die Argumente immer wieder überprüft und angepasst werden. In dieser Weise wirkt das Rollenspiel auch als Diagnoseinstrument. Eine im Verlauf des Rollenspiels wichtige Sequenz ist die ‚Generalprobe', in der die vorher besprochene und ausgearbeitete Verhandlungsstrategie final erprobt wird. Ergebnis ist ein Möglichkeitsraum, der dem Coachee einerseits klare Orientierungspunkte für einen erfolgreichen Verhandlungsprozess mit den Kunden bietet und andererseits Optionen für eigene situative Reaktionen beinhaltet.

3. Personengebundene Simulation im Projektgeschäft als Lernprozess

Eine Coachingsituation entsteht in den laufenden Arbeitsprozessen. Anlass ist eine kritische Situation im Arbeitshandeln der Projektbeschäftigten, für deren Bewältigung sie Unterstützung benötigen. Ausgehend von der Initiative der Beschäftigten in ihrer Rolle als Coachee wird eine Coachingsitzung eingeleitet. Voraussetzung ist die Bereitschaft des Mitarbeiters, sich coachen zu lassen und die geplante Vorgehensweise im Coaching gemeinsam zu entwickeln. Eine vertrauensvolle Atmosphäre innerhalb des Bereichs ermöglicht den Mitarbeiter*innen ein direktes Ansprechen von Problemstellungen und kritischen Situationen.

Dies senkt die Hemmschwelle, ein Coaching zu initiieren. Auf der Grundlage regelmäßiger formaler Instrumente und Vorgehensweisen wie etwa Projektstatusmeetings hat der Coach in seiner Rolle als Führungskraft den Überblick über die Projektstände. Aufgrund der jeweiligen Faktenlage hat der Coach, resultierend aus langjähriger Erfahrung, ein Gespür für sich anbahnende kritische Situationen. Dieses Erfahrungswissen ermöglicht ihm oder ihr eine schnelle und präzise Einschätzung der jeweiligen Situation und möglicher Lösungswege. In den gemeinsamen Coachingsitzungen wird ein Rahmen für das strategische Vorgehen in den Verhandlungssituationen mit den Geschäftspartnern entwickelt. Die Coachings und Rollenspiele bilden den Kern einer personengebundenen Simulation, deren Ablauf eine Reihe von Schritten umfasst und in einen kontinuierlichen Lernprozess mündet (s. Abbildung 13).

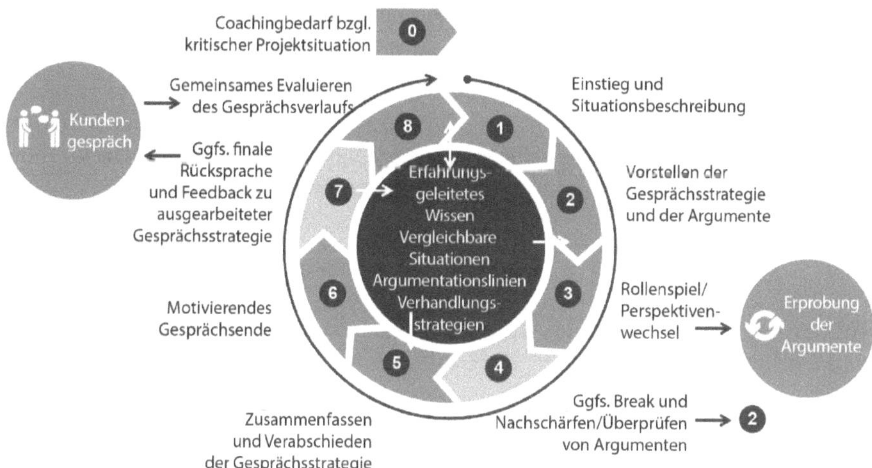

Abbildung 13: Personengebundene Simulation als kontinuierlicher erfahrungsgeleiteter Lernprozess (eigene Darstellung)

Der *Anlass (0)* für eine personengebundene Simulation ist immer ein bestimmtes auslösendes Ereignis bzw. eine kritische Situation im Projektverlauf, die ungeplant auftritt und mit spezifischen Fragestellungen verbunden ist. Daraus entwickelt sich der Bedarf nach einem Coaching zur Bearbeitung der jeweiligen Anforderungen.

Beim Einstieg und der Situationsbeschreibung geht es in *Schritt 1* darum, dass Coach und Coachee rasch ein gemeinsames Verständnis der aktuellen Projektsituation entwickeln, die wichtigen Elemente der kritischen Situation bestimmen und die sich daraus ergebenden konkreten Fragestellungen präzisieren. Der Coachee sollte entsprechend vorbereitet sein und die jeweiligen Fakten und Umstände zum Projektstand, wie die beteiligten Personen und die Vertragsdetails, auf den Punkt bringen können. Durch gezieltes Nachfragen und durch eine entsprechende Fragetechnik erfährt der Coach die ausschlaggebenden problematischen Themen und verweist ggf. bereits in dieser frühen Phase des Coachings auf relevante Sachverhalte wie etwa vertragliche Rahmenfaktoren, die schon an dieser Stelle zu einer ersten Klärung der Problemstellung beitragen können. In diesem Schritt ist ein breites Erfahrungswissen des Coachs besonders wichtig. Er bzw. sie muss den Kern der Situation erfassen und in den entsprechenden Kontext einordnen. Neben der Situationsbeschreibung muss es an dieser Stelle des Coachings auch darum gehen, einen Vorschlag zur Lösung der kritischen Projektsituation zu skizzieren und zu bestimmen, was ein gutes Ergebnis (qualitativ und quantitativ) der bevorstehenden Gesprächssituation sein kann. Es muss Klarheit darüber hergestellt werden, was später erreicht werden soll.

Nachdem ein gemeinsames Verständnis der Situation und der Zielsetzung besteht, stellt der Coachee in *Schritt 2* die eigene Gesprächsstrategie und die zentralen Argumente vor. Im gemeinsamen Gespräch werden Chancen und Risiken der Strategie beleuchtet. Durch den Dialog kann situationsbedingt nachgefragt werden: „Was wäre, wenn …?“ „Haben Sie xy bedacht?“ etc.

Im *Schritt 3* geht der Coach zum zentralen Abschnitt der personengebundenen Simulation über, dem „Rollenspiel und Perspektivenwechsel“. Er eröffnet das Rollenspiel, indem er auf die Argumente des Coachees aus der Perspektive des Kunden bzw. zukünftigen Gesprächspartners reagiert. Auf diese Weise gehen Coach und Coachee gemeinsam die bisher erarbeitete Argumentationskette durch und nehmen dabei verschiedene Rollen ein, so dass die unterschiedlichen Blickwinkel der beteiligten Personen beleuchtet werden. Der Perspektivenwechsel erfolgt durch den Coach situativ und fordert den Coachee vor dem Hintergrund der erarbeiteten Gesprächsstrategie heraus, passgenaue Argumentationsketten aufzubauen. Dabei schöpft der Coach aus bisherigen eigenen Erfahrungen in ähnlichen Situationen und Erfahrungen mit vergleichbaren Gesprächspartnern. Dadurch ist er oder sie in der Lage, den Coachee entsprechend zu fordern. Im Rollenspiel werden verschiedene Gesprächsvarianten mit einer Besetzung durch unterschiedliche Akteure erprobt. Dies ermöglicht es, den Gesprächspartner für das anstehende Kundengespräch prospektiv besser einzuschätzen und die situative Reaktionsfähigkeit einzuüben. Der Perspektivenwechsel mit dem Ziel, die einzelnen

Argumente im Rollenspiel zu erproben und dadurch die Gesprächsstrategie immer wieder zu variieren, kann beliebig oft wiederholt werden.

In den Rollenspielen kann sich im Verlauf des Coachings herausstellen, dass einzelne Argumente noch stichhaltiger ausgearbeitet und variiert werden müssen, um eine Verhandlung erfolgreich zu gestalten. Entsprechend kann das Coaching im *Schritt 4* unterbrochen werden. Der Coachee trägt die Verantwortung dafür, die Argumente zu überprüfen, zu verbessern und für die Fortsetzung der Coachingsitzung vorzubereiten. Dies geschieht zeitnah und Coach und Coachee steigen dann bei Schritt 2 bzw. 3 erneut in die Prozesssimulation ein.

Wurde die Gesprächsstrategie im Rollenspiel zufriedenstellend für beide Seiten erprobt, folgt in *Schritt 5* die Zusammenfassung und Verabschiedung. Hier gibt der Coach Hilfestellung, indem er oder sie die zentralen Aspekte zusammenfassend auf den Punkt bringt und basierend auf den eigenen Gesprächserfahrungen weitere Tipps und Empfehlungen an den Coachee gibt. Der Coachee notiert meist Stichpunkte, um in der anstehenden Gesprächssituation alle gesammelten Argumente zielführend einsetzen zu können. Das Coachinggespräch ist beendet, sobald Coach und Coachee eine ausgearbeitete Strategie verabschiedet haben.

Schritt 6 umfasst ein motivierendes Gesprächsende, für das der Coach verantwortlich ist. Der Coachee muss mit einer positiven und zuversichtlichen Stimmung in das anstehende Gespräch entlassen werden und mit dem Gefühl und dem Bewusstsein, dass gemeinsam die beste Strategie für den Bereich und das Unternehmen erarbeitet wurde.

Je nach Projektsituation und Erfahrenheit des Coachees bedarf es vor dem realen Kundengespräch im Einzelfall noch eines *Schritts 7*, in dem der Coach für eine finale Rücksprache und ein Feedback zur ausgearbeiteten Gesprächsstrategie zur Verfügung stehen sollte.

Nachdem die Verhandlungen mit dem Kunden stattgefunden haben, erfolgt im *Schritt 8* ein Austausch zwischen Coach und Coachee, in dem eine Evaluierung des Gesprächsverlaufs und der Ergebnisse stattfindet. In einem gemeinsamen Termin wird der Verlauf bezogen auf die Passgenauigkeit der Strategie und die erfolgreiche Gesprächsführung des Coachees reflektiert sowie Lessons Learned festgehalten. Dieses Vorgehen ermöglicht es, aus jeder gecoachten Projektsituation einen direkten Nutzen für kommende Verhandlungssituationen zu ziehen. Durch die gemeinsame Evaluierung und Reflexion generieren Coach und Coachee explizites und implizites Wissen und erweitern ihr Erfahrungswissen stetig, das dann zur Bewältigung neu auftretender kritischer Situationen verfügbar ist. Über den Coach wird dieses erfahrungsbasierte Wissen an Beschäftigte in nachfolgenden Projekten weitergegeben. Als ‚Drehscheibe' bringt der Coach den

Wissens- und Erfahrungszuwachs in die Organisation, wodurch kontinuierliche Lernprozesse im Sinne eines Organisationslernens initiiert werden. In einer längerfristigen Sicht wirkt sich dies für die Organisation perspektivisch als Wissens- und Erfahrungszuwachs im Umgang mit den vielfältigen Situationen im Ablauf von Projekten aus (s. Abbildung 14).

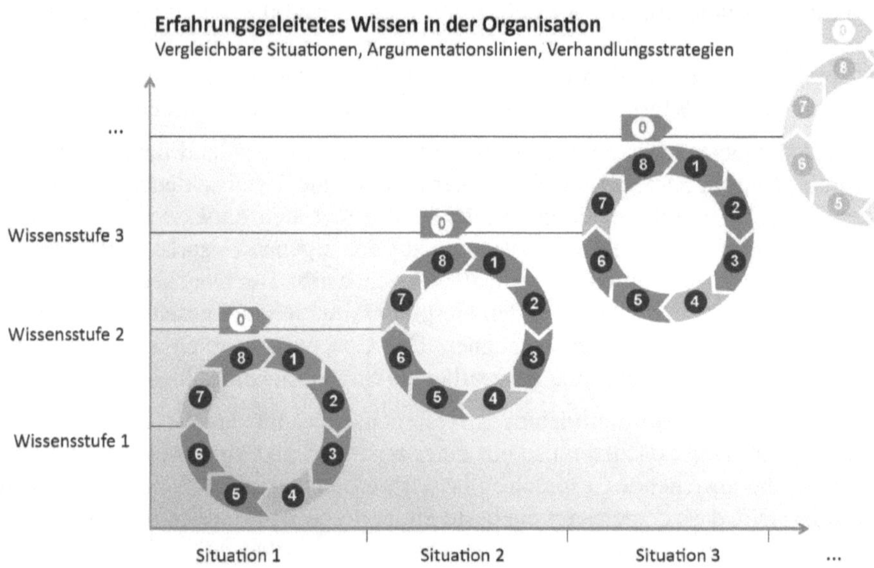

Abbildung 14: Personengebundene Simulation als Wissens- und Erfahrungszuwachs in der Organisation (eigene Darstellung)

Ein auf Dauer gestellter Prozess personengebundener Simulationen, der inhaltlich in unterschiedlichen Feldern etabliert werden kann, mündet auf diese Weise in kontinuierliche erfahrungsgeleitete Lernprozesse. Diese Lernprozesse adressieren alle vier Dimensionen des erfahrungsgeleitet-subjektivierenden Arbeitshandelns.

Dimension *Vorgehen*: Bezogen auf das Vorgehen werden auf die spezifische Situation ausgerichtete Verhandlungskompetenzen ausgebildet und gestärkt. Die Projektbeschäftigten werden befähigt, geeignete Strategien für eine angemessene Verhandlungsführung zu entwickeln und dabei die eigenen und die Interessen der Kunden zu berücksichtigen. Erlernt wird, zunächst unterschiedliche Perspektiven mit den Verhandlungspartnern in eine gemeinsame Sichtweise zu transformieren. Gestärkt wird die Fähigkeit, den Projektverlauf zu ‚lesen‘ und für künftige Projekte aufkommende kritische Situationen bereits im Vorfeld besser zu erkennen und möglicherweise zu umgehen oder zu vermeiden.

Dimension *Wahrnehmung*: Unterstützt wird dieses Vorgehen in den Coachings durch die Stärkung spezifischer Wahrnehmungen, indem unterschiedliche Reaktionen der Verhandlungspartner und mögliche eigene Antworten durchgespielt werden. Gelernt wird, Stimmungen und atmosphärische Veränderungen während der Verhandlungen wahrzunehmen und zu registrieren, was in den Nebensätzen und ‚zwischen den Zeilen' im Verlauf der Verhandlungssituationen von den Gesprächspartnern vermittelt wird.

Dimension *Denken*: Durch die Coachings werden offene und antizipierende Formen des Denkens gestärkt. Gestützt und gefördert werden die Fähigkeiten zu einem vernetzten Denken, das dann in ein entsprechendes Arbeitshandeln umgesetzt werden kann. Gewünscht und gefordert wird, Gefühle und Visionen zuzulassen und diese in einen antizipierenden Lernprozess einzubetten. Die Einübung solcher prospektiven Denk- und Handlungsformen gibt den Projektbeschäftigten wichtige Hinweise dafür, mögliche Wirkungen und Rückwirkungen ihrer Entscheidungen innerhalb nicht linearer Prozessketten in ihrem aktuellen Arbeitshandeln zu berücksichtigen. Durch eine so gestärkte Prognosefähigkeit können im Projektverlauf positive Signale für eine Ausweitung der Projektaktivitäten und negative Signale für die Einleitung rechtzeitiger Gegenmaßnahmen genutzt werden.

Dimension *Beziehung*: Grundlegend für die Coachings ist die Stärkung kooperativer und kommunikativer Fähigkeiten der Projektbeschäftigten in der Beziehung mit den jeweiligen Verhandlungspartnern. Dabei geht es, häufig auf Grundlage eines prinzipiell gleichen Verständnisses der technischen Prozesse, um einen Ausgleich zwischen Konkurrenz und Kooperation zur Erreichung gemeinsamer Ziele. Wichtig ist dabei die Fähigkeit, in den direkten personengebundenen Austausch- und Abstimmungsprozessen zwischen den beteiligten Projektakteuren belastbare Vertrauensbeziehungen aufzubauen und damit eine tragfähige Grundlage für die Zusammenarbeit während der jeweiligen Laufzeiten der Projekte zu schaffen.

4. Voraussetzungen der personengebundenen Simulation

Die personengebundene Simulation ist durch den Einsatz von Rollenspielsequenzen in Coachingsitzungen geprägt, durch die Lerneffekte und ein damit verbundener Wissens- und Erfahrungszuwachs realisiert werden. Allerdings muss dafür eine Reihe von Voraussetzungen erfüllt sein. Dies umfasst organisatorische, bereichsspezifische und kulturelle Rahmenbedingungen sowie spezifische Kompetenzen der beteiligten Personen.

4.1. Organisatorische und kulturelle Voraussetzungen im Projektteam

Die Untersuchungsergebnisse zeigen, dass bestimmte kulturelle Rahmenfaktoren und Strukturen für die Umsetzung personengebundener Simulationen förderlich sind. Die Kultur eines Unternehmens beeinflusst die gesamte Organisation und spiegelt sich innerhalb einzelner Bereiche und Abteilungen wider. Darüber hinaus entwickeln sich nicht selten spezifische kulturelle Ausprägungen in einzelnen Fachbereichen, Abteilungen und Projektteams. Diese kulturellen Aspekte prägen die Kooperations- und Kommunikationsbeziehungen und werden durch die Handlungen der beteiligten Akteure reproduziert. Im Referenzbereich sind einige kulturelle Aspekte auffällig, die die Realisierung von Coachingsitzungen zwischen Coach (Führungskraft) und Coachee (Mitarbeiter*innen) fördern. Im Mittelpunkt steht dabei eine offene Kommunikationskultur, die den Informations- und Ideenfluss nachhaltig unterstützt.

> „Wir unterhalten uns ständig, es ist permanent. Was ich nicht weiß, weiß der andere und umgekehrt."

Eine offene Fehlerkultur fördert erwünschte Nachfragen bei Unsicherheiten und das gemeinsame Anliegen, aus Fehlern zu lernen, um sie zukünftig zu minimieren oder zu vermeiden.

> „Der kommt mit einer Problemstellung und wenn er mich fragt, was zu tun ist, dann würde ich ihn einfach fragen: Jetzt überlege mal, jetzt entscheide mit dem Bauchgefühl. Du kannst nichts kaputt machen [...]. Dann kommt er meistens mit ein, zwei oder drei Szenarien und dann schlüpfe ich in die Rolle als Coach."

Angesprochen wird damit, dass Fehler in einer fehlerfreundlichen Arbeitskultur als Quelle für Lernprozesse darüber informieren, was rückblickend betrachtet falsch gelaufen ist, und gleichzeitig Ansatzpunkte für neue Handlungsstrategien liefern. Unterstützt wird diese Haltung dadurch, dass Anerkennung und Wertschätzung von Leistungen wichtige Elemente einer ausgeprägten Feedbackkultur sind.

> „Wir haben bei uns das große Glück, […] dass es sehr gute Hilfestellungen gibt von den Bereichsleitern, Projektleitern, Projektbearbeitern."

Eine etablierte formale Meetingkultur durch Tools wie offene Kalender und Regeltermine ist von einem offenen und kollegialen Umgang begleitet, was den situativen informellen Austausch untereinander unterstützt. Durch flache Hierarchien ist ein Austausch zwischen den unterschiedlichen Beschäftigtengruppen jederzeit möglich.

> „Wichtig ist, und das macht unser Chef, dass die Türen offen sind […]. Du bringst einen gewissen Geist in die Mannschaft rein, signalisierst jetzt, Jungs oder Mädels, ihr könnt [...] mit jedem Thema kommen."

Erkennbar ist eine ausgeprägte Wertekultur, die sich durch Loyalität, Offenheit, Ehrlichkeit und Vertrauen auszeichnet.

> „Normale Kollegialität. Wer ein Problem hat, kommt her aus der Situation, du denkst nach: Vielleicht fällt dir ein, wen er sonst noch fragen kann, wenn es detaillierter geht, und fertig."

Die dargestellten Coachingsitzungen sind geprägt durch eine Atmosphäre von kollegialem Austausch und Wertschätzung. Dies gilt sowohl für die Kooperation der Beschäftigten untereinander als auch zwischen den Beschäftigten und der Führungskraft. Die regelmäßigen Coachingsitzungen sind in das Arbeitshandeln integriert und als Teil dieser Organisationsstruktur wirken sie quasi als ‚Antriebsriemen', der die Kultur des Bereichs prägt und mit immer neuen Impulsen versorgt. Eine zentrale Rolle für die Etablierung und Förderung von Coachingsitzungen spielt die Führungskultur im Bereich. Um die Rolle des Coachs einnehmen zu können, muss die Führungskraft es als ihre Pflicht und Aufgabe sehen, die Mitarbeiter*innen zu fördern und sie in den Coachingsitzungen auf der Suche nach neuen Wegen und Lösungen auch immer wieder herauszufordern.

Die Führungskraft übernimmt so bei der Weiterentwicklung der Mitarbeiter*innen eine zentrale Rolle. Innerhalb des Unternehmensbereichs wird das Coaching als wichtige Führungsaufgabe und Gegenstand von Führung verstanden. Darüber hinaus ist die Führungskultur von kollegialer Zusammenarbeit und gegenseitigem Vertrauen zwischen Führungskraft und Mitarbeiter*innen geprägt. Dies zeigt sich etwa an der engen Zusammenarbeit in Tandems, die von Mitarbeiter*innen und Führungskraft in bestimmten Projektphasen gebildet werden. Diese kollegiale Kooperation fördert den fachlichen Austausch und das gegenseitige Vertrauen und schafft die Basis für einen kritischen Diskurs zu fachlichen Themen.

4.2. Fachliche und überfachliche Kompetenzen

Eine weitere wichtige Voraussetzung zur erfolgreichen Durchführung personengebundener Simulationen sind spezifische Kompetenzen. Sowohl der Coach als auch der Coachee müssen über unterschiedliche fachliche und überfachliche Kompetenzen verfügen, damit die Coachingsitzungen gegenseitige Lernprozesse in Gang setzen. Dies bildet die Grundlage für einen Wissens- und Erfahrungszuwachs im Coachingprozess.

Zentral für die Führungskraft in ihrer Rolle als *Coach* sind ausgeprägte *fachliche Kompetenzen*. Dies umfasst ein in langjähriger Berufserfahrung erworbenes umfangreiches Fachwissen, langjährige Erfahrungen in Projekten unterschiedlicher Größen und Inhalte und eine dadurch nachgewiesene Fachexpertise im Projektgeschäft.

> „Also du musst schon auch als Vorgesetzter ein technisches Verständnis haben, weil sonst brauche ich ihn nicht zu fragen."

Erforderlich ist außerdem ein damit verbundenes spezifisches Erfahrungswissen im technisch-fachlichen Bereich, das ebenfalls durch langjährige Arbeit in unterschiedlichen Projekten erworben wurde und dauerhaft aktualisiert wird. Spezifische Führungskompetenzen umfassen darüber hinaus ausgeprägte Prozesskenntnisse über Schnittstellen hinweg. Darin eingeschlossen ist ein Wissen zu den jeweiligen Verträgen und deren Inhalten als Basis, eine Verknüpfung mit den jeweiligen technischen Vorgaben sowie ein einschlägiges Kontextwissen entlang der jeweiligen Prozessketten.

Die Rolle eines Coachs können somit nur diejenigen Beschäftigten einnehmen, die als Expert*innen in ihrem Bereich ausgewiesen sind und über weitreichendes Erfahrungswissen verfügen. Dies erklärt auch, warum etwa eben von der Universität gekommene oder junge Führungskräfte für die Rolle des Coachs kaum geeignet scheinen, da sie über zu geringe berufliche Erfahrungen verfügen.

> „Du wirst nicht auf der Uni als Projektmanager für unseren speziellen Teil geboren oder gemacht oder geschaffen. Also da steckt ein Stück weit jahrelange Erfahrung drinnen […]. Nichts gegen Akademiker, ich bin selber Akademiker, aber irgendeiner frisch von der Uni bewirbt sich auf den Posten und würde ihn kriegen, was ich so oder so nicht glauben würde, und müsste dann das machen. Der versteht die Welt nicht."

In den Coachingsitzungen wird aktiv auf implizites, erfahrungsbasiertes Wissen zurückgegriffen, welches nur sehr bedingt durch eine fachliche Ausbildung erlernt werden kann. Neben dem fachlichen und erfahrungsbasierten Background benötigt der *Coach überfachliche Kompetenzen*, die insbesondere die folgenden Elemente umfassen:

- Umgang mit verschiedenen Charakteren: Mitarbeiter*in und Kunde,
- Empathie: Verständnis für Mitarbeiter*innen haben,
- Perspektivenübernahme: unterschiedliche ‚Brillen' aufsetzen und Blickwinkel einnehmen,
- Menschenkenntnis,

- aktives Zuhören, ‚zwischen den Zeilen lesen und hören',
- sich selbst zurücknehmen können (Selbststeuerung),
- Kommunikationsfähigkeit (Fragetechniken anwenden),
- Mitarbeitermotivation (Impulse bzw. Anstöße geben),
- Eigenmotivation: Spaß in der Rolle als Coach haben, gerne Zeit in die Mitarbeiter*innen bzw. in die Zielsetzung investieren, ggf. auch über den eigenen Aufgabenbereich hinaus,
- lernförderliche Atmosphäre schaffen.

Über diese Elemente einer Coachingkompetenz können auch Beschäftigte verfügen, die keine Führungsverantwortung innehaben. Zu diesem Kreis zählen etwa Mentor*innen, die in dieser Rolle bereits über Erfahrungen in der Weitergabe von Wissen und Informationen verfügen, oder ausgewählte langjährige Mitarbeiter*innen, die für die Einarbeitung neuer Beschäftigter verantwortlich sind. Ebenfalls zu diesem Kreis zählen Beschäftigte, die aufgrund einer fachlichen Führungsposition einschlägige Erfahrungen in der Steuerung von Teams und Mitarbeiter*innen gesammelt haben.

Auch wenn die fachlichen und überfachlichen Kompetenzen gegeben sind, muss der Coach innerhalb der Organisation ein gewisses Standing haben. So können nur diejenigen Personen als Coach agieren, die bei den Kolleg*innen akzeptiert und geschätzt wird. Die Person muss als Ansprechpartner und Ratgeber anerkannt sein, um in den Coachingsitzungen einen kooperativen Dialog führen zu können. Dies versetzt sie in die Lage, gemeinsam mit dem Coachee eine Verhandlungsstrategie zu entwickeln, die es ermöglicht, die Projektziele des eigenen Bereichs und Unternehmens mit denen des Verhandlungspartners in Übereinstimmung zu bringen.

Wie bereits angedeutet, steht der Coachee mit seiner oder ihrer jeweiligen Problemstellung im Mittelpunkt der Coachingsitzung und gilt als Experte für das eigene Anliegen. Um selbst und im Tandem mit dem Coach Lösungsansätze zu generieren, muss auch der *Coachee* über *fachliche* und *überfachliche* Kompetenzen verfügen. Kernbereich der *fachlichen* Kompetenzen ist das Fachwissen zu den technischen und organisatorischen Anforderungen des Projekts. Dazu zählt auch die Übersicht zu den vertraglichen Rahmenbedingungen der Projektdurchführung. Hinzu kommen die für Projekte wichtigen Kompetenzen für die steuernden Tätigkeiten, was die Zuordnung der Verantwortlichkeiten und die Aufgabenverteilungen innerhalb des Projektteams umfasst.

Eine wichtige Voraussetzung für erfolgreiche Coachingprozesse sind daneben *überfachliche* Kompetenzen. Grundlegend ist dabei, dass der Coachee ausgehend von einer konkreten Problemstellung im Projektverlauf aktiv auf den Coach zugeht, Unterstützung einfordert und sich auf die mit dem Coaching verbundenen unterschiedlichen Gesprächssituationen einlässt. Weitere überfachliche Kompetenzen umfassen außerdem folgende Elemente:

- Vertrauen gegenüber dem oder der Vorgesetzten,
- Offenheit zur Aufnahme neuer Anregungen und Hilfestellungen,
- Motivation zur persönlichen Weiterentwicklung,
- Motivation zur Entwicklung neuer Perspektiven im Projekt auch jenseits der ursprünglichen Planungen,
- Engagement.

Für den Coach und den Coachee gelten somit ähnliche Voraussetzungen, um durch eine Coachingsitzung die anstehenden Verhandlungssituationen bestmöglich vorbereiten zu können. Die Grundlage besteht im gemeinsam geteilten Selbstverständnis, dass Coach und Coachee als Tandem agieren und sich auf einer fachlichen Ebene austauschen. Ein weiterer wichtiger Aspekt ist die situative Anpassung des Verlaufs der Coachingsitzungen. Diese ändern sich jeweils in Abhängigkeit von der Berufserfahrung und der Zugehörigkeit zum Bereich und zum Unternehmen.

> „Also jüngere Mitarbeiter werden vermutlich eine klarere Ansage kriegen.“

Dies verweist auf die spezifisch erfahrungsbasierten Elemente dieses Lehr- und Lernansatzes: Aufbauend auf fachlichen und überfachlichen Qualifikationen und Kompetenzen steht das in den Arbeitsprozess integrierte ‚Erfahrung-Machen‘ als dynamisches Element im Mittelpunkt – und zwar auf Seiten des Coachs wie des Coachees.

5. Voraussetzungen zur weiteren Umsetzung und Verbreitung der personengebundenen Simulation

Bei der personengebundenen Simulation im Projektgeschäft handelt es sich um einen spezifischen Ansatz für erfahrungsbasiertes Lernen und Lehren. Wie die Ausführungen zeigen, ist dieser Ansatz mit einer Reihe positiver Effekte für den Wissens- und Erfahrungszuwachs der Mitarbeiter*innen und der Organisation sowie mit Effizienzvorteilen in der Durchführung von Projekten verbunden. Dies hängt in erster Linie damit zusammen, dass dieser Ansatz prospektiven Erfahrungslernens im Arbeitsprozess verankert ist. Mit dem im Abschnitt 3 vorgestellten Ablauf ist es möglich, diesen Ansatz auch in anderen Unternehmenszusammenhängen zu nutzen. Allerdings ist die Implementierung einer personengebundenen Simulation in anderen Organisationsbereichen und Unternehmen immer abhängig von einem passgenauen Zuschnitt bezogen auf die Spezifika der jeweiligen Arbeitsprozesse. Daraus ergibt sich eine Reihe von Voraussetzungen, die bei einer Übertragung zu beachten sind.

- Im Zusammenhang mit der Verwendung der ‚klassischen' Begriffe wie Coaching und Rollenspiel sollte bei einer Übertragung der personengebundenen Simulation auf andere Bereiche ausreichend Zeit darauf verwendet werden, diese Begriffe in ihrer unterschiedlichen Bedeutung zu verstehen, einzuordnen und zu kommunizieren.
- Die personengebundene Simulation wurde hier im Bereich des Projektgeschäfts untersucht und als neuer, erfahrungsbasierter Lehr- und Lernansatz entwickelt. Eine Übertragung des Ansatzes bietet sich insbesondere für Bereiche an, in denen ebenfalls kritische Situationen im Arbeitsprozess, vergleichbar mit den hier analysierten Claimingsituationen, auftreten. Dies umfasst etwa Bereiche, in denen Beschäftigte Verhandlungen unter komplexen Rahmenbedingungen führen müssen, wie im Einkauf oder im Vertrieb. Auch in weniger komplexen Fällen wie der Vermittlung von einschlägigen beruflichen Erfahrungen an Berufseinsteiger*innen können Coachings dazu beitragen, schnell von erfahrenen Beschäftigten und ihren erfolgreichen Vorgehensweisen im Projektgeschäft zu lernen.
- Der Erfolg einer personengebundenen Simulation ist davon abhängig, dass sowohl der Coach als auch der Coachee im Coaching auf Basis ihres Erfahrungswissens situativ interagieren und Lösungen erarbeiten. Die Elemente des vorgestellten erfahrungsbasierten Lehr- und Lernansatzes sind als Leitplanken zu verstehen, mit denen der Zusammenhang zwischen den Gesprächssituationen im Coaching und der Methode des Rollenspiels verdeutlicht werden soll. Eine erfolgreiche Umsetzung des Ansatzes kann nicht mittels einer Toolbox oder eines formalen Prozesses realisiert werden. Erforderlich ist vielmehr ein kontinuierlicher, in die jeweiligen Arbeitsprozesse eingebetteter Lehr- und Lernprozess, der gestützt wird durch eine lernförderliche Organisationsstruktur.

  „Sobald da irgendwelche Prozesse, Vorgehensweisen festgelegt werden, vergessen Sie es. Schränkt Kreativität ein. [...] Das würde wesentlich das Merkmal des Coachings wegnehmen. [...] Das muss freien

> Raum bieten, dass man es selbst gestalten kann. [...] Wie gesagt, Gott sei Dank kein strukturiertes Tool. [...] Das ist eines der wenigen Sachen, wo es nicht mit einem Wahnsinnsprozess hinterlegt ist [...], weil es [...] nicht dokumentiert und so eine Selbstverständlichkeit ist. Und spielerisch, weil du keinen Zwängen ausgesetzt bist, machst du es einfach."

Vor diesem Hintergrund kann der Ansatz als Orientierung zur gezielten Vorbereitung und einem strukturierten Vorgehen in unterschiedlichen Arbeitsprozessen genutzt werden. Der Erfolg des Coachings ist ablesbar am Zuwachs des Erfahrungswissens der beteiligten Mitarbeiter*innen und Führungskräfte. Neben einer lernförderlichen Organisationsstruktur hängt eine erfolgreiche personengebundene Simulation in hohem Maß vom Hauptakteur, dem Coach, ab. Bei einem Transfer in andere Bereiche sind insbesondere folgende personelle Voraussetzungen zu berücksichtigen:

- Der Coach verfügt über ein umfangreiches Erfahrungswissen im einschlägigen Bereich, hat die jeweiligen kritischen Situationen über viele Jahre selbst erlebt und eigene Lösungen erarbeitet sowie umgesetzt. Als Experte wird seine Kompetenz geschätzt und sein Ratschlag gerne angenommen.
- Der Coach versteht das Coaching als zentrales Instrument zur Mitarbeiterentwicklung und -förderung sowie zur Weitergabe von Erfahrungswissen im Unternehmen und bringt dementsprechend die Bereitschaft mit, zeitlich und mental offen für Coachingbedarfe der Mitarbeiter*innen zu sein. Dies könnte dadurch unterstützt werden, dass Coaching als Tätigkeitsmerkmal in der Stellenbeschreibung hinterlegt ist, so dass der Coach auf Anfrage schnell und unmittelbar verfügbar ist.
- Der Coach bringt entsprechende Führungskompetenzen und soziale Kompetenzen mit (Empathie, ausgeprägte Kommunikationsfähigkeit im Sinne von Gesprächsführung, Menschenkenntnis), um die Coachings zielführend zu gestalten.

Dies verweist darauf, dass zu den Voraussetzungen für die personengebundene Simulation eine ganze Reihe sogenannter ‚weicher' Faktoren zählen: eine Haltung der Offenheit, des Vertrauens, des Interesses daran, voneinander zu lernen und sich kollegial auszutauschen, Fehler machen zu dürfen, Stärken zu stärken und die Bereitschaft zu lebenslangem Lernen. Diese Faktoren sollten für alle Beteiligten als notwendige Voraussetzungen für eine erfolgreiche Umsetzung personengebundener Simulation herausgestellt werden. Zu überprüfen ist also vor einer Übertragung, ob der jeweilige Unternehmensbereich über dieses Mindset verfügt und die personengebundene Simulation auf fruchtbaren Boden fällt.

6. Fazit

Das erfahrungsgeleitete Handeln kann und muss, wie das Beispiel der personengebundenen Simulation zeigt, gelernt und gefördert werden. Personengebundene Simulationen im Projektgeschäft sind ein neuer Ansatz zur Initiierung erfahrungsbasierter Lehr- und Lernsituationen, die in den Arbeitsprozess integriert sind. Damit ist dieser Ansatz zugleich ein Element einer Arbeitsgestaltung, durch die das erfahrungsgeleitete Arbeitshandeln und Lernen unterstützt und weiterentwickelt werden können. Abschließend sollen die dafür erforderlichen zentralen Bausteine zusammengefasst werden.

- Lernprozesse werden in Form gegenseitiger Lernbegleitung durch Kolleg*innen und Vorgesetzte organisiert (Mentoring, Patenschaften, Coaching). Die unterschiedlichen Wissensbestände und Kompetenzen der Beschäftigten (in berufsbiografischer Perspektive, zwischen jüngeren und älteren Beschäftigten, zwischen Beschäftigten mit unterschiedlichen Erfahrungen im und außerhalb des eigenen Unternehmens, national/international u.a.) werden für die Lernprozesse anschlussfähig gemacht und genutzt.
- Maßnahmen der Lernunterstützung stehen zur Verfügung. Dazu zählen zeitliche Ressourcen für das Lernen im Arbeitsprozess, ein einfacher Zugriff auf Lernmaterialien sowie ein umfassender Zugang zu arbeitsrelevanten Informationen und Hintergrundwissen.
- Lernprozesse sind gegenstands- und kontextbezogen, der Wissens- und Erfahrungsaustausch ist an Objekte und Gelegenheiten gebunden.
- Soziale Beziehungen sind Bestandteil der Arbeit. Kommunikation mit Kolleg*innen, Vorgesetzten und Kunden ist erforderlich, erwünscht und selbstständig gestaltbar.
- Das Arbeits- und Lernklima ist von Offenheit und Fehlerfreundlichkeit geprägt. Fehler werden als Anlass für Verbesserungsprozesse gesehen, Selbstkontrolle steht vor Fremdkontrolle, es gibt ‚Vorschussvertrauen'.
- Es existiert eine wertschätzende Feedbackkultur – innerhalb von Teams, Projektgruppen und Unternehmensbereichen und bezogen auf Rückmeldungen von Kolleg*innen und Vorgesetzten.

XII Personalpolitische Modelle, die den Erwerb von Kontextwissen unterstützen

Annegret Bolte

1. Modelle zur Organisation von erfahrungsgeleiteter Kooperation im Arbeitsalltag

Erfahrungsbasiertes Kontextwissen stellt keinen ‚Erfahrungsschatz' dar, sondern muss laufend weiterentwickelt und auf neue Entwicklungen und Anforderungen ausgerichtet werden. Kontextwissen ist immer ein spezifisches Wissen um die Besonderheiten des Unternehmens, die praktizierten Vorgehensweisen, die handelnden Akteure. Es ist an praktisches Handeln gebunden und hat große implizite Anteile, es kann somit nicht in objektivierender Form als reines Faktenwissen und systematisches Wissen dokumentiert oder in institutionalisierten Formen wie Kursen, Seminaren oder formalisierten Lernmodulen mittels PC o.Ä. vermittelt werden. Dieses Wissen kann nur in überwiegend selbstgesteuerter und selbstbestimmter Art und Weise erworben werden. Erfahrungsbasiertes Kontextwissen kann zudem nur im praktischen Arbeitshandeln generiert und angeeignet werden.

Im Kapitel X ist dargestellt worden, wie Beschäftigte in begleiteten Lerngruppen beim Erwerb von erfahrungsbasiertem Kontextwissen unterstützt werden. Dabei geht es nicht nur darum, einmalig andere Bereiche kennenzulernen, sondern auch darum, ein erfahrungsoffeneres Vorgehen in der eigenen Arbeit zu erlernen. Für die Lernenden ergibt sich in der Durchführung solchermaßen strukturierter Lernprojekte die Möglichkeit, sich selbstbestimmt einen Zugang zu anderen Unternehmensbereichen zu schaffen. So können sie selbstgesteuert anforderungsbezogene – auch informelle und implizite – Informationen im persönlichen Austausch einholen und vor Ort gegenstandsbezogen kommunizieren. Das begleitete Lernen unterstützt die Lernenden durch die Bereitstellung eines organisationalen Rahmens und bietet ihnen explizit die Möglichkeit zur Reflexion und zum Austausch ihrer Lernerfahrungen. Aber auch jenseits solcher begleiteter Lernprozesse kann erfahrungsbasiertes Kontextwissen in der Durchführung gemeinsamer Aufgaben erworben werden.

Unternehmen können ihre Arbeitsorganisation so gestalten, dass diese organisatorische Voraussetzungen für einen eher individuellen Erwerb von erfahrungsbasiertem Kontextwissen bietet. Solche Modelle sind seit Längerem bekannt und vielfach erprobt. Wir haben an anderer Stelle (vgl. Porschen/Bolte 2004; Bolte/Porschen 2006a, 2006b; Porschen 2008; Porschen-Hueck et al. 2017) organisatorische bzw. personalpolitische Modelle ausführlich beschrieben, die den Erwerb von Kontextwissen begünstigen.

Für Mitarbeiter*innen ist es in ihrem Arbeitsalltag selbstverständlich, den Erfolg ihres Bereichs zu optimieren. Dabei geraten die Auswirkungen auf andere Bereiche leicht aus dem Blickfeld. Die im Folgenden beschriebenen Modelle geben Beschäftigten die Möglichkeit, andere Abteilungen und Standorte eines Unternehmens, deren Arbeitsweisen, Problemstellungen und handelnde Personen näher kennenzulernen. Dabei stehen diese Modelle einander nicht konkurrierend gegenüber, sondern können sich ggf. gut ergänzen.

Einige der von uns schon früher beschriebenen Modelle eignen sich hervorragend dafür, den Erwerb von Kontextwissen zu unterstützen. Wir haben in der Praxis personalpolitische Modelle gefunden, die den Erwerb von Kontextwissen begünstigen. Die Motivation der Unternehmen bei der Einführung der Modelle war sehr unterschiedlich: Die Förderung von Kontextwissen stand dabei nie explizit im Vordergrund. Zumeist richteten sich entsprechende Maßnahmen nur ganz allgemein auf die Förderung von Kooperation und Kommunikation im Unternehmen.

Im Folgenden sollen unterschiedliche Modelle[1] vorgestellt werden, die den Erwerb von Kontextwissen unterstützen können. Sie stellen einen Rahmen dar, innerhalb dessen die Beschäftigten informell und erfahrungsgeleitet kooperieren und dabei das für sie notwendige Kontextwissen erwerben können. Alle beschriebenen Modelle stellen die Erzeugung gemeinsamer Erfahrungsräume und eines gemeinsamen Erfahrungswissens in den Mittelpunkt. Das Netzmodell rückt dabei vor allem die Schaffung persönlich-empathischer Beziehungen in den Vordergrund. Das Hospitations- und Rotationsmodell, die partielle Mitarbeit ‚vor Ort' oder Job Rotation, aber auch gemeinsame Projekte ‚quer zum betrieblichen Alltag' schaffen Voraussetzungen für den Erwerb einer gemeinsamen Sprache über Bereichsgrenzen hinweg und geben den Beschäftigten die Möglichkeit, in konkreten Kooperationssituationen einen Wechsel der Perspektiven vorzunehmen. Diese Modelle stehen einander nicht konkurrierend gegenüber, sondern können sich ggf. gut ergänzen.

Bevor die angesprochenen Modelle im Einzelnen vorgestellt werden, wird die Bedeutung personaler Netze für den Erwerb von Kontextwissen dargestellt.

---

1 Dieser Beitrag stellt eine überarbeitete und aktualisierte Fassung einer von der Autorin gemeinsam mit Stephanie Porschen-Hueck zusammengestellten Darstellung von Modellen zur Organisation von Kooperation im Arbeitsalltag dar. Vgl. Bolte/Porschen 2006a, S. 71–138. Eine ausführliche Darstellung personaler Netze findet sich zudem in Porschen 2008, S. 241ff.

2. Die Bedeutung von personalen Netzen für den Erwerb von Kontextwissen

Personale Netze[2] spielen für die (all-)tägliche Arbeit eine besondere Rolle. Eine Besonderheit der latenten Netze bzw. Netzbeziehungen liegt darin, dass sie zunächst an keinen bestimmten Zweck gebunden sind. Die Beschäftigten können auf solche Netze situativ zurückgreifen; somit stellen diese eine ergänzende und absichernde Ressource für die Beschäftigten dar.[3] Für personale Netze gibt es unzählige Beispiele:

- Aus den Produktionsbetrieben eines Elektrounternehmens ist ein institutionalisiertes Netz in Form einer Meistervereinigung bekannt. In diesem Netz sind Meister*innen zusammengeschlossen, die sich sowohl bei betrieblichen als auch außerbetrieblichen Veranstaltungen treffen und damit Beziehungsnetze über die einzelnen Standorte hinweg gespannt haben. Hier können sie sich unverbindlich bei Gleichgestellten Rat für anstehende Probleme in ihrem zu betreuenden Bereich holen.
- In der Produktionsanlagenplanung eines Automobilkonzerns hat sich für bestimmte Detailprobleme des laufenden Betriebes ein Expertennetz herauskristallisiert. Dieses ist nicht von der Unternehmensleitung eingesetzt worden, sondern ergab sich aus der Eigeninitiative einiger Ingenieur*innen in Verbindung mit Spezialist*innen aus der Technologieabteilung zum Zweck der Besprechung notwendiger schneller Lösungen.

Den hohen Stellenwert der latenten Beziehungen im Zusammenhang mit Netzwerkphänomenen hat beispielsweise Mark Granovetter (1973) erkannt und als „schwache Bindungen“ (weak ties) beschrieben, die in Netzwerken oft größere Bedeutung hätten als „starke Bindungen“. David Krackhardt (1993) nimmt darauf Bezug: „[...] weak ties are often more important than strong ties in understanding certain network-based phenomena. [...] a weak tie more often constitutes a ‘local bridge’ to parts of the social system that are otherwise disconnected, and therefore a weak tie provides maximum impact, and a strong tie provides diminished impact” (Krackhardt 1993, S. 216). Auch der Organisationstheoretiker Dirk Baecker hält „weak ties“ für besonders relevant. Er sieht ihren Wert vor allem in ihrem Potenzial für Innovationen: Nicht die „strong ties“ bereits etablierter Produktionsbeziehungen, sondern die „weak ties“ möglicher Kontakte zu Dritten

---

2 Zur Begrifflichkeit im Bereich der personalen Netze bzw. Netzwerke vgl. Bolte/Porschen 2006a, S. 72 ff.

3 Vgl. hierzu auch das Konzept der „Communities of practice“: Lave/Wenger 1991; Wenger/Snyder 2000; Wenger/McDermott/Snyder 2002; Lübcke/Ahrens 2003, S. 2.

seien die interessanten Chancen, wenn die Beteiligten über kurze, das heißt: informationsintensive Wege miteinander verknüpft sind (vgl. Baecker 1999, S. 361).

So sind persönliche Kontakte und Beziehungen neben Vertrauen (vgl. Böhle et al. 2014) entscheidende Schlüsselfaktoren der Netze. Im Endeffekt sind personale Netze der Mitarbeiter*innen das Ergebnis der Verdichtung ihrer persönlichen Kontakte. Die Nützlichkeit der Ressource „persönliche Beziehungen“ wissen insbesondere Manager*innen seit langer Zeit zu schätzen. So beantwortet Fredmund Malik vom Management Zentrum St. Gallen die Frage nach dem Kapital von Managern mit dem Hinweis: „Im Grunde nur zwei Dinge: die Erfahrung, die man akkumuliert, und die Beziehungen, die man im Laufe des Lebens knüpft“ (Malik 2002, S. 342). Diese Feststellung gilt aber nicht nur für das Management: Auch viele Beschäftigte sehen das Erfolgsgeheimnis gelungener Kooperationsbeziehungen zwischen verschiedenen Abteilungen in den arbeitsbezogenen persönlichen Beziehungen (Porschen 2008, S. 241 ff.).

Gerade für junge Ingenieurinnen und Ingenieure sind personale Netze insbesondere dann von großer Bedeutung, wenn es gilt, neue Themen zu bearbeiten oder wenn sie mit unerwarteten Ergebnissen konfrontiert sind. Die Situationen, in denen es für Beschäftigte wichtig ist zu wissen, wen sie ansprechen können bzw. wer ihnen weiterhelfen kann, werden umso häufiger, je umfassender und komplexer die Aufgabengebiete und je zahlreicher die damit befassten Organisationseinheiten werden. Dementsprechend ist auch dic Notwendigkeit größer, die potenziellen Ansprechpartner*innen kennenzulernen. Dabei müssen diese gar nicht unbedingt selbst etwas zur Lösung des Problems beitragen können: Wenn sie als Lotsin oder Lotse für die kurzfristige Vermittlung einer inhaltlich kompetenten Person fungieren können, haben sie bereits gute Dienste geleistet.

Wenn ein Akteur sein Gegenüber und dessen Situation kennt, wird es für ihn einfacher, eine Anfrage in ihrem Kontext richtig zu interpretieren und entsprechende Bedarfe einschätzen zu können. Die Abstimmung mit einer unbekannten Person, die aus dem Organigramm ermittelt wurde, zieht dagegen einen größeren Erklärungsbedarf nach sich. Einem unbekannten Einkäufer neu zu vermitteln, warum zum Beispiel eine nicht selbstverständliche Bestellung ihre Berechtigung besitzt, verlangt eine aufwendigere Überzeugungsarbeit als gegenüber jemandem, der mit dem Profil des Bestellers oder der Bestellerin vertraut ist. Da sich durch die persönliche Kenntnis die tägliche Abwicklung weniger umständlich und weniger zeitaufwendig gestaltet, stellen die persönlichen Kontakte für die jungen Ingenieurinnen und Ingenieure geradezu eine funktionale Ressource dar. Darüber hinaus wirken sie für die Beschäftigten gerade in kritischen Situationen entlastend. Besonders spürbar wird diese Entlastung durch das Wissen, wer zur Klärung welcher Fragen geeignet ist und unkompliziert herangezogen werden kann, wenn sich Kooperationsaufgaben, Problemfelder oder Lösungswege nicht exakt definieren lassen und Unsicherheiten zu bewältigen sind.

3. Das Einsteigerprogramm bei der CAR AG: ein Netzmodell

Das Einsteigerprogramm bei der CAR AG schafft Voraussetzungen für die abteilungsübergreifende erfahrungsgeleitete Kooperation und damit für die Entwicklung eines Kontextwissens, indem es den beteiligten Mitarbeiter*innen ermöglicht, ein gemeinsames Erfahrungswissen und gemeinsame Erfahrungsräume aufzubauen. Im Zentrum steht hier die Schaffung persönlich-empathischer Beziehungen. Das von der zentralen Personalabteilung der CAR AG entwickelte Programm fördert durch seine angebotenen Maßnahmen auf umfassende Art und Weise die formelle und informelle Vernetzung der späteren Fachkräfte quer durch das gesamte Unternehmen.

Das Programm ist so angelegt, dass neu eingestellte Fachhochschul- und Universitätsabsolvent*innen[4] (also nicht nur Ingenieur*innen) für einen Zeitraum von eineinhalb bis zwei Jahren am Programm teilnehmen. Nach einer Einführungsveranstaltung werden sowohl gemeinsame Seminare als auch fach- und funktionsabhängige Qualifizierungsmaßnahmen in den Fachbereichen angeboten. Zudem besteht die Möglichkeit, andere Abteilungen und Werke zu besuchen und dort evtl. zeitweilig mitzuarbeiten. Viele Veranstaltungen können freiwillig besucht werden; nicht alle Elemente gehören zum Pflichtprogramm. Damit steht für die freiwillige Knüpfung personaler Netze eine Vielzahl von Bühnen zur Verfügung.

Im Gegensatz zu vielen anderen Programmen für Trainees sind die Integration in die Arbeit und die Verbindung zur eigentlichen Arbeitsaufgabe wesentliche Bestandteile des Konzepts. Die Arbeit in und an ‚realen' Projekten ist eine Pflichtanforderung an die Einsteigerinnen und Einsteiger. Der Einsatz in den Fachbereichen bedeutet, dass die Absolventinnen und Absolventen mit einer festen Arbeitsaufgabe in einem Projekt mitarbeiten. Die dafür notwendigen speziellen fach- und funktionsabhängigen Qualifizierungsmaßnahmen werden von den Fachbereichen geplant. Die jungen Einsteiger*innen können und sollen diesen Projekteinsatz allerdings durch freiwillige mehrwöchige Schnittstellen- und Orientierungseinsätze in anderen Fachbereichen erweitern – mit dem Ziel, das Unternehmen besser kennenzulernen. Allerdings können verschiedene Abteilungen

4 An dem Programm nehmen neben jungen Ingenieur*innen auch Absolvent*innen anderer naturwissenschaftlich-technischer Disziplinen sowie Wirtschafts- und Sozialwissenschaftler*innen, Jurist*innen und Psycholog*innen teil.

auch ‚nur' besucht werden, um einen – begrenzten – Einblick in weitere Abteilungen zu gewinnen und Kontakte mit den Schnittstellenpartnern herzustellen.

Ziel des Programms ist es in erster Linie, einen Eindruck von den Gesamtprozessen im Unternehmen zu vermitteln, um die Arbeit in den Fachabteilungen mit ihren spezifischen Aufgaben zu ergänzen. Ziel ist aber auch – so die Betreuerin des Programms –, ein gegenseitiges Kennenlernen der Teilnehmerinnen und Teilnehmer zu ermöglichen. Die Bildung von Netzen quer zu den Abteilungs- und Werkgrenzen ist demnach ein durchaus gewünschter Nebeneffekt.

Durch die einzelnen Elemente in diesem Förderprogramm[5] wird es den Einsteiger*innen auf relativ unkomplizierte Weise ermöglicht, nicht nur bereichsübergreifende, sondern auch interdisziplinäre personale Netze zu knüpfen, die in der Summe ein bedeutendes Kommunikations- und Kooperationsnetz über das gesamte Unternehmen spannen. Das Potenzial für die Förderung informeller Kooperation und den Erwerb von Kontextwissen liegt auf der Hand: Durch die vielfältigen Einsatz- und Besuchsmöglichkeiten, die zu einem großen Teil freiwillig in Anspruch genommen werden können, wird es den Teilnehmer*innen möglich, persönliche Kontakte aufzubauen. Die im Begleitprogramm angestrebte Balance zwischen der Integration in konkrete Kontexte und der Versetzung in unterschiedliche Kontexte fördert den Aufbau facettenreicher Netze.

Eine der Pflichtstationen des Programms ist ein mindestens vierzehn Tage dauernder Produktionseinsatz (eine Woche Frühschicht, eine Woche Spätschicht). Hier soll ein erster Bezug zum Arbeitsprozess in der Produktion geschaffen werden: Durch aktive Mitarbeit soll die eigentliche Herstellung des Produktes nachvollzogen und nicht nur vom Kopf her begriffen werden. Mit der phasenweisen – wenn auch nur kurzen! – Integration in die Produktionslinie können gerade die jungen Ingenieurinnen und Ingenieure die organisatorischen, personellen und technischen Anforderungen in der Produktion persönlich erleben. Damit verbunden ist die Möglichkeit, die Produktionskultur im vielleicht ungewohnten Umfeld der Werkhalle kennenzulernen. So kann dieser Einsatz eine Chance darstellen, Mitarbeiter*innen aus der Produktion in deren Umfeld zu begegnen und somit die Voraussetzung für die Knüpfung von Kontakten zu Meister*innen und Werker*innen des operativen Bereichs zu schaffen. Diese Kontakte sind gerade für produktionsnah arbeitende Projekt- und Planungsingenieur*innen wertvoll, denn der Austausch mit der operativen Basis kann die frühzeitige Überprüfung von Umsetzungschancen entwickelter Planungsinhalte ermöglichen.

---

5 Neben den im Folgenden geschilderten Produktions- und Orientierungseinsätzen sowie der Mitarbeit in konkreten Projekten umfasst das Programm auch noch übergreifende Einführungs- und Zentralveranstaltungen sowie Persönlichkeits- und Teamtrainings.

In Ergänzung zu den zentralen Programmelementen planen die Fachbereiche zusätzlich fach- und funktionsabhängige Qualifizierungsmaßnahmen, die von Abteilung zu Abteilung erheblich differieren können. Dies können beispielsweise Seminare, Auslandsaufenthalte, Sonderprojekte, Weiterbildungen sowie ergänzende Informations- und Orientierungseinsätze sein. Die Orientierungseinsätze bestehen aus wechselnden Projekteinsätzen zum Kennenlernen der Perspektiven vor- und nachgelagerter Bereiche des Unternehmens. Den jungen Ingenieur*innen wird ein Einsatz von drei bis vier Wochen in den jeweiligen Bereichen angeraten, um wirklich etwas mitzubekommen.

Die Stärke des geschilderten begleitenden Qualifizierungsprogramms liegt vor allem darin, dass es eine quer durch das Unternehmen stattfindende fachliche Kommunikation mit dem Effekt eines unternehmensweiten Aufbaus von Kontakten und damit eines übergreifenden Kooperations- und Kommunikationsnetzes ermöglicht. Das Begleitprogramm ist somit auch als Maßnahme zur Förderung der erfahrungsgeleiteten Kooperation sowie des Erwerbs von Kontextwissen geeignet. Die Zugehörigkeit zum Einsteigerprogramm schafft eine Verbindung unter den Teilnehmer*innen: Diese gemeinsame Identität kann bei der Überwindung von Barrieren, die der über den eigenen Bereich hinausgehenden Kooperation und Kommunikation oftmals im Wege stehen, durchaus hilfreich sein. Dies gilt auch über die Dauer des Einsteigerprogramms hinaus.

Das Programm hat aber auch seine Schattenseiten: So wird die Realisierung dieses Konzepts im Wesentlichen auf die Schultern der jungen Einsteiger*innen gelegt. Diese müssen immer abwägen: zwischen ihrem persönlichen Interesse an einem intensiven Kennenlernen der anderen Bereiche und dem Interesse, das ihnen übertragene Projekt möglichst gut voranzubringen – zu ihrer eigenen Zufriedenheit und zu der ihrer Vorgesetzten. In den im Einarbeitungsplan vorgesehenen Feedbackgesprächen mit den unmittelbaren Vorgesetzten sollen die Planungsschritte der Einsteiger*innen in regelmäßigen Zeiträumen immer wieder reflektiert und neue Interessen besprochen werden. Dennoch besteht die Gefahr, dass die Vorgesetzten mehr das Interesse verfolgen, die Projekte ihres Fachbereichs voranzubringen, als den jungen Ingenieurinnen und Ingenieuren Freiraum zum Beispiel für einen Orientierungseinsatz einzuräumen. Die Vorgesetzten verfolgen aufgrund des Drucks, ökonomischen Erfolg verbuchen zu müssen, häufig zunächst ihre kurzfristigen Ziele. Die Einforderung des ihnen prinzipiell zustehenden Freiraums zur Nutzung verschiedener Programmelemente wird den jungen Ingenieur*innen auch dadurch erschwert, dass aus ihrem Blick über den Tellerrand in der Regel zunächst keine unmittelbar mess- und bewertbaren Ergebnisse zu erwarten sind. Gleichwohl benötigt das Unternehmen aber in einer längerfristigen Perspektive genau solche Ingenieurinnen und Ingenieure, die sich in verschiedenen Bereichen auskennen und die sich in die spezifischen Situationen verschiedener Bereiche schnell hineindenken können.

4. Das unmittelbare Kennenlernen verschiedener Perspektiven: Das Hospitations- und Rotationsmodell

Mit dem Netzmodell wurde bereits auf den Stellenwert stabiler kooperativer Verbindungen verschiedenster Bereiche im Unternehmen hingewiesen: Ein personalpolitisches Programm kann ein dichtes Netz von Kooperationsbeziehungen zu verschiedenen Bereichen entstehen lassen. Die dazu nötigen Maßnahmen werden teilweise bewusst gelenkt und basieren zu einem anderen Teil auf freiwilligen Einsätzen in anderen Bereichen. Ausgangspunkt ist ein unmittelbares Kennenlernen verschiedener Perspektiven, Sichtweisen und Arbeitslogiken. Der Erwerb von Kontextwissen wird dann möglich, wenn Begegnungen zwischen den Mitarbeiterinnen und Mitarbeitern verschiedener Arbeitsbereiche stattfinden können. Die bereichs- und funktionsübergreifende Kooperation und Kommunikation sowie das dabei entstehende Kontextwissen basieren damit auf einem gemeinsamen Referenzrahmen.

Ein gemeinsames Erfahrungsfeld als Grundlage für Kontextwissen entsteht nicht aus dem Nichts: Es muss – beispielsweise bei gemeinsamen Projektarbeiten – aufgebaut werden. Solche gemeinsamen Erfahrungsfelder – zwischen verschiedenen Personen, aber auch übergreifend zwischen verschiedenen Abteilungen – bieten besonders dann eine große Chance, wenn sie bei unterschiedlichen beruflichen und sozialen Ausgangspunkten der Mitarbeiter*innen generiert werden. Dadurch kann eine neue Sensibilität für Heterogenität entstehen: Den Beteiligten wird es durch gemeinsame Erfahrungsfelder möglich, partiell die eigene Perspektive um die der anderen zu ergänzen oder ein Problem auch aus der Situation eines anderen Bereichs zu erfassen. Dieser Perspektivenwechsel – und damit der Erwerb von Kontextwissen – gelingt dann am besten, wenn man sich in die Situation des anderen Bereichs einfühlen kann, wenn man die Situation dort ‚am eigenen Leib spürt'.

Während das Netzmodell die Begegnungsmöglichkeiten mit unterschiedlichen Personengruppen betont (wenngleich der Produktionseinsatz, die ergänzenden Qualifizierungsmaßnahmen und Orientierungseinsätze und die Projektarbeit zugleich die Chance zum direkten Perspektivenwechsel beinhalten), wird bei den folgenden Typen personalpolitischer Modelle die Möglichkeit des Perspektivenwechsels explizit in den Vordergrund gestellt. Für die zeitweilige oder wechselnde Mitarbeit in anderen Bereichen gibt es ein dezidiert ausgewiesenes Modell: das Hospitations- und Rotationsmodell (vgl. auch Bolte/Porschen 2006b sowie Porschen 2012, S. 137 f.). Dabei existieren unterschiedliche Ansätze, um mit anderen Bereichen näher in Kontakt zu treten und den Austausch der Perspektiven zu gewährleisten.

Das Hospitations- und Rotationsmodell rückt – ebenso wie das Netzmodell – die Generierung gemeinsamen Erfahrungswissens und gemeinsamer Erfahrungsräume in den Mittelpunkt. Die – zeitlich begrenzte – Mitarbeit in anderen Abteilungen ermöglicht es den Beschäftigten, die Sprache und Sichtweise der anderen Abteilungen ‚hautnah' und aus eigenem Erleben kennen und verstehen zu lernen.

Für Mitarbeiter*innen, die ja immer in ‚ihrer' Abteilung verortet sind, ist es selbstverständlich, den Erfolg ihrer Abteilung, ihres Bereichs zu optimieren. Dabei geraten die Auswirkungen auf andere Bereiche leicht aus dem Blickfeld. Hospitationen sind ein bewährtes Mittel, damit Beschäftigte andere Abteilungen und Standorte eines Unternehmens, deren Arbeitsweisen, Problemstellungen und handelnde Personen näher kennenlernen können. Zu sehen, wie die anderen Bereiche überhaupt arbeiten, ist eine Grundvoraussetzung für erfolgreiche Kooperation. Im Hospitations- und Rotationsmodell werden Beschäftigte aktiv darin unterstützt, andere Abteilungen oder Werke kennenzulernen, indem sie dort beispielsweise über einen beschränkten Zeitraum hospitieren. Die Beschäftigten werden zudem darin unterstützt, zur Klärung von Problemen ‚vor Ort' zu gehen, sich die dortigen Gegebenheiten anzusehen, um ein Gespür für die Situation zu bekommen.

In verschiedenen Unternehmen unterstützen die Führungskräfte die (neueingestellten) Mitarbeiterinnen und Mitarbeiter darin, sich eine gemeinsame Basis, eine gemeinsame Sichtweise mit anderen Bereichen zu erarbeiten. Diese Führungskräfte haben oftmals aus eigenem Erleben erfahren, wie sehr es ihnen weiterhilft, Situationen aus der Perspektive der Kooperationspartner beurteilen zu können. Deshalb halten sie aus eigener Erfahrung den persönlichen Kontakt zu den Kooperationspartnerinnen und -partnern für unumgänglich.

5. Partielle Mitarbeit ‚vor Ort'

Unter welchen Voraussetzungen kann ein Perspektivenwechsel gelingen? Wann kann man sich am besten in die Situation eines anderen Bereichs, die Situation der dort Beschäftigten hineinversetzen? Eine gute Voraussetzung dafür ist sicherlich, die Arbeit des anderen Bereichs nicht nur aus Schilderungen der dort tätigen Kolleginnen und Kollegen kennenzulernen, sondern aus eigenem Erleben. In diesem Sinne geht die partielle Mitarbeit ‚vor Ort' einen Schritt weiter als die bloße Hospitation. Deshalb ist beispielsweise in dem im Netzmodell geschilderten Begleitprogramm ein zweiwöchiger Einsatz in der Produktion ein Pflichtbestandteil für neu eingestellte junge Ingenieurinnen und Ingenieure.

Neben den Produktionseinsätzen gibt es bei der CAR AG drei- bis vierwöchige sog. Orientierungseinsätze in vor- und nachgelagerten Prozessen des Unternehmens. Hier sollen die Einsteiger*innen einen Blick dafür bekommen, unter welchen Voraussetzungen und Bedingungen ihre internen Kunden bzw. Lieferanten arbeiten. Unter dieser Perspektive können und sollen junge Ingenieurinnen und Ingenieure je nach ihrem fachlichen Schwerpunkt selbst die Orte ihrer Orientierungseinsätze auswählen. Eine solche zeitweilige Mitarbeit in anderen Werken und Bereichen ist aber nicht nur für Neue sinnvoll, sondern auch für schon langjährig im Betrieb beschäftigte Mitarbeiterinnen und Mitarbeiter.

In einigen Unternehmen sind Initiativen entwickelt worden, um den Beschäftigten einen solchen Perspektivenwechsel zu ermöglichen. In einem Maschinenbauunternehmen mit Einzelteilfertigung betreuen die Konstrukteur*innen die von ihnen entwickelten Produkte auch noch während der Fertigung und Montage. Sie sind die direkten Ansprechpartner für die Mitarbeiter*innen aus der Produktion, wenn es Probleme mit den von ihnen entwickelten Produkten gibt. Durch diese direkten Rückmeldungen werden sie frühzeitig und unmittelbar mit auftretenden Problemen konfrontiert und bekommen unverzüglich mit, wo Schwierigkeiten auftreten können.

Der Geschäftsführer eines anderen Maschinenbauunternehmens hat in seiner beruflichen Karriere nach mehreren Positionen innerhalb von Entwicklung und Fertigung auch die Position eines Entwicklungsleiters und eines Produktionsleiters innegehabt. In beiden Leitungspositionen hat er in seiner jeweiligen Abteilung das Unverständnis für den jeweils anderen Bereich und die unterschiedlichen Ziele und Herangehensweisen selbst beobachtet. Als Geschäftsführer zieht er daraus unter anderem zwei Konsequenzen: Die Entwickler*innen dieses Unternehmens müssen regelmäßig in die Produktion gehen, um in Gesprächen mit Mitarbeiter*innen aus der Produktion von den entstandenen Problemen zu erfahren. Des Weiteren müssen sie die von ihnen konstruierten Produkte auch teilweise selbst montieren.

6. Job Rotation

Das Erleben der Arbeitssituation in anderen Bereichen erleichtert den Perspektivenwechsel. Am besten lernen Beschäftigte die Probleme und Risiken der Entstehung eines Produkts innerhalb der Prozesskette kennen, wenn sie über einen längeren Zeitraum in verschiedenen Abteilungen tätig werden, wie es mit der Job Rotation möglich wird. Die Job Rotation ist somit auf eine längerfristige Perspektive ausgerichtet.

Dieser Wechsel zwischen Positionen und Bereichen kann von Unternehmen aktiv gefördert und unterstützt werden. Dabei können Mitarbeiterinnen und Mitarbeiter, die ihren Zuständigkeitskreis wechseln, die Perspektive ihres ‚alten' Arbeitsbereichs in den neuen einbringen. Aber auch bei einem Wechsel der Position bleibt es für Mitarbeiterinnen und Mitarbeiter wichtig, die Erfahrung aus dem ‚alten Arbeitsbereich' ständig zu aktualisieren. Wichtig ist somit der Fokus auf die wechselseitige Befruchtung und Erweiterung verschiedener Perspektiven, statt lediglich eine Aneinanderreihung verschiedener Episoden einer Berufsbiografie anzustreben.

7. Gemeinsame Projekte quer zum betrieblichen Alltag

Die dargestellten Modelle haben alle das Ziel, den Mitarbeiterinnen und Mitarbeitern einen Perspektivenwechsel zu ermöglichen; sie sind aber von sehr unterschiedlichem Charakter. Als besonders erfolgreich hat sich die Durchführung gemeinsamer Aufgaben in Ergänzung zu den oben geschilderten personalpolitischen Maßnahmen erwiesen. Besonders effektiv sind solche Projekte, die stark handlungsbezogen sind, ‚quer zum betrieblichen Alltag' liegen und bei denen zudem die möglichen Lösungen gleichermaßen unbestimmt und dringend sind.

Auch hierzu haben wir unterschiedliche Modelle gefunden: Ein Unternehmen schickt beispielsweise Entwickler*innen und Mitarbeiter*innen aus der Fertigung gemeinsam zu Kunden, um dort auftretende Probleme zu beseitigen. Dieses Vorgehen hat zwei Effekte: Zum einen kommen in der aktuellen Problemsituation die Erfahrungen aus zwei Bereichen zusammen; beide Bereiche können ihre Sicht auf das Problem und ihre spezifischen Lösungsansätze in die Beseitigung des Problems einbringen. Zum anderen erfahren die Beschäftigten dabei gleichzeitig mehr über die Perspektiven des jeweils anderen Bereichs: Sie bekommen eine Vorstellung davon, wie der jeweils andere Bereich an die Problemstellung herangeht, welche Perspektiven eingebracht und welche Lösungsansätze in Erwägung gezogen werden. Einen ähnlichen Zweck verfolgt auch der gemeinsame Besuch von Messen und Ausstellungen: Auch hier wird deutlich, mit welcher Perspektive der jeweils andere Bereich die Produkte (beispielsweise Maschinen und Anlagen) sieht. Es gibt allerdings einen gravierenden Unterschied zur gemeinsamen Lösung eines Kundenproblems: Beim Kundenbesuch ist durch die Notwendigkeit, ein Problem aktuell und effizient zu lösen, der Handlungsdruck sehr viel höher. Damit ist die gemeinsame Erfahrung unmittelbar handlungsbezogen.

Die konkrete Projektarbeit kann unter Umständen standortübergreifend organisiert sein. Der Einsatz in solchen Projekten ist für die Bildung weit gespannter persönlicher Netze besonders gut geeignet. Da die Projektarbeit mit konkreten

Aufgaben verbunden ist und damit nachweisbare Leistungen gefordert sind, werden hier prinzipiell direkte arbeitsbezogene Kontakte hergestellt, sofern organisational eine enge Zusammenarbeit zwischen den verschiedenen Standorten ermöglicht und gefördert wird.

Ausblick

XIII Perspektiven für die Bildungs- und Arbeitspolitik – sieben Thesen

Fritz Böhle

Abschließend seien thesenhaft Perspektiven, die sich aus den Ergebnissen der Untersuchung für die Gestaltung von Arbeit sowie zukünftiger Weiterbildung und Bildung insgesamt ergeben, umrissen:

1. Notwendigkeit von Erfahrungswissen

Erfahrungswissen ist eine notwendige Ergänzung des systematischen Fachwissens. Es ist aktuell und in Zukunft gerade auch im Zusammenhang mit der fortschreitenden Digitalisierung unverzichtbar. Es muss, ebenso wie systematisches Wissen, laufend weiterentwickelt und auf neue Anforderungen in Arbeitsprozessen ausgerichtet werden.

Das Erfahrungswissen ist nicht nur ein (Handlungs-)Wissen für die praktische Anwendung und Umsetzung von (Fach-)Wissen in erfolgreiches Handeln. Es ist, ebenso wie systematisches Wissen, ein besonderes, fachbezogenes Wissen über konkrete Gegenstandsbereiche. Es bezieht sich vor allem auf Eigenschaften und Wirkungsweisen, die nicht oder nicht vollständig objektivierbar und formalisierbar sind. Für die Bewältigung von Unwägbarkeiten und Ungewissheit ist ein solches Erfahrungswissen unverzichtbar, um erfolgreich Ziele zu erreichen und Probleme zu lösen.

2. Erfahrungsgeleitet-subjektivierendes Handeln

Das Erfahrungswissen muss im praktischen Handeln generiert und angeeignet werden. Praktisches Handeln beruht nicht (nur) auf der Anwendung von Wissen, sondern ist auch eine wesentliche Grundlage für die Generierung von Wissen. Im Unterschied zu planmäßig-objektivierbarem Handeln beruht die Generierung und Aneignung von Erfahrungswissen auf erfahrungsgeleitet-subjektivierendem Handeln. Entdeckend-exploratives Vorgehen sowie die Erweiterung der sinnlichen Wahrnehmung und mentaler Prozesse durch Gespür und assoziativ-bildhaftes Denken sind hierfür grundlegend.

3. Erfahrungsgeleitetes Lernen

Die Unterstützung und Förderung des Lernens bezieht sich beim Erfahrungswissen nicht auf die Bereitstellung und Vermittlung von Wissen, sondern auf die Befähigung zur (Selbst-)Generierung und Aneignung von Erfahrungswissen im praktischen Handeln. Sowohl die Generierung und Aneignung von Erfahrungswissen als auch die Entwicklung der hierfür notwendigen Fähigkeiten erfordert ein Lernen beim Arbeiten und durch Arbeit. Durch arbeitsnahes und arbeitsbegleitendes sowie schulisches Lernen können Fähigkeiten zur Generierung und Aneignung von Erfahrungswissen vorbereitet, aber niemals vollständig entwikkelt werden.

4. Lernförderliche Arbeitsgestaltung

Die Möglichkeit, Erfahrungswissen zu generieren und anzueignen, erfordert eine hierauf ausgerichtete lernförderliche Gestaltung von Arbeit. Diese muss sich sowohl auf die subjektive Disposition als auch die objektiven Möglichkeiten für ein erfahrungsgeleitetes Lernen beziehen. Die bisher vorliegenden Grundsätze lernförderlicher Arbeitsgestaltung bieten hierfür eine Grundlage, sie reichen aber nicht aus. Sie beziehen sich auf die Korrektur tayloristischer Arbeitsorganisation und den allgemeinen Anspruch der Persönlichkeitsentwicklung. Ein breites Aufgabenspektrum und Handlungsspielräume sind demnach wesentliche Kriterien der Lernförderlichkeit. Sowohl der Wandel von Arbeit als auch das für die Bewältigung von Arbeitsanforderungen notwendige Erfahrungswissen und erfahrungsgeleitete Lernen werden hierbei ungenügend berücksichtigt.

5. Neue Anforderungen an die lernförderliche Gestaltung von Arbeit

Lernhemmnisse bestehen nicht nur bei gering qualifizierter und hoch standardisierter Arbeit. Qualifizierte und selbstverantwortliche Arbeit bieten Möglichkeiten für ein erfahrungsgeleitetes Lernen, garantieren dieses jedoch nicht generell. Auch hier bestehen in der Praxis weitreichende Lernhemmnisse speziell für die Generierung und die Aneignung von Erfahrungswissen. Vor allem durch die Formalisierung von Prozessen sowie die organisatorische Abgrenzung von Zuständigkeitsbereichen werden die Möglichkeiten zu einem erfahrungsgeleitet-subjektivierenden Handeln und erfahrungsgeleiteten Lernen beim Arbeiten und durch Arbeit eingeschränkt und behindert.

6. Verbindung von institutionell-schulischer Bildung und erfahrungsgeleitetem Lernen durch Arbeit, von systematischem Wissen und Erfahrungswissen

Erfahrungswissen ist bei allen Tätigkeiten eine notwendige Ergänzung systematischen Fachwissens. Es ist daher auf allen Ebenen des Beschäftigungssystems und des Bildungssystems eine wechselseitige Ergänzung und Verbindung von schulischer Bildung und dem unmittelbaren erfahrungsgeleiteten Lernen beim

Arbeiten und durch Arbeit notwendig. Dabei geht es nicht nur um den Erwerb handlungsbezogener Kompetenzen, sondern vor allem um die Ergänzung und Erweiterung des systematischen Fachwissens durch ein fachbezogenes Erfahrungswissen.

7. Verbindung von Bildungspolitik und Arbeitspolitik

Mit der Notwendigkeit unterschiedlicher Formen des Wissens verbindet sich auch die Notwendigkeit unterschiedlicher Formen und Orte des Lernens. Wie diese wechselseitige Ergänzung jeweils konkret aussieht, kann unterschiedlich sein und hängt von den Gegenstandsbereichen, den konkreten Anforderungen und den jeweiligen Intentionen des Lernens ab. Institutionell unmittelbar verbundene duale Formen der Bildung und des Studiums, die Erfahrung-Machen in der Praxis einbeziehen, sind dabei ebenso möglich wie die institutionelle Entkopplung der schulischen Bildung und des Erwerbs von Erfahrungswissen in der Praxis. Entscheidend ist, dass beide Wissensformen sowohl von den Individuen als auch von Unternehmen und Politik als notwendige Elemente von Bildung und Lernen begriffen, beachtet und gestaltet werden.

Die lernförderliche Gestaltung von Arbeit erweist sich in dieser Perspektive als ein integraler Bestandteil eines zukünftigen Bildungssystems. Bildungspolitik wird damit auch zu Arbeitspolitik und Arbeitspolitik zu Bildungspolitik. Es gilt – auch bei weiterhin bestehender institutioneller, professioneller Eigenständigkeit und Verantwortung – traditionelle Grenzziehungen aufzubrechen und sie für hybride Konstellationen zu öffnen: die Verbindung von systematischem Wissen mit erfahrungsbasiertem Wissen, von formal geregelter Bildung mit selbstgesteuertem, informellem Lernen, von informellem Lernen mit der bewussten Gestaltung lernförderlicher Arbeit.

Anhänge

Literatur

Abbildungs- und Tabellenverzeichnis

Autorinnen und Autoren

Literatur

Ahn, Mark; Zwikael, Ofer; Bednarek, Rebecca (2010): Technological invention to product innovation. A project management approach. In: International Journal of Project Management, Jg. 28, Heft 6, S. 559–568.

Ahrens, Daniela (2018): Lernmöglichkeiten in vermeintlich lernfeindlichen Arbeitsumgebungen. In: Denk-doch-mal. Onlinezeitschrift. Heft 2/2018. Online unter: http://denk-doch-mal.de/wp/daniela-ahrens-lernmoeglichkeiten-in-vermeintlich-lernfeindlichen-arbeitsumgebungen/ [12.6.2020]

Arbeitskreis Arbeitsmarktpolitik; Matthias Kluth (Hrsg.) (2018): STUDY. Solidarische und sozialinvestive Arbeitsmarktpolitik. Vorschläge des Arbeitskreises Arbeitsmarktpolitik, 374 , Düsseldorf.

Arnold, Rolf (2012): Ich lerne, also bin ich. Eine systemisch-konstruktivistische Didaktik. Heidelberg: Carl-Auer Verlag.

Baecker, Dirk (1999): Organisation als System. Frankfurt a. M.: Suhrkamp.

Baethge, Martin; Solga, Heike; Wieck, Markus (2007): Berufsbildung im Umbruch. Signale eines überfälligen Aufbruchs. Berlin: Friedrich-Ebert-Stiftung.

Baitsch, Christof (1998): Lernen im Prozess der Arbeit. Zum Stand der internationalen Forschung. In: Arbeitsgemeinschaft Qualifikations-Entwicklungs-Management (Hrsg.): Kompetenzentwicklung 1998. Forschungsstand und Forschungsperspektiven. Münster: Waxmann, S. 269–337.

Bauer, Hans G.; Munz, Claudia (2004): Erfahrungsgeleitetes Handeln lernen. Prinzipien erfahrungsgeleiteten Lernenes. In: Böhle, Fritz; Pfeiffer, Sabine; Sevsay-Tegethoff, Nese (Hrsg.): Die Bewältigung des Unplanbaren. Wiesbaden: VS Verlag für Sozialwissenschaften, S. 55–73.

Bauer, Hans G.; Böhle, Fritz; Munz, Claudia; Pfeiffer, Sabine (1999): Erfahrungsgeleitetes Arbeiten und Lernen. In: Dehnbostel, Peter (Hrsg.): Workshop - Erfahrungslernen in der beruflichen Bildung - Beiträge zu einem kontroversen Konzept. Hochschultage Berufliche Bildung 1998. Neusäß, S. 174–183.

Bauer, Hans G.; Böhle, Fritz; Munz, Claudia; Pfeiffer, Sabine; Woicke, Peter (2000): Modellversuch: Ausbildung der Kompetenzen für erfahrungsgeleitetes Arbeiten in der Chemischen Industrie. Band C, Endbericht. München, Burghausen: ISF München.

Bauer, Hans G.; Brater, Michael; Büchele, Ute; Dahlem, Hilmar; Maurus, Anna; Munz, Claudia (2004): Lernen im Arbeitsalltag. Wie sich formelle Lernprozesse organisieren lassen. Bielefeld: Bertelsmann.

Bauer, Hans G.; Böhle, Fritz; Munz, Claudia; Pfeiffer, Sabine; Woicke, Peter (2006): Hightech-Gespür. Erfahrungsgeleitetes Arbeiten und Lernen in hochtechnisierten Arbeitsbereichen. Bielefeld: Bertelsmann.

Bauer, Hans G.; Brater, Michael; Büchele, Ute; Dufter-Weis, Angelika; Maurus, Anna; Munz, Claudia (2010): Lern(prozess)begleitung in der Ausbildung: Wie man Lernende begleiten und Lernprozesse gestalten kann. Ein Handbuch. Bielefeld: Bertelsmann.

Bauer, Hans G.; Hemmer-Schanze, Christiane; Munz, Claudia; Wagner, Jost (2012): Innovationsarbeit lernen – Lernkonzept und Rahmenbedingungen. In: Böhle, Fritz; Bürgermeister, Markus; Porschen, Stephanie (Hrsg.): Innovation durch Management des Informellen. Berlin, Heidelberg: Springer, S. 189–209.

Bea, Franz Xaver; Scheurer, Steffen; Hesselmann, Sabine (2008): Projektmanagement. Stuttgart: Lucius & Lucius.

Becker, Annette (2013): Der Einsatz von Rollenspielen in Coaching und Training. Mehrwert-Forum. Online unter: https://www.xing.com/communities/posts/der-einsatz-von-rollenspielen-in-coaching-und-training-1001400528 [12.6.2020]

Bergmann, Bärbel (1996): Lernen im Prozess der Arbeit. In: Arbeitsgemeinschaft Qualifikations-Entwicklungs-Management (Hrsg.): Kompetenzentwicklung 1996. Strukturwandel und Trends in der betrieblichen Weiterbildung. Münster: Waxmann, S. 153–262.

Billett, Stephen; Harteis, Christian; Eteläpelto, Anneli (Hrsg.) (2008): Emerging perspectives on workplace learning. Rotterdam: Sense Publishers, S. 215–231.

Bischof-Köhler, Doris (1989): Spiegelbild und Empathie. Die Anfänge der sozialen Kognition. Bern: Huber.

BMAS (2016): Weißbuch Arbeiten 4.0. Arbeit weiter denken. Berlin.

BMBF (2012): Bekanntmachung des Bundesministeriums für Bildung und Forschung von Richtlinien zur Förderung von Forschung und Entwicklung auf dem Gebiet des „Betrieblichen Kompetenzmanagements im demografischen Wandel“. Online unter: https://www.bmbf.de/foerderungen/bekanntmachung-784.html [12.6.2020].

BMBF (2017): Digitale Kompetenz ist eine Kulturtechnik. Online unter: https://www.bmbf.de/de/digitale-kompetenz-ist-eine-kulturtechnik-4265.html [12.6.2020].

Boes, Andreas; Baukrowitz, Andrea; Kämpf, Tobias; Marrs, Kira (Hrsg.) (2012): Qualifizieren für eine global vernetzte Ökonomie. Vorreiter IT-Branche: Analysen, Erfolgsfaktoren, Best Practices. Wiesbaden: Springer Gabler.

Böhle, Fritz (1998): Technik und Arbeit. Neue Antworten auf „alte Fragen“. In: Soziale Welt, Jg. 49, Heft 3, S. 233–252.

Böhle, Fritz (2005): Erfahrungswissen hilft bei der Bewältigung des Unplanbaren. In: Berufsbildung in Wissenschaft und Praxis BWP, Heft 5, S. 9–13.

Böhle, Fritz (2009a): Der Mensch als geistiges und praktisches Wesen. Verborgene Seiten intelligenten Handelns. In: Wilhelm Vossenkuhl (Hrsg.): Ecce Homo! Menschenbild – Menschenbilder. Stuttgart: Kohlhammer, S. 161–183.

Böhle, Fritz (2009b): Erfahrungswissen – Erfahren durch objektivierendes und subjektivierendes Handeln. In: Bolder, Axel; Dobischat, Rolf (Hrsg.): Eigen-Sinn und Widerstand. Kritische Beiträge zum Kompetenzentwicklungsdiskurs. Wiesbaden: VS Verlag für Sozialwissenschaften, S. 70–88.

Böhle, Fritz (2010a): Erfahrungswissen und subjektivierendes Handeln. Verborgene Seiten professionellen Handelns. In: Busse, Stefan; Ehmer, Susanne (Hrsg.): Wissen wir, was wir tun? Beraterisches Handeln in Supervision und Coaching. Göttingen: Vandenhoeck & Ruprecht, S. 36–54.

Böhle, Fritz (2010b): Verdrängung und (Wieder-) Entdeckung des Informellen und Impliziten in der Arbeitswelt – Grenzen der Objektivierung und Formalisierung. In: Großheim,

Michael; Kluck, Steffen (Hrsg.): Phänomenologie und Kulturkritik. Über die Grenzen der Quantifizierung. Freiburg, München: Karl Alber, S. 107–139.

Böhle, Fritz (2013): Projektmanagement und Projektarbeit mit Ungewissheit. In: Wald, Andreas Wald; Mayer, Thomas-Ludwig; Wagner, Reinhard; Schneider, Christoph (Hrsg.): Advanced Project Management, Jg. 3, Komplexität. Dynamik. Unsicherheit. Nürnberg: GPM Deutsche Gesellschaft für Projektmanagement, S. 199–212.

Böhle, Fritz (2015): Erfahrungswissen jenseits von Erfahrungsschatz und Routine. In: Dietzen, Agnes; Powell, Justin J. W.; Bahl, Anke; Lassnigg, Lorenz (Hrsg.): Soziale Inwertsetzung von Wissen, Erfahrung und Kompetenz in der Berufsbildung. 1. Auflage. Weinheim: Beltz Juventa, S. 34–63.

Böhle, Fritz (Hrsg.) (2017a): Arbeit als Subjektivierendes Handeln. Handlungsfähigkeit bei Unwägbarkeiten und Ungewissheit. Wiesbaden: VS Verlag für Sozialwissenschaften.

Böhle, Fritz (2017b): Gestaltung als Forschung – Erkenntnis durch Gestaltung. In: Schemme, Dorothea; Novak, Hermann (Hrsg.): Gestaltungsorientierte Forschung – Basis für soziale Innovationen: Erprobte Ansätze im Zusammenwirken von Wissenschaft und Praxis. Berichte zur Beruflichen Bildung. Bielefeld: Bertelsmann, S. 65–76.

Böhle, Fritz (2017c): Subjektivierendes Handeln – Anstöße und Grundlagen. In: Böhle, Fritz (Hrsg.): Arbeit als Subjektivierendes Handeln. Handlungsfähigkeit bei Unwägbarkeiten und Ungewissheit. Wiesbaden: VS Verlag für Sozialwissenschaften, S. 3–34.

Böhle, Fritz (2018): Arbeit als Handeln. In: Böhle, Fritz; Voß, Günter G.; Wachtler, Günther (Hrsg.): Handbuch Arbeitssoziologie. Band 1: Arbeit, Strukturen, Prozesse. 2. Auflage. Wiesbaden: VS Verlag für Sozialwissenschaften, S. 171–200.

Böhle, Fritz; Altmann, Norbert (Hrsg.) (1972): Industrielle Arbeit und Soziale Sicherheit – Eine Studie über Risiken im Arbeitsprozeß und auf dem Arbeitsmarkt. Frankfurt a.M.: Athenäum.

Böhle, Fritz; Bolte, Annegret (2002): Die Entdeckung des Informellen. Der schwierige Umgang mit Kooperation im Arbeitsalltag. Frankfurt a.M.,New York: Campus

Böhle, Fritz; Bürgermeister, Markus; Porschen, Stephanie (2012): Das Projekt KES-MI. In: Böhle, Fritz; Bürgermeister, Markus; Porschen, Stephanie (Hrsg.): Innovation durch Management des Informellen. Künstlerisch, erfahrungsgeleitet, spielerisch. Heidelberg: Springer Gabler, S. 11–23.

Böhle, Fritz; Busch, Sigrid (Hrsg.) (2012): Management von Ungewissheit. Neue Ansätze jenseits von Kontrolle und Ohnmacht. Bielefeld: transcript.

Böhle, Fritz; Heidling, Eckhard; Schoper, Yvonne (2016): A new orientation to deal with uncertainty in projects. In: International Journal of Project Management, Jg. 34, H. 7, S. 1384–1392.

Böhle, Fritz; Huchler, Norbert; Neumer, Judith (2019): Wozu noch menschliche Arbeit – Grenzen der Digitalisierung als neue Herausforderung für die Weiterbildung. In: Haberzeth, Erik; Sgier, Irena (Hrsg.): Digitalisierung und Lernen. Gestaltungsperspektiven für das professionelle Handeln in der Erwachsenenbildung und Weiterbildung. Zürich: Forum Hochschuldidaktik und Erwachsenenbildung, S. 21–43.

Böhle, Fritz; Milkau, Brigitte (1988): Vom Handrad zum Bildschirm. Eine Untersuchung zur sinnlichen Erfahrung im Arbeitsprozeß. Frankfurt a.M., New York: Campus.

Böhle, Fritz; Neumer, Judith (2015): Lernhemmnisse bei qualifizierter Arbeit. Eine Herausforderung für die Arbeitsforschung und Arbeitsgestaltung. In: praeview - Zeitschrift für innovative Arbeitsgestaltung und Prävention, Jg. 6, Heft 2, S. 32–33.

Böhle, Fritz; Pfeiffer, Sabine; Sevsay-Tegethoff, Nese (Hrsg.) (2004): Die Bewältigung des Unplanbaren. Wiesbaden: VS Verlag für Sozialwissenschaften.

Böhle, Fritz; Porschen, Stephanie (2012): Verwissenschaftlichung und Erfahrungswissen. Zur Entgrenzung, neuen Grenzziehung und Grenzüberschreitung gesellschaftlich anerkannten Wissens. In: Wengenroth, Ulrich (Hrsg.): Grenzen des Wissens – Wissen um Grenzen. Weilerswist: Velbrück, S. 154–193.

Böhle, Fritz; Sauer, Stefan (2019): Erfahrungswissen und lernförderliche Arbeit – Neue Herausforderungen und Perspektiven für Arbeit 4.0 und (Weiter-)Bildung. In: Dobischat, Rolf; Kippliger, Bernd; Molzberger, Gabriele; Munkelt, Dieter (Hrsg.): Bildung 2.1 für Arbeit 4.0? Wiesbaden: VS Verlag für Sozialwissenschaften, S. 241–264.

Böhle, Fritz; Schneller, Irmtraut (1976): Betrieblicher Arbeitskräfteeinsatz und Berufsbildung – Ursachen für die Mängel von Berufsausbildung – Konsequenzen für Reformen. In: Gewerkschaftliche Monatshefte, Heft 1, S. 44–53.

Böhle, Fritz; Bolte, Annegret; Pfeiffer, Sabine; Porschen-Hueck, Stephanie (2008): Kooperation und Kommunikation in dezentralen Organisationen. Wandel von formalem und informellem Handeln. In: Funken, Christiane; Schulz-Schaeffer, Ingo (Hrsg.): Digitalisierung der Arbeitswelt. Zur Neuordnung formaler und informeller Prozesse in Unternehmen. Wiesbaden: VS Verlag für Sozialwissenschaften, S. 93–115.

Böhle, Fritz; Pfeiffer, Sabine; Porschen-Hueck, Stephanie; Sevsay-Tegethoff, Nese (2011): Herrschaft durch Objektivierung. Zum Wandel von Herrschaft in Unternehmen. In: Bonß, Wolfgang; Lau, Christoph (Hrsg.): Macht und Herrschaft in der reflexiven Moderne. Weilerwist: Velbrück Wissenschaft, S. 244–283.

Böhle, Fritz; Bolte, Annegret; Huchler, Norbert; Neumer, Judith; Porschen-Hueck, Stephanie; Sauer, Stefan (2014): Vertrauen und Vertrauenswürdigkeit – Arbeitsgestaltung und Arbeitspolitik jenseits formeller Regulierung. Wiesbaden: Springer VS.

Böhle, Fritz; Bolte, Annegret; Neumer, Judith; Pfeiffer, Sabine; Porschen-Hueck, Stephanie; Ritter, Tobias; Sauer, Stefan; Görs, Dieter (2017): Subjektivierendes Arbeitshandeln – „Nice to have“ oder ein gesellschaftskritischer Blick auf „das Andere“ der Verwertung? In: Böhle, Fritz (Hrsg.): Arbeit als Subjektivierendes Handeln. Handlungsfähigkeit bei Unwägbarkeiten und Ungewissheit. Wiesbaden: VS Verlag für Sozialwissenschaften, S. 839–847.

Bogner, Alexander; Littig, Beate; Menz, Wolfgang (Hrsg.) (2009): Experteninterviews. Theorien, Methoden, Anwendungsfelder. Wiesbaden: VS Verlag für Sozialwissenschaften.

Bogner, Alexander; Littig, Beate; Menz, Wolfgang (2014): Interviews mit Experten. Eine praxisorientierte Einführung. Wiesbaden: VS Verlag für Sozialwissenschaften.

Bogner, Alexander; Menz, Wolfgang (2009): Experteninterview in der qualitativen Sozialforschung. Zur Einführung in eine sich intensivierende Methodendebatte. In: Bogner, Alexander; Littig, Beate; Menz, Wolfgang (Hrsg.): Experteninterviews. Theorien, Methoden, Anwendungsfelder. Wiesbaden: VS Verlag für Sozialwissenschaften, S. 7–34.

Boltanski, Luc; Chiapello, Eve (2003): Der neue Geist des Kapitalismus. Konstanz: UVK.

Bolte, Annegret (2000): Ingenieure zwischen Theorie und Praxis. Zum Umgang mit Unwägbarkeiten in der Innovationsarbeit. In: ISF München (Hrsg.): Jahrbuch Sozialwissenschaftliche Technikberichterstattung 2000. Schwerpunkt: Innovation und Arbeit. Berlin: edition sigma, S. 107–149.

Bolte, Annegret (2006): Produktmanagement als Brückenfunktion zwischen Kundenanforderung und Entwicklungsinteressen. Arbeitsorganisatorische Rahmenbedingungen für Interaktionsarbeit in der Softwareentwicklung In: Böhle, Fritz; Glaser, Jürgen (Hrsg.): Arbeit in der Interaktion – Interaktion als Arbeit. Arbeitsorganisation und Interaktionsarbeit in der Dienstleistung. Wiesbaden: VS Verlag für Sozialwissenschaften, S. 153–175.

Bolte, Annegret (2017): Subjektivierendes Arbeitshandeln bei der CNC-Programmierung. In: Böhle, Fritz (Hrsg.): Arbeit als Subjektivierendes Handeln. Handlungsfähigkeit bei Unwägbarkeiten und Ungewissheit. Wiesbaden: VS Verlag für Sozialwissenschaften, S. 115–143.

Bolte, Annegret; Iwer, Frank (2006): Förderung von Interaktionsarbeit im Produktmanagement der Softwarebranche. In: Böhle, Fritz; Glaser, Jürgen (Hrsg.): Arbeit in der Interaktion – Interaktion als Arbeit. Arbeitsorganisation und Interaktionsarbeit in der Dienstleistung. Wiesbaden: VS Verlag für Sozialwissenschaften, S. 193–203.

Bolte, Annegret; Neumer, Judith (2008): Entscheidungsfindung in Meetings. Beschäftigte zwischen Hierarchie und Selbstorganisation. In: Arbeit – Zeitschrift für Arbeitsforschung, Arbeitsgestaltung und Arbeitspolitik, Jg. 17, Heft 3, S. 151–165.

Bolte, Annegret; Neumer, Judith; Porschen, Stephanie (2008): Die alltägliche Last der Kooperation. Abstimmung als Arbeit und das Ende der Meeting-Euphorie. Berlin: edition sigma.

Bolte, Annegret; Porschen, Stephanie (2006a): Die Organisation des Informellen. Modelle zur Organisation von Kooperation im Arbeitsalltag. Wiesbaden: VS Verlag für Sozialwissenschaften.

Bolte, Annegret; Porschen, Stephanie (2006b): Strukturen für Interaktivität als Herausforderung an eine innovative Arbeitsgestaltung. Modelle für Kooperation im Unternehmen. In: Dunkel, Wolfgang; Sauer, Dieter (Hrsg.): Von der Allgegenwart der verschwindenden Arbeit. Neue Herausforderungen für die Arbeitsforschung. Berlin: edition sigma, S. 83–91.

Buchheim, Gisela; Sonnemann, Rolf (1991): Geschichte der Technikwissenschaften. Basel: Birkhäuser.

Buschmeyer, Jost (2015): Kompetenzlernen und Lernprozessbegleitung. Eine Einführung. München: GAB München.

Buschmeyer, Jost; Gasch, Florian; Munz, Claudia (2016): Mitarbeitende erfahrungsgeleitet fördern. In: Weiterbildung, Heft 4, S. 35–37.

Buschmeyer, Jost; Hartmann, Elisa; Munz, Claudia; Schrode, Nicolas (2018): Selbstlernaufgaben und individuelle Praxisprojekte als Interventionen zur Förderung von Gestaltungskompetenz. In: Janneck, Monique; Hoppe, Annekatrin (Hrsg.): Gestaltungskompetenzen für gesundes Arbeiten. Arbeitsgestaltung im Zeitalter der Digitalisierung. Berlin: VS Verlag für Sozialwissenschaften, S. 87–99.

De Meyer, Arnoud; Loch, Christoph H.; Pich, Michael T. (2002): Managing Project Uncertainty: From Variation to Chaos. In: MIT Sloan Management Review, Winter 2002, S. 60–67.

Dehnbostel, Peter (2008a): Berufliche Weiterbildung: Grundlagen aus arbeitnehmerorientierter Sicht. Berlin: edition sigma.

Dehnbostel, Peter (2008b): Lern- und kompetenzförderliche Arbeitsgestaltung. In: BWP – Berufsbildung in Wissenschaft und Praxis, Heft 2, S. 5–8.

Dehnbostel, Peter; Gonon, Philipp (Hrsg.) (2004): Informell erworbene Kompetenzen in der Arbeit – Grundlegungen und Forschungsansätze. Bielefeld: Bertelsmann.

Dehnbostel, Peter; Holz, Heinz; Novak, Hermann (Hrsg.) (1992): Lernen für die Zukunft durch verstärktes Lernen am Arbeitsplatz. Dezentrale Aus- und Weiterbildungskonzepte in der Praxis. Berlin: BIBB.

Deterding, Sebastian; Dixon, Dan; Khaled, Rilla; Nacke, Lennart E. (2011): From Game Design Elements to Gamefulness: Defining Gamification. In: Proceedings of the 15th International Academic MindTrek Conference: Envisioning Future Media Environments. New York: ACM, S. 9–15.

Dohmen, Günther (2001): Das informelle Lernen. Die internationale Erschließung einer bisher vernachlässigten Grundform menschlichen Lernens für das Lebenslange Lernen aller. Bonn: BMBF publik.

Drexel, Ingrid; Nuber, Christoph (1979): Qualifizierung für die Industriearbeit im Umbruch. Die Ablösung von Anlernung durch Ausbildung in Großbetrieben von Stahl und Industrie. Frankfurt a.M., New York: Campus.

Duell, Werner; Frei, Felix (Hrsg.) (1986): Arbeit gestalten – Mitarbeiter beteiligen. Eine Heuristik qualifizierender Arbeitsgestaltung. Schriftenreihe Humanisierung des Arbeitslebens, Band 77. Düsseldorf: Campus Verlag 1986.

Dybowski, Gisela (1999): Erfahrungsgeleitetes Lernen. Ein Ansatz zur Kompetenzentwicklung. QUEM-Report, Heft 63. Berlin: ABWF.

Engwall, Mats (2003): No project is an island: linking projects to history and context. In: Research Policy, Jg. 32, H. 5, S. 789–808.

Erpenbeck, John; Rosenstiel, Lutz (2003): Handbuch Kompetenzmessung. Erkennen, verstehen und bewerten von Kompetenzen in der betrieblichen, pädagogischen und psychologischen Praxis. 1. Auflage. Stuttgart: Schäffer-Poeschel.

Evans, Karen; Hodkinson, Phil; Rainbird, Helen; Unwin, Lorna (2006): Improving workplace learning. London: Routledge.

Fieseler, Christian; Hoffmann, Christian P.; Meckel, Miriam (2016): Eine Kultur der Innovation: Die Bedeutung von Innovationsnetzwerken. In: Hoffmann, Christian P.; Lennerts, Silke; Schmitz, Christian; Stölzle, Wolfgang; Uebernickel, Falk (Hrsg.): Business Innovation: Das St. Galler Modell. Wiesbaden: Springer Gabler, S. 313–337.

Fischer, Martin (2000): Von der Arbeitserfahrung zum Arbeitsprozesswissen. Rechnergestützte Facharbeit im Kontext beruflichen Lebens. Opladen: Leske & Budrich.

Frieling, Ekkehart; Bernard, Heike; Bigalk, Debora; Müller, Rudolf F. (2006): Lernen durch Arbeit. Entwicklung eines Verfahrens zur Bestimmung der Lernmöglichkeiten am Arbeitsplatz. Münster: Waxmann.

Fuchs, Mathias; Fizek, Sonia; Ruffino, Paolo; Schrape, Niklas (Hrsg.) (2014): Rethinking gamification. Lüneburg: meson press.

Gläser, Jochen, Laudel, Grit (2010): Experteninterviews und qualitative Inhaltsanalyse. 4. Auflage. Wiesbaden: VS Verlag für Sozialwissenschaften.

Granovetter, Mark (1973): The Strength of Weak Ties. In: American Journal of Sociology. Jg. 78, H. 6, S. 1360–1380.

Großer, Birgit; Baumöl, Ulrike (2017): Virtual teamwork in the context of technological and cultural transformation. In: Journal of Information Systems and Project Management, Jg. 5, H. 4, S. 21–35.

Grote, Sven; Kauffeld, Simone; Frieling, Ekkehart (2006): Kompetenzmanagement. Grundlagen und Praxisbeispiele. Stuttgart: Schäffer-Poeschel.

Hacker, Winfried (2015): Lern-, gesundheits- und leistungsförderliche Arbeitsgestaltung in kleinen und mittleren Unternehmen – Warum und wie? In: Projektberichte, Heft 86. Dresden: TU Dresden, S. 1-16. Online unter: https://tud.qucosa.de/api/qucosa%3A28702/attachment/ATT-0/ [12.6.2020]

Hacker, Winfried; Skell, Wolfgang (1993): Lernen in der Arbeit. Berlin: Bertelsmann.

Hammermann, Andrea; Stettes, Oliver (2016): Qualifikationsbedarf und Qualifizierung. Anforderungen im Zeichen der Digitalisierung. In: IW policy paper, Heft 3. Köln: IW.

Heidling, Eckhard (2012): Management des Informellen durch situatives Projektmanagement. In: Böhle, Fritz; Bürgermeister, Markus; Porschen, Stephanie (Hrsg.): Innovation durch Management des Informellen. Berlin, Heidelberg: Springer, S. 69–114.

Heidling, Eckhard (2016): Erscheinungsformen und Typen von Ungewissheit in Projekten. In: Böhle, Fritz; Heidling, Eckhard; Neumer, Judith; Kuhlmey, Astrid; Winnig, Matthias; Trobisch Nina; Kraft, Dieter; Denisow, Karin: Umgang mit Ungewissheit in Projekten. Berlin: GPM Deutsche Gesellschaft für Projektmanagement, S. 13–57.

Heidling, Eckhard (2018): Projektarbeit. In: Böhle, Fritz; Voß, G. Günter; Wachtler, Günther (Hrsg.): Handbuch Arbeitssoziologie. Band 2: Akteure und Institutionen. 2. Auflage. Wiesbaden: VS Verlag für Sozialwissenschaften, S. 207–236.

Heidling, Eckhard; Meil, Pamela; Rose, Helmuth (2004): Erfahrungsgeleitetes Lernen für verteilte Arbeit. In: Böhle, Fritz; Pfeiffer, Sabine; Sevsay-Tegethoff, Nese (Hrsg.): Die Bewältigung des Unplanbaren. Wiesbaden: VS Verlag für Sozialwissenschaften, S. 199–212.

Heidling, Eckhard; Hülsemann, Bernadette; Klug, Barbara; vom Eyser, Werner (2018a): Personengebundene Simulation. Ein Handlungsleitfaden zur lernförderlichen Gestaltung im Projektgeschäft. München: ISF München.

Heidling, Eckhard; Sauer, Stefan; Böhle, Fritz; Bolte, Annegret; Neumer, Judith (2018b): Kompetenzen für die Gestaltung von Arbeit in der Planung und Entwicklung. In: Janneck, Monique; Hoppe, Annekatrin (Hrsg.): Gestaltungskompetenzen für gesundes Arbeiten. Arbeitsgestaltung im Zeitalter der Digitalisierung. Berlin, Heidelberg: Springer, S. 39–52.

Heidling, Eckhard; Meil, Pamela; Neumer, Judith; Porschen-Hueck, Stephanie; Schmierl, Klaus; Sopp, Peter; Wagner, Alexandra (2019): Ingenieurinnen und Ingenieure für Industrie 4.0. München.

Hentrich, Jörg (2014): Eschborner Thesen zur Arbeitsforschung. Eschborn: RKW Kompetenzzentrum. Online unter: https://www.rkw-kompetenzzentrum.de/fachkraeftesicherung/faktenblatt/eschborner-thesen-zur-arbeitsforschung/ [12.6.2020].

Hofer, Simone; Feller, Carola; Herzog, Judith; Pfeiffer, Sabine; Schütt, Petra; Wühr, Daniela (2011): matchING – Ingenieure finden, binden und entwickeln. Frankfurt a.M.: VDMA Verlag.

Honneth, Axel (1992): Kampf um Anerkennung. Zur moralischen Grammatik sozialer Konflikte. Frankfurt a.M.: Suhrkamp.

Hossdorf, Heinz (2002): Das Erlebnis Ingenieur zu sein. Basel: Birkhäuser

Huchler, Norbert (2019): Assimilierende vs. Komplementäre Adaptivität. Grenzen teil-autonomer Systeme. In: Hirsch-Kreinsen, Hartmut; Karačić, Anemari (Hrsg.): Autonome Systeme und Arbeit. Perspektiven, Herausforderungen und Grenzen der Künstlichen Intelligenz in der Arbeitswelt. Bielefeld: transcript, S. 139–180.

Huchler, Norbert; Sauer, Stefan (2015). Reflexive and experience based trust and participatory research: Concept and methods to meet complexity and uncertainty in organisations. In: International Journal of Action Research, Jg. 11, S. 149–175.

ILO (2002): Learning and training for work in the knowledge society. Report 91 IV (1). Geneva: International Labour Office.

ILO (2004): Human Resources Development Recommendation. Report 195. Geneva: International Labour Office.

ILO (2009): Skills Development in the Workplace. Report of the ILO/SKILLS-AP/Japan Regional Workshop and Study Programme on Skills Development in the Workplace. OVTA, Chiba, Japan, Regional Skills and Employability Programme in Asia and the Pacific (SKILLS-AP). Bankok: International Labour Office.

Janneck, Monique; Hoppe, Annekatrin (Hrsg.) (2018): Gestaltungskompetenzen für gesundes Arbeiten. Arbeitsgestaltung im Zeitalter der Digitalisierung. Berlin, Heidelberg: Springer.

Jürgens, Kerstin; Hoffmann, Reiner; Schildmann, Christina (2017): Arbeit transformieren! Denkanstöße der Kommission „Arbeit der Zukunft". Forschung aus der Hans-Böckler-Stiftung, Band 189. Bielefeld: transcript.

Kalkowski, Peter; Mickler, Otfried (2009): Antinomien des Projektmanagements. Eine Arbeitsform zwischen Direktive und Freiraum. Berlin: edition sigma.

Kalkowski, Peter; Mickler, Otfried (2015): Kooperative Produktentwicklung. Fallstudien aus der Automobilindustrie, dem Maschinenbau und der IT-Industrie. Berlin: edition sigma.

Kauffeld, Simone (2006): Kompetenzen messen, bewerten, entwickeln. Ein prozessanalytischer Ansatz für Gruppen. Stuttgart: Schäffer-Poeschel.

Kauffeld, Simone; Frerichs, Frerich (2018): Kompetenzmanagement in kleinen und mittelständischen Unternehmen: Eine Frage der Betriebskultur? Berlin, Heidelberg: Springer.

Kauffeld, Simone; Paulsen, Hilko (2018): Kompetenzmanagement in Unternehmen. Kompetenzen beschreiben, messen, entwickeln und nutzen. Stuttgart: Kohlhammer.

Kern, Horst; Schumann, Michael (1970): Industriearbeit und Arbeiterbewusstsein. Eine empirische Untersuchung über den Einfluss der aktuellen Entwicklung auf industrielle Arbeit und das Arbeitsbewusstsein. Frankfurt a.M.: Europäische Verlagsanstalt.

Kern, Horst; Schumann, Michael (1984): Das Ende der Arbeitsteilung? Rationalisierung in der industriellen Produktion. München: C.H. Beck.

Keynes, John M. (1936/1973): The General Theory of Employment, Interest, and Money. Cambridge: Macmillan Cambridge University Press.

Keynes, John M. (1937): The General Theory of Employment. In: The Quarterly Journal of Economics, Jg. 5, H. 2, S. 209–223.

Klatt, Rüdiger (Hrsg.) (2015): Arbeit und Kompetenzmanagement in der digitalisierten Welt. praeview – Zeitschrift für innovative Arbeitsgestaltung und Prävention, Jg. 6, H. 2.

Knight, Frank H. (1921/1964): Risk, Uncertainty and Profit. Boston: Houghton Mifflin.

Knuth, Matthias; Arbeitskreis Arbeitsmarktpolitik (Hrsg.) (2018): Solidarische und Sozialinvestive Arbeitsmarktpolitik. Vorschläge des Arbeitskreises Arbeitsmarktpolitik. STUDY, Band 374. Düsseldorf: edition Hans-Böckler-Stiftung.

Kötter, Wolfgang; Longmuss, Jörg (2004): Abschied vom „Alles ist möglich!". In: OrganisationsEntwicklung, Jg. 23, H. 2, S. 45–50.

Krackhardt, David (1993): The Strength of Strong Ties. The Importance of Philos in Organizations. In: Nohria, Nitin; Eccles, Robert G. (Hrsg.): Network and Organizations. Structure, Form and Action. Boston: Harvard Business School Press, S. 216–239.

Kratzer, Nick (2003): Arbeitskraft in Entgrenzung. Berlin: edition sigma.

Kriz, Willy C.; Nöbauer, Brigitta (2002): Teamkompetenz. Konzepte, Trainingsmethoden, Praxis. Göttingen: Vandenhoeck & Ruprecht.

Kruse, Wilfried (1986): Von der Notwendigkeit des Arbeitsprozeß-Wissens. In: Schweitzer, Jochen (Hrsg.): Bildung für eine menschliche Zukunft. Weinheim, Basel: Juventa,

Kühl, Stefan (2016): Projekte führen. Eine kurze organisationstheoretisch informierte Handreichung. Wiesbaden: VS Verlag für Sozialwissenschaften.

Ladwig, Desiree; Domsch, Michel (Hrsg.) (2011): Exit matters. Auf dem Weg in die Projektgesellschaft. Frankfurt a. M.: Lang.

Lave, Jean; Wenger, Etienne (1991): Situated Learning. Legitimate Peripheral Participation. New York: Cambridge University Press.

Lechler, Thomas; Edington, Barbara H.; Gao, Ting (2013): The Silver Lining of Project Management. Pennsylvania: Project Management Institute.

Lehtiranta, Liisa (2014): Risk perceptions and approaches in multi-organizations. A research review 2000–2012. In: International Journal of Project Management, Jg. 32, Heft 4, S. 640–653.

Lübcke, Eileen; Ahrens, Daniela (2003): Communities of Practice als Instrumente sozialen Wissensmanagements. Bremen: Institut Technik und Bildung. Universität Bremen. Online unter: https://www.yumpu.com/de/document/read/23575977/communities-of-practice-als-instrumente-sozialen- [12.6.2020]

Malik, Fredmund (2002): Führen, Leisten, Leben. Wirksames Management für eine neue Zeit. 4. Auflage. Stuttgart, München: Heyne.

Martinsuo, Miia; Korhonen, Tuomas; Laine, Teemu (2014): Identifying, framing and managing uncertainties in project portfolios. In: International Journal of Project Management, Jg. 32, H. 5, S. 732–746.

Matthöfer, Hans (1977): Humanisierung der Arbeit und Produktivität in der Industriegesellschaft. Frankfurt a.M.: Europäische Verlagsanstalt.

Maurus, Anna; Brater, Michael; Ackermann, Stefan; Elsäßer, Peter; Hartmann, Elisa; Hepting, Sigrid; Juraschek, Stephanie; Lang, Rolf (2016): Menschen entwickeln Qualitäten. Qualitätsmanagement nach dem GAB-Verfahren. Bielefeld: W. Bertelsmann.

Mayring, Philipp (1988): Qualitative Inhaltsanalyse. Grundlagen und Techniken. Weinheim: Deutscher Studien Verlag.

Mayring, Philipp (2010): Qualitative Inhaltsanalyse. Grundlagen und Techniken. 11. Auflage. Weinheim: Beltz.

Mead, George H. (1968): Geist, Identität und Gesellschaft. Frankfurt a. M.: Suhrkamp.

Meil, Pamela; Heidling, Eckhard; Rose, Helmuth (2004): Neue Anforderungen an Kompetenzen erfahrungsgeleiteten Arbeitens bei verteilter Arbeit. In: Böhle, Fritz; Pfeiffer, Sabine; Sevsay-Tegelhoff, Nese (Hrsg.): Bewältigung des Unplanbaren. Wiesbaden: VS Verlag für Sozialwissenschaften, S. 180–198.

Mertens, Dieter (1974): Schlüsselqualifikationen. Thesen zur Schulung für eine moderne Gesellschaft. In: Mitteilungen aus der Arbeitsmarkt- und Berufsforschung, Jg. 7, Heft 1, S. 36–43.

Meskendahl, Sascha; Jonas, Daniel; Kock, Alexander; Gemünden, Hans G. (2011): Wie Unternehmen erfolgreich ihr Projektportfolio managen Ergebnisse der 4. Studie zum Multiprojektmanagement der TU Berlin. In: Projektmanagement aktuell, Jg. 22, Heft 1, S. 20–25.

Moldaschl, Manfred; Stehr, Nico (Hrsg.) (2010): Wissensökonomie und Innovation. Beiträge zur Ökonomie der Wissensgesellschaft. Marburg: Metropolis.

Moldaschl, Manfred; Voß, Günter G. (2003): Subjektivierung von Arbeit. 2. Auflage. München, Mering: Hampp.

Molzberger, Gabriele (2007): Rahmungen informellen Lernens. Zur Erschließung neuer Lern- und Weiterbildungsperspektiven. Wiesbaden: Deutscher Universitätsverlag & VS Verlag für Sozialwissenschaften.

Müller, Severin (1992): Phänomenologie und philosophische Theorie der Arbeit. Band 1: Lebenswelt – Natur – Sinnlichkeit. Freiburg, München: Alber.

Munthe, Caroline I.; Uppvall, Lars; Engwall, Mats; Dahlén, Lars (2014): Dealing with the devil of deviation: Managing uncertainty during product development execution. In: R&D Management, Jg. 44, H. 2, S. 203–216.

Munz, Claudia; Wagner, Jost; Hartmann, Elisa (2012): Die Kunst der guten Dienstleistung. Wie sich professionelle Dienstleistungsarbeit lernen lässt. Bielefeld: Bertelsmann.

Neumer, Judith (2007): Und täglich ruft das Meeting ... – Eine Fallstudie über die Ambivalenzen selbstgesteuerter Abstimmung im Unternehmen. München: ISF München Forschungsberichte.

Neumer, Judith (2012): Entscheidung unter Ungewissheit. Von der bounded rationality zum situativen Handeln. In: Böhle, Fritz; Busch, Sigrid (Hrsg.): Management von Ungewissheit. Bielefeld: transcript, S. 38–67.

Neumer, Judith (2013): Entscheidungen im Prozess – Entscheidungsprozesse in Arbeitsorganisationen zwischen Planung und Erfahrung. In: Arbeits- und Industriesoziologische Studien, Jg. 6, H. 1, S. 5–24.

Neuweg, Georg H. (2015): Das Schweigen der Könner. Gesammelte Schriften zu implizitem Wissen. Münster, New York: Waxmann.

Oehlke, Paul (2004): Arbeitspolitik zwischen Tradition und Innovation. Studien in humanisierungspolitischer Perspektive. Hamburg: VSA.

Otto, Hans-Uwe; Rauschenbach, Thomas (Hrsg.) (2008): Die andere Seite der Bildung. Zum Verhältnis von formellen und informellen Bildungsprozessen. 2. Auflage. Wiesbaden: VS Verlag für Sozialwissenschaften.

Overwien, Bernd (2002): Informelles Lernen und Erfahrungslernen in der internationalen Diskussion. Begriffsbestimmungen, Debatten und Forschungsansätze. In: Rohs, Matthias (Hrsg.): Arbeitsprozessintegriertes Lernen. Neue Ansätze für berufliche Bildung. Münster, New York: Waxmann, S. 13–36.

Pander, Sigrid (2010): Der Netzwerkmanager – Neue Anforderungen an Kompetenzen in produktionsnahen Dienstleistungsnetzwerken. In: Heidling, Eckhard; Böhle, Fritz; Habler, Thomas (Hrsg.): Produktion mit Dienstleistung. Integration als Zukunftschance. München, Mering: Hampp, S. 157–173.

Perminova, Olga; Gustafsson, Magnus; Wikström, Kim (2008): Defining uncertainty in projects – a new perspective. In: International Journal of Project Management, Jg. 26, H. 1, S. 73–79.

Peters, Sibylle (2012): Projektorganisation und Projektmanagement unter den Bedingungen zunehmender Komplexität. In: Böhle, Fritz; Busch, Sigrid (Hrsg): Management von Ungewissheit. Neue Ansätze jenseits von Kontrolle und Ohnmacht. Bielefeld: transcript, S. 135–176.

Petit, Yvan (2012): Project portfolios in dynamic environments: Organizing for uncertainty. In: International Journal of Project Management, Jg. 30, H. 5, S. 539–553.

Pfeiffer, Sabine (2004): Arbeitsvermögen. Ein Schlüssel zur Analyse (reflexiver) Informatisierung. Wiesbaden: VS Verlag für Sozialwissenschaften.

Pfeiffer, Sabine (2007): Montage und Erfahrung. Warum Ganzheitliche Produktionssysteme menschliches Arbeitsvermögen brauchen. München/Mering: Hampp.

Pfeiffer, Sabine (2010): Wissenschaftliches Wissen und Erfahrungswissen – und ihre Bedeutung in innovativen Unternehmen. In: IG Metall Vorstand (Hrsg.): Akademisierung von Betrieben – Facharbeiter/-innen ein Auslaufmodell? Dokumentation des Expertenworkshops in der Reihe "Akademisierung von Betrieben und Gesellschaft – beruflich-betriebliche Ausbildung von dem Aus?", Frankfurt a. M., S. 87–106.

Pfeiffer, Sabine; Schütt, Petra; Wühr, Daniela (2012): Zähmung oder Freisetzung? Zur Standardisierung von Innovation und der Bearbeitung ihrer Paradoxien. In: Arbeit – Zeitschrift für Arbeitsforschung, Arbeitsgestaltung und Arbeitspolitik, Jg. 21, H. 2+3, S. 91–104.

Pfeiffer, Sabine; Schütt, Petra; Wühr, Daniela (2014): Innovationsarbeit unter Druck braucht agile Forschungsmethoden. In: AIS-Studien, Jg. 4, H. 1, S. 19–32.

Polanyi, Michael (1985): Implizites Wissen. Frankfurt a.M.: Suhrkamp.

Pommeranz, Ina (2011): Komplexitätsbewältigung im Multiprojektmanagement. Die Handlungsperspektive der Multiprojektleiter. Dissertation Universität Augsburg.

Pongratz, Hans; Trinczek, Rainer (Hrsg.) (2010). Industriesoziologische Fallstudien. Entwicklungspotenziale einer Forschungsstrategie. Berlin: edition sigma.

Porschen, Stephanie (2008): Austausch impliziten Erfahrungswissens. Neue Perspektiven für das Wissensmanagement. Wiesbaden: VS Verlag für Sozialwissenschaften.

Porschen, Stephanie (2012): Management des Informellen durch kooperativen Erfahrungstransfer. In: Böhle, Fritz; Bürgermeister, Markus; Porschen, Stephanie (Hrsg.): Innovation durch Management des Informellen – künstlerisch, erfahrungsgeleitet, spielerisch. Management des Informellen. Künstlerisch, erfahrungsgeleitet, spielerisch. Heidelberg: Springer Gabler, S. 115–157.

Porschen, Stephanie; Bolte, Annegret (2004): Erfahrungsgeleitete kooperative Arbeit. In: Böhle, Fritz; Pfeiffer, Sabine; Sevsay-Tegethoff, Nese (Hrsg.): Die Bewältigung des Unplanbaren. Fachübergreifendes erfahrungsgeleitetes Arbeiten und Lernen. Wiesbaden: VS Verlag für Sozialwissenschaften, S. 78–98.

Porschen-Hueck, Stephanie; Jungtäubl, Marc; Weihrich, Margit (Hrsg.) (2020): Agilität? Herausforderungen neuer Konzepte der Selbstorganisation. Mering: Hampp.

Porschen-Hueck, Stephanie; Neumer, Judith (2015). Participation in enterprises and research: The case of innovation work. In: International Journal of Action Research, Jg. 11, S. 174194.

Porschen-Hueck, Stephanie; Huchler, Norbert; Sauer, Stefan; Burgenmeister, Martin; Pfeiffer, Sabine (2017): Kompass für Open Organisation. Ein Praktikerhandbuch. München: ISF München. Online unter: https://www.isf-muenchen.de/pdf/Praktikerhandbuch_Rakoon_OO-Kompass_final.pdf [12.6.2020]

Radatz, Sonja (2000): Beratung ohne Ratschlag. Systemisches Coaching für Führungskräfte und BeraterInnen. Wien: Verlag systemisches Management.

Revans, Reginald (1999): Action Learning. Wesen und Voraussetzungen. In: Donnenberg, Otmar (Hrsg.): Action Learning. Ein Handbuch. Stuttgart: Klett-Cotta, S. 28–43.

Sanderson, Joseph (2012): Risk, uncertainty and governance in megaprojects: A critical discussion of alternative explanations. In: International Journal of Project Management, Jg. 30, Heft 4, S. 432–443.

Sauer, Dieter (2011): „Hauptsache Arbeit“ – Zum Qualitativen Wandel von Erwerbsarbeit. In: WISO Schwerpunktheft: Arbeitsbedingungen und Qualität der Arbeit, Jg. 34, H. 3, S. 17–34.

Sauer, Stefan (2017a): Partizipative Forschung und Gestaltung als Antwort auf empirische und forschungspolitische Herausforderungen der Arbeitsforschung? In: Industrielle Beziehungen, Jg. 24, H. 3, S. 253–270.

Sauer, Stefan (2017b): Wertschätzend selbst organisieren? Arbeitsvermögens- und anerkennungsbasierte Selbstorganisation bei Projektarbeit. Wiesbaden: VS Verlag für Sozialwissenschaften.

Sauer, Stefan; Böhle, Fritz; Bolte, Annegret (2018): Erfahrungsbasiertes Kontextwissen in wissensintensiven Tätigkeiten am Beispiel teamorientiert arbeiten der jungen IngenieurInnen. In: Arbeit – Zeitschrift für Arbeitsforschung, Arbeitsgestaltung und Arbeitspolitik, Jg. 27, H. 4, S. 369–390.

Sauer, Stefan; Neumer, Judith; Buschmeyer, Jost (2018): Lernförderlichkeit bei wissensintensiven Tätigkeiten. Neue Herausforderungen und Perspektiven. In: Berufsbildung in Wissenschaft und Praxis, Jg. 47, H. 1, S. 20–24.

Sauer, Stefan; Pfeiffer, Sabine (2012): (Erfahrungs-)Wissen als Planungsressource: Neue Formen der Wissens(ver-?)nutzung im Unternehmen am Beispiel agiler Entwicklungsmethoden. In: Koch, Gertraud; Warneken, Jürgen (Hrsg.): Wissensarbeit und Arbeitswissen. Zur Ethnografie des kognitiven Kapitalismus. New York, Frankfurt a. M.: Campus, S. 195–210.

Schelle, Heinz (2010): Projekte zum Erfolg führen. Projektmanagement systematisch und kompakt. München: dtv.

Schiersmann, Christiane; Remmele, Heide (2002): Neue Lernarrangements in Betrieben. Theoretische Fundierung – Einsatzfelder – Verbreitung. QUEM-Report, Heft 75. Berlin: ABWF.

Schmidt-Rathjens, Claudia (2007): Spezifische Bedingungen von KMU bezüglich der Entwicklung und Erfassung der betrieblichen Lernkultur. Die Lernkultur-Checkliste (LKC-KMU). In: QUEM Materialien 79. Berlin: Arbeitsgemeinschaft Betriebliche Weiterbildungsforschung e.V. Online unter: https://www.abwf.de/content/main/publik/materialien/materialien79.pdf [12.6.2020]

Schön, Donald A. (1983): The Reflective Practitioner: How Professionals Think in Action. New York: Basic Books.

Schreier, Margrit (2014): Varianten qualitativer Inhaltsanalyse. Ein Wegweiser im Dickicht der Begrifflichkeiten. In: Forum qualitative Sozialforschung, Jg. 15, H. 1, Art. 18.

Schütt, Petra (2011): Fachkräftesicherung in kleinen und mittelständischen Unternehmen. Betriebliche Handlungsstrategien und Haltefaktoren. Onlineveröffentlichung. Online unter: http://www.isf-muenchen.de/pdf/2011-06-ESF2011-Schuett.pdf [12.6.2020]

Severing, Eckart (2003): Lernen im Arbeitsprozess. Eine pädagogische Herausforderung. In: GdWZ, Jg. 14, H. 1, S. 1–4.

Sevsay-Tegethoff, Nese (2004a): Ein anderer Blick auf Kompetenzen. In: Böhle, Fritz; Pfeiffer, Sabine; Sevsay-Tegethoff, Nese (Hrsg.): Die Bewältigung des Unplanbaren. Wiesbaden: VS Verlag für Sozialwissenschaften, S. 267–286.

Sevsay-Tegethoff, Nese (2004b): Neue Perspektiven für das Lernen im Prozess der Arbeit. In: Böhle, Fritz; Pfeiffer, Sabine; Sevsay-Tegethoff, Nese (Hrsg.): Die Bewältigung des Unplanbaren. Wiesbaden: VS Verlag für Sozialwissenschaften, S. 287–314.

Sevsay-Tegethoff, Nese (2007): Bildung und anderes Wissen. Zur „neuen" Thematisierung von Erfahrungswissen in der beruflichen Bildung. Wiesbaden: VS Verlag für Sozialwissenschaften.

Stadelbacher, Stephanie; Böhle, Fritz (2016): Selbstorganisation als sozialer Mechanismus der reflexivmodernen Herstellung sozialer Ordnung? Zur gesellschaftlichen Verortung von Selbstorganisation und ihre theoretisch-konzeptuelle Bestimmung. In: Böhle, Fritz; Schneider, Werner (Hrsg.): Subjekt –Handeln – Institution. Vergesellschaftung und Subjekt in der Reflexiven Moderne. Weilerswist: Velbrück, S. 318–348.

Stehr, Nico (1994): Arbeit, Eigentum und Wissen. Zur Theorie der Wissensgesellschaften. Frankfurt a.M.: Suhrkamp.

Stuth, Stefan (2016): Arbeitnehmernahe Forschung – Mehr Themen in kürzerer Zeit untersuchen. WZBrief Arbeit, No. 20. Wissenschaftszentrum Berlin für Sozialforschung. Online unter: https://www.econstor.eu/bitstream/10419/129119/1/847953017.pdf. [12.6.2020].

Thamhain, Hans (2013): Managing Risks in Complex Projects. In: Project Management Journal, Jg. 44, Heft 2, S. 20–35.

Tynjälä, Päivi (2008): Perspectives into learning at the workplace. In: Educational Research Review, H. 3, S. 130–154.

vbw (= Vereinigung der Bayerischen Wirtschaft e.V.) (Hrsg.) (2017): Bildung 2030 – Veränderte Welt. Fragen an die Bildungspolitik. Gutachten. Münster: Waxmann.

VDI; Stiftung Mercator; VDMA (Hrsg.) (2016): 15 Jahre Bologna-Reform. Quo vadis Ingenieursausbildung? Essen, Frankfurt a. M., Düsseldorf.

von Unger, Hella (2014): Partizipative Forschung. Einführung in die Forschungspraxis. Wiesbaden: VS Verlag für Sozialwissenschaften.

Voswinkel, Stephan (2002): Bewunderung ohne Würdigung? Paradoxien der Anerkennung doppelt subjektivierter Arbeit. In: Honneth, Axel (Hrsg.): Befreiung aus der Mündigkeit. Paradoxien des gegenwärtigen Kapitalismus. Frankfurt am Main, New York: Campus, S. 65–92.

Warwitz, Siegbert A.; Rudolf, Anita (2004): Vom Sinn des Spielens. Reflexionen und Spielideen. Baltmannsweiler: Schneider Verlag Hohengehren.

Wenger, Etienne C.; Snyder, William M. (2000): Communities of Practice. Warum sie eine wachsende Rolle spielen. In: Harvard Business Manager, Jg. 22, Heft 4, S. 55–62.

Wenger, Etienne C.; McDermott, Richard; Snyder, William M. (2002): Cultivating Communities of Practice. A Guide to Managing Knowledge. Boston, Massachusetts: Harvard Business School Press.

Will-Zocholl, Mascha (2011): Wissensarbeit in der Automobilindustrie. Topologie der Reorganisation von Ingenieursarbeit in der globalen Produktentwicklung. Berlin: edition sigma

Winch, Graham M.; Maytorena, Eunice (2012): Managing Risk and Uncertainty on Projects. A Cognitive Approach. In: Morris, Peter W. G.; Pinto, Jeffrey K.; Söderlund, Jonas (Hrsg.): The Oxford Handbook of Project Management. Oxford: Oxford University Press, S. 345–364.

Yin, Robert K. (2003): Case study research. Design and methods. 3. Auflage. Thousand Oaks: Sage.

Abbildungs- und Tabellenverzeichnis

Autorinnen und Autoren

Prof. Dr. Fritz Böhle, Leiter der Forschungseinheit für Sozioökonomie der Arbeits- und Berufswelt an der Universität Augsburg; Wissenschaftler am ISF München. Forschungsschwerpunkte: Umgang mit Ungewissheit, Erfahrungswissen und subjektivierendes Arbeitshandeln, Dienstleistungen und Interaktionsarbeit

Dr. Annegret Bolte, Wissenschaftlerin am Institut für Sozialwissenschaftliche Forschung e.V. – ISF München. Aktuelle Forschungsschwerpunkte: Erfahrungswissen und subjektivierendes Arbeitshandeln bei Ingenieur*innen und anderen (technischen) Fachkräften; Kooperation und Kommunikation in Unternehmen; lernförderliche und gesundheitsförderliche Arbeitsgestaltung

Jost Buschmeyer, Forscher und Berater bei der GAB München e.G. Arbeitsschwerpunkte: Innovative Konzepte der Aus- und Weiterbildung, Lernfreundliche Arbeits- und Organisationsgestaltung, Gestaltung von Organisationslernprozessen, Lernprozessbegleitung

Dr. Werner vom Eyser, Senior Consultant bei Siemens Advanta Consulting, München. Beratung und Implementierung mit den Schwerpunkten Digitalisierung im Projektgeschäft, Projektmanagement und Risikomanagement.

Elisa Hartmann, Wissenschaftlerin, Beraterin und Lernbegleiterin bei der GAB München e.G. Arbeitsschwerpunkte: Kompetenzlernen, Lernfreundliche Arbeits- und Organisationsgestaltung, Lernprozessbegleitung und kultursensible Einarbeitung

Dr. Eckhard Heidling, Wissenschaftler am Institut für Sozialwissenschaftliche Forschung e.V. – ISF München. Aktuelle Forschungsschwerpunkte im Bereich der Arbeits- und Industriesoziologie: Projektarbeit; Arbeitsgestaltung bei Digitalisierung und Industrie 4.0; international verteilte Arbeit; Qualifikation und Kompetenzen

Barbara Klug, Beraterin und Trainerin bei eo ipso Strategie & Entwicklung GmbH. Schwerpunkte: Beratung und Konzeption im Bereich der Organisations- und Personalentwicklung, insbesondere Konzeption und Durchführung von Trainingsformaten für Führungskräfte und Mitarbeiter, Konzeption und Realisation von erfahrungsorientierten Roll-out-Konzepten.

Claudia Munz, Wissenschaftlerin der Gesellschaft für Ausbildungsforschung und Berufsentwicklung – GAB München e.G. Arbeitsschwerpunkte: Innovative berufspädagogische Ansätze, erfahrungsgeleitetes Arbeiten und Lernen, lernförderliche Gestaltung von Arbeiten, Berufsbiografische Gestaltungsfähigkeit.

Judith Neumer, Wissenschaftlerin am Institut für Sozialwissenschaftliche Forschung e.V. – ISF München. Aktuelle Forschungsschwerpunkte im Bereich der Arbeits- und Industriesoziologie: Digitalisierung und Industrie 4.0; lernförderliche und gesundheitsförderliche Arbeitsgestaltung; gute Arbeit und agiles Projektmanagement; Arbeitshandeln und Entscheidungsprozesse.

Dr. Stefan Sauer ist Akademischer Rat an der FAU Erlangen-Nürnberg und Wissenschaftler am Institut für Sozialwissenschaftliche Forschung ISF München e.V. Seine Forschungsschwerpunkte im Bereich Arbeits- und Industriesoziologie sind derzeit empirisch Agilität und Digitalisierung sowie konzeptionell Selbstorganisation und Wertschätzung, im Bereich Gender Studies Gender-Rollen im IT-Sektor und Gender-Diskurse in sozialen Medien.

Nicolas Schrode, Forscher und Berater bei der GAB München eG. Arbeitsschwerpunkte: berufspädagogische Praxisforschung, Beratung und Evaluation zu den Themen Lernen in der Arbeit, Kompetenzlernen, Lernprozessbegleitung, lernfreundliche Arbeits- und Organisationsgestaltung sowie der Professionalisierung des beruflichen Bildungspersonals.